모바일 포렌식

모바일 포렌식

iOS, 안드로이드, 윈도우폰, 블랙베리 플랫폼 포렌식을 위한

사티시 봄미세티 · 로히트 타마 · 헤더 마하릭 지음 | 김대혁 옮김

지은이 소개

사티시 봄미세티 Satish Bommisetty

포춘Fortune 500 회사 중 하나에서 일하는 보안 분석가다. 주요 관심 분야는 iOS 포렌식, iOS 애플리케이션 보안, 웹 애플리케이션 보안이다. ClubHACK과 C0C0n 등의 국제 컨퍼런스에서 발표한 경력이 있다. 또한 하이데라바드Hyderabad OWASP 챕터의 주요 멤버 중 한 사람이다. 구글, 페이스북, 얀덱스Yandex, 페이팔, 야후!, AT&T 등의 웹사이트에 존재하는 취약점을 발견해 공개했으며 명예의 전당에 이름을 올렸다.

이 책을 쓰는 동안 격려해준 많은 사람들에게 감사의 인사를 전하며, 특히 가장 큰 힘이 되어준 아내에게 감사한다.

로히트 타마 Rohit Tamma

포춘 500 회사 중 하나에서 일하는 보안 분석가다. 관심 분야는 모바일 포렌식, 안드로이드 애플리케이션 보안, 웹 애플리케이션 보안이다. 웹과 모바일 애플리케이션을 포함한 다양한 분야에서의 침투 테스트와 취약점 평가 경험이 있다. 인도의 하이데라바드에 거주하며 부모님, 친구들과 함께 시간을 보낸다.

이 책을 쓰는 동안 격려해준 많은 사람들에게 감사의 인사를 전하며, 특히 가능한 모든 방법으로 지원해준 부모님과 친구들에게 감사한다. 값진 조언으로 나를 이끌어준 이 책의 공저자인 사티시 봄미세티에게 특별한 감사 인사를 전한다.

헤더 마하릭 Heather Mahalik

베이시스 테크놀로지Basis Technology의 모바일 개발 팀Mobile Exploitation Team 리더이며, SANS 스마트폰 포렌식 코스를 이끌고 있다. 디지털 포렌식 분야에서 11년 이상 일한 경험을 바탕으로, 현재 모바일 기기 조사, 포렌식 수업 개발과 강의, 스마트폰 포렌식에 대한 연구에 열정을 쏟고 있다.

베이시스 테크놀로지에 입사하기 전, 스트로츠 프리드버그Stroz Friedberg에서 근무했고, 미 국무부 컴퓨터 조사와 포렌식 랩U.S. Department of State Computer Investigations and Forensics Lab에서 계약직으로 일했다. 웨스트 버지니아 대학교West Virginia University에서 학사를 취득했다. 백서와 포렌식 수업 자료를 저술했고, 사법기관, 정부, IT, 이디스커버리eDiscovery, 모바일 기기와 디지털 포렌식에 초점을 둔 포렌식 전문가를 대상으로 전 세계에서 수백 번의 강연을 진행했다.

감사 인사를 전하고 싶은 사람들이 많다. 내가 한 발 앞서 나가기 위해 더 열심히 노력하고 분투하도록 항상 격려해주는 나의 남편에게 이 책을 바친다. 이 책은 엄마가 글을 쓸 수 있게 해주는 얌전한 아들 잭과 항상 응원해주는 나의 아버지와 시어머니의 것이기도 하다. 또한 내가 이 책을 집필하는 데 집중할 수 있게 도와주고, 더 나은 사람이 될 수 있는 기회를 준 브라이언 캐리, 오웬 케이시, 테리 머과이어, 롭 리, 숀 하월에게 감사드린다. 그리고 내게 인내를 가르쳐주고, 항상 웃게 만들며, 필수로 여겨지는 것 이상으로 포렌식을 배울 수 있게 해준 나의 동료들에게도 감사의 말을 전한다. 여러분이 최고다!

기술 감수자 소개

아사미 아리핀 박사 Dr. Aswami Ariffin

디지털 포렌식 분야의 전문가로 GCFAGIAC Certified Forensic Analyst이자 WSPCertified Wireless Security Professional였다. SANS 시스템 포렌식System Forensics, 호주와 영국에서의 조사와 응답Investigation and Response, 영국과 미국에서의 멀티미디어 포렌식multimedia forensics, 한국에서의 데이터 리커버리data recovery 등 다양한 디지털 포렌식 훈련 코스에 참가했다.

말레이시아와 해외의 다양한 사법 기관 및 규제 당국과 함께 컴퓨터 사건과 컴퓨터 관련 사건을 다룬 경험이 있다(호주의 뉴사우즈웨일즈New South Wales 경찰에서 전문가로 지정했다). 1,800여 건 이상의 디지털 포렌식 조사를 다뤘고, 말레이시아 고등법원과 왕립 조사 위원회에서 전문가 증언과 조정을 하기도 했다.

활발히 연구 중이며, 「Data Recovery From Proprietary-Formatted Files CCTV Hard Disks」 논문이 '2013 Ninth Annual IFIP WG 11.9 International Conference on Digital Forensics, USA'에서 채택, 발표되었다. 또한 International Conference on Availability, Reliability, and Security(ARES 2012 and 2013)의 디지털 포렌식 프로그램 위원이다.

사이버 범죄 방지와 사이버 보안, 말레이시아의 디지털 포렌식 발전에 대한 공헌으로 미국의 ISC2가 수여하는 ISLAInformation Security Leadership Award를 수상했다. 또한 말레이시아 법무상과 왕립 말레이시아 경찰의 감사장을 수여했다.

현재 말레이시아의 사이버 보안 대응 서비스의 부대표를 맡고 있다. 말레이시아 보안 운영과 연구(디지털 포렌식국, MyCERT, 보안 기술 서비스)에 전략적 방향, 기술적 리더십, 마케팅 전략 등을 제공한다.

살바토레 휘오릴로 박사 Dr. Salvatore Fiorillo

빠르게 배우며, 문제 해결을 좋아하고, 개방적인 사람이다. 색다른 도전을 좋아한다. 정치학 학위와 IT 보안 석사 학위를 가지고 있으며, 관심 분야는 디지털 포렌식과 일반적인 해킹에서부터 사회학, 인류학, 통계학, 금융까지 넓다. 네트워크 중심 전투 전도사로서 2007년 CCRPCommand and Control Research Program within the Office of the Assistant Secretary of US-Defense(NII)가 주최한 영국 캠브리지의 드비어 유니버시티 암스De Vere University Arms에서 열린 학회에서 발표했다. 또한 디지털 포렌식 도구의 한계점에 대해 기술한 「Theory and practice of flash memory mobile forensics」(2009년)의 저자이기도 하다(2014 NIST Guidelines on Mobile Device Forensics이 인용한 문서).

그동안 많은 도움과 지원을 아끼지 않은 루시이 디리노와 모니카 카싸소에게 감사의 말을 전한다. 또한 매우 전문적이고 좋은 사람들인 팩트출판사의 직원들에게도 감사드린다.

요게시 카트리 Yogesh Khatri

미국 버몬트 주의 벌링턴에 있는 챔플레인 대학에서 컴퓨터 포렌식을 가르치는 조교수다. 10여년간 컨설턴트와 트레이너로서 가이던스 소프트웨어guidance software를 포함한 다양한 회사와 일을 했고, 여러 나라에 걸쳐 많은 포춘 100 회사와 다양한 사건에 대해 함께 일했다. 시라큐스 대학에서 컴퓨터 공학 석사 학위를 취득했으며, 최근에는 연구, 스크립트, 아이디어, 컴퓨터 포렌식에 대한 비디오를 공유하는 블로그 www.swiftforensics.com을 운영 중이다.

에릭 크리스텐센Erik Kristensen

컴퓨터 과학 학사를 취득했고 컴퓨터 보안, 모바일 보안, 컴퓨터 포렌식을 포함한 컴퓨터 시스템 분야에서 15년 이상 일했다. 미 공군에 있는 동안 컴퓨터 보안을 전문적으로 다루며 블랙베리, 안드로이드, 아이폰 기기에 대한 모바일 보안 프로그램을 개척하는 데 도움을 주었다. 현재 GIAC 공인 포렌식 분석가GCFA로 SANS 조사 포렌식 툴킷SIFT의 주요 메인테이너maintainer로 활동 중이다. 폭넓은 분야에 대한 경험과 관심이 있다. 문제를 해결하는 것을 즐기고 틀 밖에서 생각하는 것을 좋아한다. 모바일 보안과 포렌식 회사인 비아포렌식스viaForensics의 리드 데브옵스 엔지니어lead DevOps engineer로 일하고 있다.

미첼 스프레이첸바스 박사Dr. Michael Spreitzenbarth

모바일 폰 포렌식 학위를 마친 이후 IT 보안 분야에서 프리랜서로 수년간 일했다. 2013년에 에를랑겐 뉘른베르크 대학교University of Erlangen-Nuremberg에서 안드로이드 포렌식와 모바일 멀웨어 분석 분야에서 박사 학위를 받았다. 그 이후 국제적으로 운영되는 CERT에서 일하는 중이다. 주요 업무는 모바일 시스템, 스마트폰과 의심되는 모바일 애플리케이션에 대한 포렌식 분석과 보안 관련 사건에 대한 조사다. 또한 모바일 멀웨어 분석 기법의 향상과 안드로이드와 iOS 포렌식 분야에 대해 연구하고 있다.

옮긴이 소개

김대혁 (daehyeok@outlook.com)

현재 KAIST에서 연구원으로 근무 중이며 모바일 플랫폼 분야를 연구하고 있다. 모바일 시스템 및 네트워크 분야에 관심이 많으며 특히 성능 최적화와 보안 분야의 연구에 관심을 두고 있다. 에이콘출판사에서 출간한 『CISSP 스터디 가이드』(2015)를 공역했다.

옮긴이의 말

모바일 기기의 보급이 증가하고 용도와 기능이 확대되면서 기기에 저장되는 정보와 다양성도 증가했다. 이와 더불어 모바일 포렌식에 대한 인식과 중요성이 높아지고 있다. 그러던 중 이 책을 번역하게 되었고, 나 자신에게도 의미 있는 시간이었다.

이 책은 iOS, 안드로이드, 윈도우, 블랙베리 플랫폼에서의 모바일 포렌식 기법에 대해 설명한다. 모바일 포렌식의 핵심적 요소와 기기에서 데이터를 추출하고 삭제된 데이터를 복구하며, 화면 잠금 메커니즘을 우회하는 방법과 포렌식 조사를 돕는 다양한 도구에 대해 다룬다.

이 책에서 설명되는 기법들은 모바일 포렌식에 입문하고자 하는 이들뿐 아니라, 의도치 않게 삭제된 데이터를 복구하고자 하는 일반인에게도 도움이 될 것이다. 또한 기존의 디지털 포렌식에 대한 지식이 있는 전문가까지 모두에게 도움이 될 수 있는 좋은 자료가 될 것이다. 이 책을 통해 많은 이들이 모바일 포렌식에 대해 이해하는 계기가 되었으면 한다.

목차

들어가며

모바일 기기의 기하급수적인 증가는 우리 삶의 많은 부분을 변화시켰다. 포스트 PC 시대라고 불리는 지금, 스마트폰은 향상된 기능과 발전된 저장 공간으로 데스크탑 컴퓨터를 장악하고 있다. 이런 급격한 변화로 인해 전 분야에 걸쳐 모바일 핸드셋의 사용이 늘어나고 있다.

스마트폰은 작은 크기에도 불구하고 개인 메시지, 기밀 이메일 전송, 사진과 비디오 촬영, 온라인 구매, 급여 명세서 열람, 은행 거래, 소셜네트워크 사이트 접속, 업무 관리 등 다양한 작업을 수행할 수 있다. 따라서 모바일 기기는 소유자에 대한 많은 정보를 제공할 수 있는 민감한 데이터의 거대한 저장소가 되었다. 이에 따라 모바일 기기에서 데이터를 추출하는 모바일 기기 포렌식의 발전도 이뤄졌다. 오늘날, 전문적인 포렌식 전문가에 대한 엄청난 수요가 있으며, 특히 모바일 기기에서 추출된 데이터는 법정에서 증거로 사용된다.

모바일 포렌식은 합법적 목적에 의해 모바일 폰 내에 저장된 데이터를 복구하기 위한 과학적 방법을 활용하는 것에 대한 모든 것이다. 전통적인 컴퓨터 포렌식과 달리, 모바일 포렌식은 기술의 빠른 변화와 모바일 소프트웨어의 빠른 발전으로 인해 증거를 수집할 때 제약사항이 발생한다. 시장에 출시되는 다양한 운영체제와 넓은 범위의 모델과 함께 모바일 포렌식은 지난 3~4년간 확장되었다. 여러 상황에서 데이터를 추출하기 위해 전문적인 포렌식 기법과 기술이 요구된다.

이 책에서는 모바일 포렌식과 관련된 도전들을 살펴보며 iOS, 안드로이드, 블랙베리, 윈도우 폰 운영체제를 갖춘 여러 모바일 기기에서 증거를 수집하는 방법을 실용적으로 설명한다.

이 책은 여러분이 필요로 하는 플랫폼에 특화된 장에 집중할 수 있도록 구성되었다.

이 책의 구성

1장. 모바일 포렌식 입문 모바일 포렌식의 주요 가치와 한계점에 대해 소개한다. 또한 이 장은 모바일 포렌식을 수행하는 데 있어 실용적인 접근법과 모범 사례의 개괄에 대해 설명한다.

2장. iOS 기기 내부의 이해 인기 있는 애플 iOS 기기의 여러 모델과 하드웨어의 개요를 다룬다. 이 장은 iOS 보안 기능과 iOS 포렌식에서의 그 영향을 설명한다. 또한 iOS 파일 시스템 개요와 포렌식 조사에서 유용한 민감한 파일들에 대해 다룬다.

3장. iOS 기기의 데이터 수집 iOS 기기에서 수행될 수 있는 다양한 형태의 포렌식 수집 방법에 대해 다루며 포렌식 작업을 위해 데스크탑 머신을 준비하는 것을 도와준다. 또한 이 장은 패스코드 우회 기법, 기기의 물리적 추출, 기기를 이미징하는 다양한 방법들에 대해 설명한다.

4장. iOS 백업에서 데이터 수집 다양한 형태의 iOS 백업과 백업 과정에서 어떤 형태의 파일이 저장되는지에 대해 자세히 설명한다. 또한 이 장은 백업에서 데이터를 복구하기 위한 논리적 수집 기법을 다룬다.

5장. iOS 데이터 분석과 복구 iOS 기기에 저장되는 데이터의 형태와 이 데이터 저장소의 일반적인 위치에 대해 다룬다. Plist와 SQLite와 같이 iOS 기기에서 사용되는 일반적인 파일 형태를 자세히 알아보면서 기기에 데이터가 어떻게 서상되는지 이해해 이들 파일에서 데이터를 효율적으로 복구하는 것을 도와준다.

6장. iOS 포렌식 도구 존재하는 오픈소스와 상용 iOS 포렌식 도구에 대한 개요를 다룬다. 이 도구들은 지원하는 모바일 폰의 종류와 복구할 수 있는 데이터 양에서 차이를 보인다. 또한 이 도구들의 장단점도 다룬다.

7장. 안드로이드의 이해 안드로이드 모델, 파일 시스템과 보안 기능에 대해 소개한다. 이 장에서는 안드로이드 기기에 데이터가 어떻게 저장되는지 설명하는데, 이는 포렌식 조사를 수행하는 데 유용할 것이다.

8장. 안드로이드 포렌식 셋업과 데이터 사전 추출 기법 안드로이드 포렌식을 위한 환경 설정과 정보를 추출하기 전에 따라야 할 다른 기법에 대해 안내한다. 스크린 잠금 우회 기법과 루트 권한 취득도 이 장에서 다룬다.

9장. 안드로이드 데이터 추출 기법 안드로이드 기기에서 정보를 추출하기 위한 물리적 수집과 파일 시스템 수집, 논리적 수집 기법에 대해 다룬다.

10장. 안드로이드 데이터 복구 기법 안드로이드 기기에서의 데이터 복구에 대한 가능성과 한계점에 대해 설명한다. 또한 이 장은 매우 중요한 정보를 캐내기 위해 안드로이드 애플리케이션을 리버스 엔지니어링하는 과정을 다룬다.

11장. 안드로이드 앱 분석과 포렌식 도구 개요 사용 가능한 오픈소스와 상용 도구를 다루며 이는 안드로이드 기기에 대한 포렌식 조사에서 도움이 될 것이다.

12장. 윈도우 폰 포렌식 윈도우 폰 기기를 다룰 때의 포렌식 접근법의 기본적인 사항에 대해 다룬다.

13장. 블랙베리 포렌식 블랙베리 기기를 다룰 때의 수집과 분석 방법을 포함한 포렌식 접근법을 다룬다. 블랙베리 암호화와 데이터 보호도 설명한다.

이 책의 준비 사항

이 책은 실용적인 포렌식 접근법을 다루며 기법에 대해 간단히 설명한다. 기본적인 컴퓨터 지식만 갖춘 사용자도 기기를 조사하고 필요한 데이터를 추출할 수 있도록 구성되었다. 이 책에 설명된 방법들을 성공적으로 수행하기 위해 매킨토시, 윈도우, 리눅스 컴퓨터를 사용할 수 있다. 가능한 한 모든 컴퓨터 플랫폼에서 사용 가능한 방법을 제공한다.

이 책의 대상 독자

이 책은 모바일 포렌식이나 모바일 포렌식을 위한 오픈소스 솔루션을 기본적으로 다뤄본 적이 있거나, 경험이 거의 없는 포렌식 조사관을 위해 저술되었다. 또한 이 책은 컴퓨터 보안 전문가와 연구자, 모바일 기기의 내부에 대해 깊이 이해하고 싶은 사람들에게 유용할 것이다. 그리고 의도치 않게 삭제된 데이터(사진, 주소록, SMS 등)를 복구하고자 하는 사람들에게도 도움이 될 것이다.

이 책의 편집 규약

정보의 종류를 구분하기 위해 여러 가지 편집 규약을 사용했다. 각 사용 예와 의미는 다음과 같다.

본문에서 코드 단어는 다음과 같이 표시한다.

"또한 쿼리는 SQlite의 `datetime` 함수를 사용해 맥 절대 시간을 사용자가 읽을 수 있는 형태로 변환한다."

모든 명령행 입력과 출력은 다음과 같이 표시한다.

```
iPhone4:/dev root# ls -lh rdisk*
crw-r----- 1 root operator 14, 0 Oct 10 04:28 rdisk0
crw-r----- 1 root operator 14, 1 Oct 10 04:28 rdisk0s1
crw-r----- 1 root operator 14, 2 Oct 10 04:28 rdisk0s1s1
crw-r----- 1 root operator 14, 3 Oct 10 04:28 rdisk0s1s2
```

메뉴 혹은 대화 상자에 표시되는 단어는 다음과 같이 표시한다.

"iOS는 Erase All Content and Settings 옵션을 제공하여 아이폰의 데이터를 삭제할 수 있게 한다."

 경고나 중요한 노트는 박스 안에 이와 같이 표시한다.

 팁과 트릭은 박스 안에 이와 같이 표시한다.

독자 의견

독자로부터의 피드백은 항상 환영이다. 이 책에 대해 무엇이 좋았는지 또는 좋지 않았는지 소감을 알려주기 바란다. 독자 피드백은 독자에게 필요한 주제를 개발하는 데 매우 중요하다.

일반적인 피드백을 우리에게 보낼 때는 간단하게 feedback@packtpub.com으로 이메일을 보내면 되고, 메시지의 제목에 책 이름을 적으면 된다. 여러분이 전문 지식을 가진 주제가 있고, 책을 내거나 책을 만드는 데 기여하고 싶으면 www.packtpub.com/authors에서 저자 가이드를 참조하기 바란다.

고객 지원

팩트출판사의 구매자가 된 독자에게 도움이 되는 몇 가지를 제공하고자 한다.

예제 코드 다운로드

이 책에 사용된 예제 코드는 http://www.packtpub.com의 계정을 통해 다운로드할 수 있다. 다른 곳에서 구매한 경우에는 http://www.packtpub.com/support를 방문해 등록하면 파일을 이메일로 직접 받을 수 있다. 또한 에이콘출판사의 도서정보 페이지인 http://www.acornpub.co.kr/book/mobile-forensics에서도 예제 코드를 다운로드할 수 있다.

컬러 이미지 다운로드

이 책에 사용된 스크린샷/다이어그램의 컬러 이미지가 포함된 PDF 파일을 제공한다. 컬러 이미지들은 출력값의 변화를 잘 이해하는 데 도움을 줄 것이다. 이 파일은 https://www.packtpub.com/sites/default/files/downloads/8311OS_ColoredImages.pdf에서 다운로드할 수 있다. 또한 에이콘출판사의 도서정보 페이지인 http://www.acornpub.co.kr/book/mobile-forensics에서도 컬러 이미지를 다운로드할 수 있다.

오탈자

내용을 정확하게 전달하기 위해 최선을 다했지만, 실수가 있을 수 있다. 팩트출판사의 책에서 코드나 텍스트상의 문제를 발견해서 알려준다면 매우 감사하게 생각할 것이다. 그런 참여를 통해 다른 독자에게 도움을 주고, 다음 버전에서 책을 더 완성도 있게 만들 수 있다. 오자를 발견한다면 http://www.packtpub.com/support를 방문해 이 책을 선택하고, 정오표 제출 양식을 통해 오류 정보를 알려주기 바란다. 보내준 내용이 확인되면 웹사이트에 그 내용이 올라가거나, 해당 서적의 정오표 섹션에 그 내용이 추가될 것이다. http://www.packtpub.com/support에서 해당 타이틀을 선택하면 지금까지의 정오표를 확인할 수 있다. 한국어판은 에이콘출판사 도서정보 페이지 http://www.acornpub.co.kr/book/mobile-forensics에서 찾아볼 수 있다.

저작권 침해

저작권 침해는 모든 인터넷 매체에서 벌어지고 있는 심각한 문제다. 팩트출판사에서는 저작권과 라이선스 문제를 아주 심각하게 인식하고 있다. 어떤 형태로든 팩트출판사 서적의 불법 복제물을 인터넷에서 발견했다면 적절한 조치를 취할 수 있게 해당 주소나 사이트 명을 즉시 알려주길 부탁한다. 의심되는 불법 복제물의 링크를 copyright@packtpub.com으로 보내주기 바란다. 서자와 더 좋은 책을 위한 팩트출판사의 노력을 배려하는 마음에 깊은 감사의 뜻을 전한다.

질문

이 책에 관련된 질문이 있다면 questions@packtpub.com을 통해 문의하기 바란다. 최선을 다해 질문에 답해 드리겠다. 한국어판에 관한 질문은 이 책의 옮긴이나 에이콘출판사 편집팀(editor@acornpub.co.kr)으로 문의해주길 바란다.

1 모바일 포렌식 입문

국제전기통신연합ITU, International Telecommunication Union에 따르면 2013년의 이동통신 서비스 가입자는 전 세계의 인구 수만큼 존재했다. 다음 그림은 2005년에서 2013년 사이의 전 세계 이동통신 가입자 수를 나타낸다. 이통통신 가입자 수는 매우 빠른 속도로 증가해 2014년 초에는 700만 명을 넘었다. 포쇼Portio 리서치는 2014년 말 이동통신 가입자 수가 750만 명을 넘어서며 2016년에는 850만 명을 넘을 것으로 예상한다.

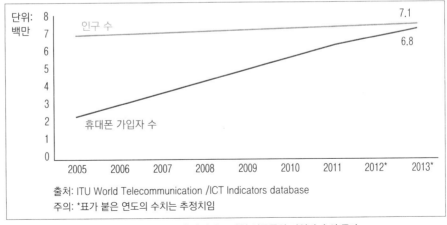

출처: ITU World Telecommunication /ICT Indicators database
주의: *표가 붙은 연도의 수치는 추정치임

▲ 2005년에서 2013년 사이의 모바일 이동통신 가입자 수의 증가

애플의 아이폰iPhone, 삼성 갤럭시 시리즈, 블랙베리BlackBerry 같은 오늘날의 스마트폰은 고성능과 대용량의 저장공간, 뛰어난 기능을 갖춘 작은 크기의 컴퓨터다. 대부분 모바일 폰은 사용자가 접근하는 개인용 전자 제품이다. 통화나 문자 메시지 같은 단순한 통신에 사용될 뿐만 아니라 인터넷 브라우징, 이메일, 사진과 비디오 녹화, 문서 작성과 저장, GPS 서비스를 활용한 위치 확인, 업무 관리 등을 지원한다. 새로운 기능과 애플리케이션이 모바일 폰에 더 많이 탑재될수록 장치에 저장되는 정보의 양은 계속해서 증가한다. 모바일 폰은 이동식 보관 장치로 변모했으며, 사용자의 이동을 끊임없이 추적한다. 사람들의 일상 생활과 범죄에서 모바일 폰 보급이 증가함에 따라, 폰에서 취득한 정보는 민형사 사건을 비롯한 유명 사건에 매우 중요한 증거로 사용되었다. 디지털 포렌식 조사에서 폰을 조사 대상에서 제외하는 경우는 드물다. 모바일 장치의 전화 기록과 GPS 데이터는 2010년 뉴욕의 타임 스퀘어 광장에 대한 폭발 시도를 찾는 데 도움이 되었다. 이 사건의 자세한 내용은 http://www.forensicon.com/forensics-blotter/cell-phone-email-forensics-investigation-cracks-nyc-times-squarecar-bombing-case/에서 볼 수 있다. 모바일 폰으로부터 디지털 증거를 복구하는 과학을 모바일 포렌식이라고 부른다. 디지털 증거는 조사 대상이 되는 전자기기에 저장 또는 수신되거나 기기에 의해 전송되는 정보와 데이터로 정의된다. 디지털 증거는 사건에서 증거로 사용될 수 있는 모든 디지털 데이터를 포함한다.

모바일 포렌식

디지털 포렌식은 수사 과학의 한 분야로 전자기기나 디지털기기 내부에 존재하는 미가공 데이터를 복구하고 조사하는 데 중점을 둔다. 모바일 포렌식은 디지털 포렌식의 한 분야로서, 모바일 장치로부터 디지털 증거를 복구하는 것과 관계가 있다. 포렌식적으로 타당함Forensically sound이라는 용어는 특정한 수사 기술이나 방법론을 사용하는 것을 허용하고 타당성을 입증하기 위해 포렌식 커뮤니티에서 널리 사용되는 용어다. 디지털 증거에 대한 타당한 포렌식 조사의 주요 원칙은 증거가 조작되어서는 안 된다는 것이다. 모바일 장치의 경우 이 원칙이 지켜지기는 매우 어렵다. 어떤 포렌식 도구는 모바일 장치와의 통신을 필요로 하기 때문에 포렌식 수집 과정 동안 표준 쓰기 방지write protection가 동작하지 않는다. 또 다른 포렌식 수집 방법은 포렌식 조사를 위한 데이터 추출에 앞서 칩을 제거하거나 모바일 장치에 부트로더를 설치할 수 있다. 장치 환경설정의 변경 없이 조사나 데이터 수집이 불가능한 경우에 변경과 그 과정은 반드시 검사되고, 인증되며, 문서화되어야 한다. 적절한 방법론과 가이드라인을 따르는 것은 대부분의 중요한 데이터를 추출하는 모바일 장치 검사에서 매우 중요하다. 증거 수집에서 검사 중에 적절한 절차를 따르지 않는 것은 증거를 잃거나 훼손시킬 수 있고 해당 증거가 법정에서 받아들여지지 않을 수 있다.

모바일 포렌식 과정은 압수seizure, 수집acquisition, 조사/분석examination/analysis 세 가지 주요 카테고리로 나뉜다. 포렌식 조사관은 증거의 출처로서의 모바일 장치를 압수하는 데 어려움을 겪는다. 범죄현장에서 모바일 장치가 전원이 꺼진 채로 발견되었다면 조사관은 그 장치를 패러데이 백faraday bag에 담아 장치가 자동으로 켜지는 것을 방지해야 한다. 패러데이 백은 폰을 네트워크로부터 격리시키기 위해 설계되었다. 폰의 전원이 켜진 상태로 발견되었을 때 전원을 끄는 것은 많은 우려를 수반한다. 폰이 PIN이나 비밀번호로 잠겨 있거나 암호화되어 있으면 조사관은 장치에 접근하기 위해 잠금을 우회하거나 PIN을 알아내야 한다. 모바일 폰은 네트워크에 연결된 장치로 전화통신 시스템과 와이파이Wi-Fi 접근 지점access point, 블루투스 등 여러 기술을 통해 데이터를 주고받을 수 있다. 따라서 폰이 동작 중이면 범인이 원격 삭제 명령을 실행시켜 폰에 저장된 데이터를 지울 수 있다. 폰의 전원이 켜져 있을 경우 폰을 패러데이 백에 담아야 한다. 가능하다면 폰을 패러데이 백에 넣기 전에 비행기 탑승 모드를 활성화시키고 모든 네트워크 연결(와이파이, GPS, 핫스팟Hotspots 등)을 비활성화시켜 네트워크로부터의 연결을 끊어 증거를 보호해야 한다. 이 과정은 패러데이 백에서의 배터리 소모를 방지하고 유출을 보호한다. 모바일 장치가 제대로 압수되었으면 조사관은 폰에 저장된 데이터를 추출하고 분석하기 위해 다양한 포렌식 도구를 필요로 한다.

모바일 장치 포렌식을 통한 자료 수집은 추후에 설명할 다양한 방법을 사용해 수행된다. 각각의 방법은 요구되는 분석의 양에 영향을 주는데 이에 대해 다음 장에서 더 자세히 다룰 것이다. 한 방법이 실패할 경우 다른 방법이 반드시 시도된다. 모바일 장치에서 대부분의 데이터를 얻어내려면 다양한 시도와 도구가 필수다.

모바일 폰은 동적인 시스템으로 조사관이 디지털 증거를 추출하고 분석하는 데 많은 어려움을 겪기도 한다. 여러 제조사에서 생산되는 모바일 폰의 종류가 급격히 늘어남에 따라, 모든 기종의 장치를 검사하는 단일 장비나 절차를 개발하기가 매우 어려워졌다. 기존 기술이 날로 발전하거나 새로운 기술이 나옴에 따라 모바일 폰은 계속해서 진화하고 있다. 또한 각 모바일 폰은 다양한 종류의 임베디드 운영체제로 설계되어 있다. 따라서 포렌식 전문가들이 장치에서 데이터를 얻고 분석하기 위해서는 특별한 지식과 기술이 필요하다.

모바일 포렌식의 어려움

모바일 플랫폼의 포렌식에서 가장 큰 어려움 중 하나는 데이터가 복수의 장치에서 접근, 저장, 동기화될 수 있다는 점이다. 데이터는 휘발성이고 빠르게 변형되거나 원격으로 삭제될 수 있기 때문에, 데이터를 보존하기 위해 많은 노력이 필요하다. 모바일 포렌식은 컴퓨터 포렌식과 다르며 그에 따른 고유한 어려움을 포렌식 조사관에게 부과한다.

법률 집행관과 포렌식 조사관들은 보통 모바일 장치로부터 디지털 증거를 얻는 데 어려움이 있다. 그 이유는 다음과 같다.

- **하드웨어의 차이**: 여러 제조사들이 출시한 다양한 모바일 폰 모델들로 시장이 넘쳐난다. 포렌식 조사관은 크기, 하드웨어, 기능, 운영체제가 다른 여러 종류의 모바일 모델을 마주한다. 또한 짧은 제품 개발 주기로 새로운 모델이 매우 빈번하게 출시된다. 모바일 시장이 하루가 다르게 변할수록, 조사관들이 모든 어려움에 적응하고 새로운 모바일 장치 포렌식 기법에 능숙해지는 것은 매우 중요하다.

- **모바일 운영체제**: 수 년간 윈도우가 시장을 지배하고 있는 개인용 컴퓨터와는 달리 모바일 장치는 애플의 iOS, 구글의 안드로이드, RIM의 블랙베리 OS, 마이크로소프트의 윈도우 모바일windows Mobile, HP의 webOS, 노키아Nokia의 심비안Symbian OS를 포함한 다양한 OS를 사용한다.

- **모바일 플랫폼 보안 기능**: 오늘날의 모바일 플랫폼은 내장 보안 기능을 포함하여 사용자의 데이터와 프라이버시를 보호한다. 이런 기능은 포렌식 과정에서 데이터를 얻고 조사하는 데 걸림돌이 된다. 예를 들어, 최근의 모바일 장치에는 하드웨어 계층에서부터 소프트웨어 계층까지 내장된 기본 암호화 메커니즘이 존재한다. 조사관은 장치로부터 데이터를 추출하기 위해 이런 암호화 메커니즘을 뚫어야 할 수도 있다.

- **부족한 자원**: 앞서 언급했듯이 모바일 폰 수가 증가함에 따라 포렌식 조사관이 필요로 하는 도구도 증가한다. 여러 종류의 모바일 폰에 대한 USB 케이블, 배터리, 충전기와 같은 포렌식 액세서리는 장치로부터 데이터를 얻기 위해 반드시 유지되어야 한다.

- **장치의 일반적인 상태**: 장치가 대기 상태에 있는 것처럼 보여도 백그라운드 프로세스는 여전히 동작 중일 수 있다. 예를 들어, 대부분의 모바일 장치에서 알람 시계는 폰의 전원이 꺼져 있을 때도 동작한다. 한 상태에서 다른 상태로의 갑작스러운 전이는 데이터의 유실이나 변경을 야기할 수 있다.

- **안티 포렌식 기법**: 데이터 숨김, 데이터 난독화, 데이터 위조, 안전한 삭제 등의 안티 포렌식 기법은 디지털 매체에 대한 조사를 더 어렵게 한다.

- **증거의 동적인 속성**: 디지털 증거는 의도적 또는 비의도적으로 쉽게 변경될 수 있다. 예를 들어 폰의 애플리케이션을 탐색하는 것은 해당 애플리케이션에 의해 저장된 데이터를 변경할 수 있다.

- **예기치 않은 초기화**: 모바일 폰은 모든 것을 초기화할 수 있는 기능을 제공한다. 조사 도중 장치를 초기화하는 것은 데이터 유실을 초래할 수 있다.

- **장치 변경**: 장치를 변경하는 가능한 방법에는 애플리케이션 데이터 이동과 파일 이름 변경, 제조사의 운영체제 수정 등이 있다. 이 경우에 용의자의 전문성을

고려해야 한다.

- **비밀번호 복구**: 장치가 비밀번호로 보호되고 있을 경우 포렌식 조사관은 장치의 자료를 손상시키지 않고 장치에 접근해야 한다.

- **통신 차폐**: 모바일 장치는 셀룰러 네트워크와 와이파이 네트워크, 블루투스, 적외선을 통해 통신한다. 장치 간의 통신은 장치의 데이터를 변경시킬 수 있어 장치 압수 이후에 가능한 통신의 가능성을 제거해야 한다.

- **사용 가능한 도구의 부족**: 모바일 장치의 종류는 다양하다. 하나의 도구가 모든 장치를 지원하지 않거나 필요한 모든 기능을 제공하지 않을 수 있어서 도구의 조합이 필요하다. 특정 폰을 위한 올바른 도구를 선택하는 것은 어려울 수 있다.

- **악성 프로그램**: 장치에는 바이러스나 트로이젠과 같은 악성 소프트웨어가 존재할 수 있다. 이런 프로그램은 유무선 인터페이스를 통해 다른 장치로 퍼지는 것을 시도할 수 있다.

- **법적 문제**: 모바일 장치는 지리적 경계를 넘는 범죄에 사용되었을 수 있다. 이런 다중 사법권 문제를 다루기 위해, 포렌식 분석가는 범죄의 본질과 지역 법에 대해 알아야 한다.

모바일 폰 증거 추출 과정

각 장치에 대한 증거 추출과 포렌식 조사 과정은 다르다. 하지만, 일관된 조사 과정을 따르는 것은 포렌식 조사관이 각 폰으로부터 추출한 증거가 문서화되고 결과를 반복할 수 있고 변호할 수 있도록 도움을 준다. 모바일 포렌식을 위한 표준 과정은 없다. 하지만, 다음 그림은 모바일 장치로부터 증거를 추출할 때 고려할 과정의 개요를 보여준다. 모바일 장치로부터 자료를 추출할 때 사용되는 모든 방법은 검사되고 인증되며 체계적으로 문서화되어야 한다.

모바일 장치를 다루고 처리하는 것과 관련된 훌륭한 자료를 http://digital-forensics.sans.org/media/mobile-device-forensic- process-v3.pdf에서 찾아볼 수 있다.

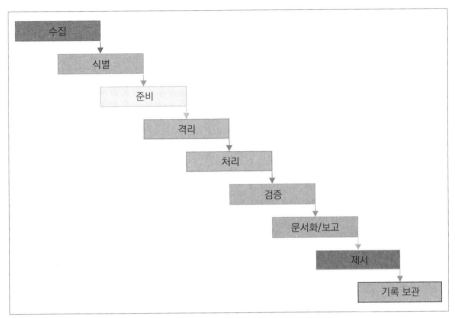

▲ 모바일 폰 증거 추출 과정

증거 수집 단계

증거 수집은 시작 단계로 소유권 정보와 모바일 장치가 어떤 사고에 관련되어 있는지를 문서화하기 위한 요청 문서와 서류 작업을 수반하며 요청자가 찾고자 하는 자료나 정보 종류의 개요를 설명한다. 각 조사의 특정한 목적을 전개하는 것은 이 과정의 대단히 중요한 과정이다. 이를 통해 조사관의 목표를 명확히 하는 데 도움을 준다.

식별 단계

포렌식 분석가는 모바일 장치에 대한 모든 조사에 대해 다음의 세부 사항을 확인해야 한다.

- 법적 권한
- 조사의 목표

- 장치의 제조사, 모델, 식별 정보
- 이동식, 외부 데이터 저장소
- 잠재적 증거의 근원

위의 각 사항에 대해 다음 절에서 자세히 다룰 것이다.

법적 권한

장치의 조사에 앞서 장치를 수집하고 조사를 위한 법적 권한과 매체에 존재하는 제한사항을 확인하고 문서화하는 것은 중요하다.

조사의 목표

요청된 자료를 바탕으로 얼마나 자세한 조사가 필요한지 확인해야 한다. 조사의 목표는 폰을 조사하기 위한 도구와 기법의 선택에 큰 차이를 만들며 조사 과정의 효율성을 증가시킨다.

장치의 제조사, 모델, 식별 정보

조사 과정의 한 부분으로 폰의 제조사와 모델을 식별하는 것은 어떤 도구가 동작할지 결정하는 데 도움을 준다.

이동식 외부 데이터 저장소

많은 모바일 폰은 트랜스 마이크로 SD 메모리 확장 카드Trans Flash Micro SD memory expansion card와 같은 이동식 저장소를 통해 메모리 확장 옵션을 지원한다. 이러한 카드가 조사 중인 모바일 폰에서 발견되면 카드를 제거하여 추가적인 디지털 포렌식 기법을 사용해 처리되어야 한다. 또한 쉬운 분석을 위해 모바일 장치에 있는 카드를 빼내고 장치의 메모리와 카드에 저장된 데이터를 연결시키는 것이 좋다. 이 것에 대해서 다음 절에서 자세히 다룰 것이다.

잠재적 증거의 기타 근원

모바일 폰은 지문과 기타 생물학적 증거의 좋은 근원이 된다. 이러한 증거는 장비가 훼손하지 않는 한 오염이 되지 않도록 조사 전에 반드시 수집되어야 한다. 조사관은 증거를 다룰 때 장갑을 착용해야 한다.

준비 단계

모바일 폰의 모델이 확인되면 준비 단계에서는 조사 대상이 되는 특정 폰과 자료 수집 및 조사에 사용될 적절한 방법과 도구들이 연구된다.

격리 단계

모바일 폰은 휴대 전화 망과 블루투스, 적외선, 와이파이 네트워크 기능을 통해 통신하도록 설계되었다. 폰이 네트워크에 연결되면, 전화, 메시지, 애플리케이션 데이터의 수신을 통해 새로운 데이터가 폰에 추가되며 이것이 폰 내부의 증거를 변경할 수 있다. 원격 접속이나 원격 삭제 명령을 통한 데이터의 완전한 삭제도 가능하다. 이러한 이유로 수집과 조사 단계 이전에 장치를 통신 매체로부터 격리시키는 것이 중요하다. 폰의 격리는 패러데이 백을 사용하면 가능한데 이는 폰으로 송수신되는 무선 신호를 차단한다. 과거의 연구 결과 패러데이 백이 통신을 완벽히 차단시켜주지 못한다는 것이 밝혀졌다. 따라서 네트워크 격리가 권장된다. 네트워크 격리는 폰을 비행기 모드로 설정하고 무선 주파수 차폐 주머니에 넣는 것이다.

처리 단계

폰이 통신 네트워크로부터 격리되면, 본격적인 모바일 폰 처리 과정이 시작된다. 폰은 반복할 수 있고 포렌식적으로 타당한, 검증된 방법으로 수집되어야 한다. 물리적 수집은 수집 과정에서 보통 장치의 전원이 꺼진 상태에서 미가공 메모리 데이터를 추출하기 때문에 선호되는 방법이다. 대부분의 장치에서 최소한의 변화만이 물리적 수집 과정에서 발생한다. 물리적 수집이 가능하지 않거나 실패했을 때는 모바일 장치의 파일 시스템의 수집을 시도해야 한다. 논리적 수집을 통해 분석된 데이터를 얻거나 미가공 메모리 이미지를 조사하기 위한 힌트를 얻을 수 있기 때문에 이 과정이 반드시 이뤄져야 한다.

검증 단계

폰을 처리한 이후 조사관은 폰에서 추출한 데이터가 수정되지 않았음 보장하기 위해 데이터의 정확도를 검증해야 한다. 추출한 데이터의 검증은 다양한 방법으로 수행될 수 있다.

추출한 데이터를 장치 내 데이터와 비교

장치에서 추출한 데이터가 장치가 표시하는 데이터와 일치하는지 확인한다. 추출한 데이터는 장치 자체나 논리적 보고서 중 선호되는 것과 비교될 수 있다. 주의해야 할 점은 원본 장치를 다루는 것이 유일한 증거(장비 자체)에 변화를 줄 수 있다는 점이다.

여러 도구의 사용과 결과 비교

정확성을 보장하기 위해 여러 도구를 사용해 데이터를 추출하고 그 결과를 비교한다.

해시 값 사용

모든 이미지 파일을 수집한 이후에는 해시 값을 계산해 데이터가 변경되지 않도록 해야 한다. 파일 시스템 추출이 가능하다면 조사관은 파일 시스템을 추출한 다음 추출한 파일에 대한 해시 값을 계산한다. 이후에 개별 파일의 무결성을 검증하기 위해 파일의 해시 값을 계산하여 원본 값과 비교한다. 해시 값의 차이는 반드시 설명 가능해야 한다(예를 들어, 장치의 전원을 켜고 재수집했다면 두 해시 값이 다를 것이다).

문서화와 보고 단계

포렌식 조사관은 수집과 조사 과정에서 어떤 일을 했는지에 대해 동시 기록 형식으로 조사 과정 전체를 문서화해야 한다. 조사를 완료하면 결과는 상호 평가 과정을 거쳐 데이터가 검사되었고 조사가 완료되었음을 보장한다. 조사관의 노트와 문서는 다음의 정보를 포함할 수 있다.

- 조사 시작과 완료 시간
- 폰의 물리적 조건
- 폰과 개별 구성요소의 사진
- 폰을 받았을 때의 상태 – 전원 켜짐 여부
- 폰 제조사와 모델
- 수집에 사용된 도구
- 조사에 사용된 도구
- 조사 과정 발견된 데이터
- 상호 평가 노트

제시 단계

전체 조사 과정에서 모바일 장치에서 추출되고 문서화된 정보를 다른 조사관이나 법정에 명확하게 보일 수 있게 하는 것이 중요하다. 수집과 분석 과정에서 모바일 장치로부터 추출한 데이터에 대한 포렌식 보고서를 만드는 것이 중요하다. 이것은 종이 문서와 전자 문서 형태를 모두 포함할 수 있다. 조사 결과는 반드시 문서화되어 법정에서 분명하게 제시되어야 한다. 조사 결과는 명확하고 간결하며 반복 가능해야 한다. 타임라인과 연결 분석, 여러 모바일 모렌식 도구들이 제공하는 기능들은 복수의 모바일 장치에 걸친 조사 결과를 보고하고 설명하는 데 도움을 줄 것이다. 조사관들은 이런 도구들을 사용해 복수의 장치 사이의 통신에 사용된 방법들을 연관시킬 수 있다.

기록 보관 단계

모바일 폰에서 추출한 데이터를 보존하는 것은 전체 과정에서 중요한 부분이다. 또한 진행 중인 판결 과정과 추후 참고, 현재의 증거가 손상되었을 때, 기록 유지 요구사항을 위해 데이터를 사용 가능한 형태로 유지하는 것이 중요하다. 최종 판결이 나오기까지 사건이 법원에서 수 년간 진행될 수 있으며 대부분의 사법권은 데이터가 항소 목적으로 수 년간 유지되는 것을 필요로 한다. 분야와 방법이 진화할수록 가공되지 않은 물리 이미지에서 데이터를 뽑아내는 새로운 방법이 나올 것이며 조사관은 기록물에서 데이터의 사본을 추출해서 데이터를 다시 볼 수 있을 것이다.

실제적인 모바일 포렌식 접근법

실제적인 모바일 포렌식 접근법은 모든 포렌식 조사 과정과 비슷하며 모바일 폰에서 데이터를 수집하고 조사, 분석할 때는 다양한 방법이 사용될 수 있다. 모바일 장치의 종류와 운영체제, 보안 설정은 일반적으로 포렌식 과정에서 따라야 하는 절차에 영향을 준다. 모든 조사는 각각의 환경에 따라 구분되기 때문에 모든 사건에 대해 적용되는 하나의 접근법을 설계하는 것은 불가능하다. 다음에 소개될 자세한 내용은 모바일 장치에서 데이터를 추출하는 일반적인 방법에 대해 설명한다.

모바일 운영체제 개요

모바일 폰의 조사/분석과 데이터 수집의 중요한 요소 중 하나는 운영체제다. 저가 폰부터 스마트 폰까지 모바일 운영체제는 많은 기능을 갖추며 크게 발전했다. 모바일 운영체제는 조사관이 모바일 폰에 접근하는 방법에 영향을 준다. 예를 들어, 안드로이드 OS는 터미널 수준의 접근을 제공하는데 비해 iOS는 그런 옵션이 없다. 모바일 플랫폼에 대한 전체적인 이해는 포렌식 조사관이 타당한 포렌식 결정을 내리고 결정적인 조사를 수행하는 데 도움을 준다. 많은 종류의 스마트 모바일 기기들이 있지만, 시장을 점유하는 주요 모바일 운영체제는 구글 안드로이드와 애플 iOS, 림 블랙베리, 윈도우 폰이다. 더 많은 정보는 http://www.idc.com/getdoc.jsp?containerId=prUS23946013에서 찾을 수 있다. 이 책에서는 이 네 가지 모바일 플렛폼의 포렌식 분석에 대해 다룬다. 다음은 이들 모바일 운영체제에 대한 간략한 소개다.

안드로이드

안드로이드는 리눅스 기반의 운영체제로 모바일 폰을 위한 구글의 오픈소스 플랫폼이다. 안드로이드는 세계에서 가장 많이 사용되고 있는 스마트폰 운영체제며 애플의 iOS가 근소한 차이로 2위 자리를 차지하고 있다(http://www.forbes.com/sites/tonybradley/2013/11/15/android-dominates-market-share-but- apple-makes-all-the-money/). 안드로이드는 오픈소스와 무료 형태로 개발되어 하드웨어 제조사와 이동통신사들에게 제공된다. 이 때문에 값싸고, 커스터마이징 가능하며, 가벼운 운영체제를 스마트기기에 적용하고자 하는 회사가 새로운 OS를 처음부터 개발하지 않고 안드로이드를 선택한다. 안드로이드의 오픈 정책은 개발자들이 다양한 애플리케이션을 개발하고 안드로이드 마켓에 올리는 것을 장려한다. 폰 사용자들은 안드로이드를 더 강력한 운영체제로 만들 애플리케이션을 안드로이드 마켓에서 다운로드한다. 안드로이드에 대한 더 자세한 내용은 7장에서 다룬다.

iOS

예전에 아이폰 운영체제로 알려져 있었던 iOS는 애플에 의해서만 개발되고 배포되는 모바일 운영체제다. iOS는 아이패드iPad와 아이팟 터치iPod touch, 아이폰과 같은 모든 애플 모바일 장치에 적용되는 운영체제로 발전했다. iOS는 Darwin에 기반한 OS X로부터 유래되었기 때문에 유닉스Unix와 비슷한 운영체제다. iOS는 장치 하드웨어를 관리하고 네이티브 애플리케이션을 구현하기 위해 필요한 기술을 제공한다. iOS는 기본적인 시스템 서비스를 사용자에게 제공하는 메일Mail과 사파리Safari와 같은 다양한 시스템 애플리케이션을 함께 제공한다. iOS 네이티브 애플리케이션들은 애플에 의해 관리되는 앱스토어를 통해 배포된다. iOS에 대한 자세한 내용은 2장에서 다룬다.

윈도우 폰

윈도우 폰window phone은 마이크로소프트사에 의해 개발된 운영체제로 스마트폰과 포켓 PC에서 사용된다. 윈도우 모바일window mobile의 다음 버전으로, 기업 시장보다는 소비자 시장에 초점을 둔다. 윈도우 폰 OS는 윈도우 데스크탑 OS와 비슷하지만 작은 용량의 저장소를 갖춘 장치에 최적화되어 있다. 윈도우 폰의 기본과 포렌식 기법에 대해서는 12장에서 다룬다.

블랙베리 OS

블랙베리 OS는 리서치 인 모션RIM, Research in Motion으로 알려진 블랙베리 사에 의해 개발된 모바일 운영체제로 블랙베리 라인에 속하는 스마트폰과 모바일 장치에서만 사용된다. 블랙베리 모바일은 법인 회사에서 널리 사용되며 블랙베리 엔터프라이즈 서버를 사용하면서 마이크로소프트 익스체인지나 이메일, 주소록, 캘린더 등을 무선으로 동기화시킬 수 있는 MIDP를 통한 회사 메일의 지원을 자체적으로 지원한다. 이 장치들은 높은 보안성으로 잘 알려져 있다. 블랙베리 OS의 기본과 포렌식 기법에 대해서는 13장에서 다룬다.

모바일 포렌식 도구 레벨링 시스템

모바일 폰 포렌식 수집과 분석 과정은 수동 작업과 자동화 도구의 사용을 모두 포함한다. 모바일 포렌식을 수행하는 데 사용 가능한 다양한 종류의 도구가 존재한다. 이 도구들은 장단점을 지니고 있으며, 어떤 하나의 도구가 모든 목적을 충족시키지는 못한다. 따라서 다양한 모바일 포렌식 도구를 이해하는 것은 중요하다. 모바일 폰의 포렌식 수집과 분석과정에서 적절한 도구를 찾을 때 샘 브라더즈Sam Brothers가 개발한 모바일 장치 포렌식 도구 분류 시스템(다음 그림)을 사용하면 편리하다.

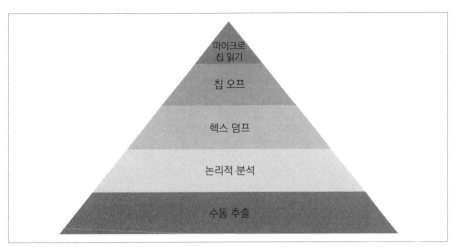

▲ 모바일 폰 포렌식 도구의 레벨 피라미드(샘 브라더즈, 2009)

모바일 장치 포렌식 도구 분류 시스템의 목적은 도구의 조사 방법론에 따라 포렌식 도구를 분류할 수 있도록 하는 것이다. 분류의 아래에서 위로 가면서 방법론과 도구는 일반적으로 더 기술적이고 복잡해지고 포렌식적으로 타당하며 더 긴 분석 시간을 필요로 한다. 각 계층에서 분석을 수행하는 장단점이 있다. 포렌식 조사관은 이 문제를 인지하고 필요한 수준의 추출만 수행해야 한다. 주어진 방법이나 도구가 적절히 사용되지 않을 경우, 증거가 완전히 망가질 수 있다. 피라미드의 상층으로 올라갈수록 이 위험은 커진다. 따라서 모바일 장치에서 데이터 추출의 성공 가능성을 높이기 위해서는 적절한 훈련이 필요하다.

각 모바일 포렌식 도구는 다섯 개 레벨 중 하나 이상의 레벨에 분류될 수 있다. 다음은 각 레벨에 대한 자세한 설명을 해준다.

수동 추출

이 방법은 장치의 키 패드나 터치 스크린을 사용해 장치에 있는 데이터를 단순히 스크롤하거나 데이터를 보는 것을 포함한다. 발견된 정보는 사진으로 찍혀 문서화된다. 추출 과정은 빠르고 편리하며 거의 모든 폰에서 사용될 수 있다. 이 방법을 사용하는 중에 인터페이스에 익숙하지 않아 어떤 데이터를 빠뜨리는 등의 실수를 범하기 쉽다. 이 레벨에서는 삭제된 정보를 복구하고 모든 데이터를 수집하는 것이 불가능하다. 수동 추출을 쉽게 문서화하도록 조사관을 돕는 도구도 개발되어 있다.

논리적 추출

논리적 추출은 모바일 장치를 포렌식 하드웨어나 포렌식 워크스테이션에 USB 케이블, RJ-45 케이블, 적외선 또는 블루투스로 연결하는 것을 포함한다. 연결이 되면, 컴퓨터가 명령을 장치로 보내고 장치의 프로세서가 해석한다. 요청된 데이터가 장치의 메모리로부터 포렌식 워크스테이션으로 전송된다. 이후, 조사관은 데이터를 검토할 수 있게 된다. 사용 가능한 대부분의 포렌식 도구는 분류 시스템의 이 레벨에서 동작한다. 추출 과정이 빠르고 사용하기 쉬우며 짧은 연습이 필요하다. 한편, 이 과정에서 장치에 데이터가 쓰여질 수 있기 때문에 증거의 무결성에 영향을 줄 수 있다. 또한 삭제된 데이터는 접근이 거의 불가능하다.

헥스 덤프

물리적 추출이라고 일컫는 헥스 덤프hex dump는 장치를 포렌식 워크스테이션에 연결해서 서명되지 않은 코드나 부트로더를 폰에 넣어 폰의 메모리 덤프를 컴퓨터에 전송하는 과정이다. 이 결과로 추출되는 미가공 이미지는 바이너리 형태이기 때문에 분석하기 위해서는 기술적인 전문성이 필요하다. 이 과정은 값 싸고 더 많은 데이터를 제공하며 대부분 장치에 있는 장치 할당되지 않은 공간에서 삭제된 파일의 복구가 가능하다.

칩 오프

칩 오프Chip-off는 장치의 메모리 칩에서 직접 데이터를 수집하는 것을 의미한다. 이 과정에서 칩은 물리적으로 장치에서 제거되어 그 안에 저장된 데이터를 추출하기 위해 칩 리더나 다른 폰을 사용한다. 모바일 폰에서 사용되는 칩의 종류가 다양하기 때문에 이 방법은 기술적으로 어렵다. 이 과정은 값 비싸며 땝납의 제거와 메모리 칩에 열을 가하는 등 하드웨어 수준의 지식을 요구한다. 칩 오프 과정을 성공적으로 수행하기 위해서는 연습이 필수적이다. 부적절한 절차는 메모리 칩에 손상을 줄 수 있으며 모든 데이터를 잃을 수 있다. 칩 오프는 본질적으로 장치에 손상을 줄 수 있기 때문에 이를 수행하기 전에 가능한 다른 레벨의 추출을 시도해보는 것을 추천한다. 또한 메모리에서 추출한 정보는 미가공 형태로 파싱, 디코딩하여 해석되어야 한다. 칩 오프는 칩이 장치에 장착되어 있을 때와 같은 메모리 상태를 보존하는 것이 중요할 때 선호되는 방법이다. 또한 장치는 손상되었지만 메모리 칩은 영향을 받지 않은 경우에 선택될 수 있는 옵션이다.

장치에 있는 칩은 JTAG_{Joint Test Action Group} 방법으로 읽을 수도 있다. JTAG은 장치의 테스트 접근 포트_{TAP, Test Access Port}에 연결하여 프로세서가 메모리 칩에 있는 미가공 데이터를 전송하도록 한다. JTAG은 장치가 동작하지만 표준 도구로는 접근이 불가능한 경우에 사용된다.

마이크로 칩 읽기

이 방법은 메모리 칩 상의 데이터를 수동으로 보고 해석하는 과정을 포함한다. 조사관은 전자 현미경을 사용해 칩의 물리 게이트를 분석하고 게이트 상태를 0과 1로 해석하여 ASCII 문자를 결정한다. 이 과정 전체에는 시간과 비용이 많이 들며 플래시 메모리와 파일 시스템에 대한 광범위한 지식과 연습이 필요하다. 마이크로 칩 읽기에는 엄청난 기술력이 필요하기 때문에 국가적 보안 사고에 준하는 큰 사건에서 다른 모든 레벨의 추출 기법이 사용 된 이후에만 시도된다. 이 과정은 거의 수행되지 않으며 문서화가 잘 되어 있지 않다. 또한 마이크로 칩 읽기를 위한 상용 도구가 없다.

데이터 수집 방법

데이터 수집은 이미징을 포함한 디지털 장치와 주변 장치, 매체로부터 정보를 추출하는 과정을 의미한다. 모바일 폰으로부터 데이터를 얻는 것은 하드 드라이브 포렌식 수집처럼 간단하지 않다. 모바일 폰을 위해 세 가지 포렌식 수집 방법은 물리적, 논리적, 수동적 방법 세 가지로 나눈다. 이 방법들은 모바일 포렌식 도구 레벨링 시스템에서 다뤘던 몇 가지 레벨에서 겹칠 수 있다. 수집될 수 있는 데이터의 양과 종류는 사용되는 수집 방법에 따라 달라진다.

물리적 수집

모바일 폰에서 물리적 수집은 모바일 포렌식 도구와 방법을 사용해 수행된다. 물리적 추출에서는 플래시 메모리에 직접 접근하여 장치로부터 정보를 획득한다. 이 과정에서 컴퓨터 포렌식 조사와 비슷하게 전체 파일 시스템의 비트 단위 사본을 생성한다. 물리적 수집은 삭제된 데이터를 포함한 장치에 존재하는 모든 데이터를 얻을 수 있게 하며 대부분 장치의 할당되지 않은 공간에 접근을 가능하게 한다.

논리적 수집

모바일 폰의 논리적 수집은 폰 내부 자료를 컴퓨터와 동기화하기 위해 장치 제조사의 애플리케이션 프로그래밍 인터페이스를 사용해 수행된다. 많은 포렌식 도구는 논리적 수집을 수행한다. 하지만 포렌식 분석가는 수집이 행해지는 방법과 이 과정 중에 폰이 수정되는지 여부에 대해 반드시 이해해야 한다. 폰과 사용된 포렌식 도구에 따라 모든 데이터를 얻거나 일부를 얻을 수 있다. 논리적 수집은 쉽게 수행되며 모바일 폰에 존재하는 파일만 복구하며 할당되지 않은 공간에 존재하는 데이터는 복구하지 않는다.

수동 수집

모바일 폰에서는 물리적 수집이 가장 좋은 선택이며 논리적 수집은 그 다음이다. 수동 추출은 모바일 폰의 포렌식 수집 과정에서 가장 마지막에 선택된다. 논리적 수집과 수동 수집 모두 물리적 데이터의 조사 결과를 검증하는 데 사용될 수 있다. 수동 수집이 진행되는 동안 조사관은 폰의 메모리에 있는 내용을 조사하기 위해 사용자 인터페이스를 사용한다. 일반적으로 키패드나 터치 스크린과 메뉴 탐색을 통해 장치를 사용하며 조사관은 각 화면의 내용을 사진으로 기록한다. 수동 추출은 사람의 실수로 위험 할 수 있으며 증거를 삭제될 가능성도 있다. 수동 추출은 쉽게 수행 되며 모바일 폰에 나타나는 데이터만 수집할 수 있다.

모바일 폰에 저장된 잠재적 증거

모바일 폰에서 수집할 수 있는 정보의 범위를 이 절에서 설명한다. 모바일 폰 내부의 데이터는 SIM 카드, 외장 저장소 카드, 폰의 메모리에서 찾을 수 있다. 또한, 서비스 제공자도 통신 관련 정보를 저장한다. 이 책의 주된 초점은 폰 메모리에서 얻을 수 있는 데이터에 맞춰져 있다. 모바일 장치 데이터 추출 도구는 폰의 메모리에서 데이터를 복구한다. 포렌식 수집 과정에서 복구되는 데이터는 모바일 폰의 모델에 따라 다르지만, 일반적으로 다음에 제시되는 데이터는 모든 모델에서 접근 가능하며 유용한 증거가 된다. 이 증거들은 날짜와 시간 스탬프를 가지고 있음에 주목하자.

- **주소록**: 이름, 전화번호, 이메일 주소 등을 담고 있다.
- **통화 기록**: 수신, 발신, 부재중 전화, 통화 시간을 담고 있다.
- SMS: 송/수신한 텍스트 메시지를 담고 있다.
- MMS: 송/수신한 사진 및 비디오와 같은 미디어 파일을 담고 있다.
- E-mail: 송/수신하고 작성 중인 이메일 메시지를 담고 있다.
- **웹 브라우저 방문 기록**: 방문한 웹 사이트의 기록을 담고 있다.
- **사진**: 모바일 폰의 카메라로 찍은 사진, 인터넷에서 다운로드한 사진, 다른 장치로부터 전송받은 사진을 담고 있다.
- **비디오**: 모바일 카메라로 찍은 비디오, 인터넷에서 다운로드한 비디오, 다른 장치로부터 전송받은 비디오를 담고 있다.
- **음악**: 인터넷이나 다른 장치에서 전송 받은 음악 파일을 담고 있다.
- **문서**: 장치의 애플리케이션이나 다른 장치나 인터넷에서 전송받은 문서를 담고 있다.
- **캘린더**: 캘린더와 약속 일정을 담고 있다.
- **네트워크 통신**: GPS 위치 정보를 담고 있다.

- **지도**: 검색된 경로와 다운로드한 지도를 담고 있다.
- **소셜 네트워킹 데이터**: 페이스북, 트위터, 링크드인, 구글 플러스google +, 왓츠앱과 같은 애플리케이션이 저장한 데이터를 담고 있다.
- **삭제된 데이터**: 폰에서 삭제된 정보를 담고 있다.

증거 법칙

법정에서는 필수 증거로써 모바일 폰 내부의 정보를 요구한다. 법정에서 우세한 증거가 되기 위해서는 증거 법칙에 대한 이해가 필요하다. 모바일 포렌식은 상대적으로 새로운 분야이며 증거의 유효성을 해석하는 법이 잘 알려져 있지 않다. 하지만, 디지털 포렌식에 적용되고 증거가 유용해지기 위해 따라야 할 다섯 가지 일반적인 규칙이 있다. 이 규칙들을 무시하면 증거가 받아들여지지 않으며 여러분이 맡은 사건이 잘못될 수 있다. 이 다섯 가지 규칙은 '증거의 인정 여부, 증거의 진위 여부, 증거의 완전성, 증거의 신뢰성, 믿을 만한 증거'이다.

증거의 인정 여부

가장 기본적인 규칙으로 증거의 유효성과 중요도의 척도다. 법정이나 다른 곳에서 사용될 수 있는 방법으로 증거를 수집하고 보존해야 한다. 여러 오류에 의해 판사가 증거를 받아들이지 않을 수 있다. 예를 들어, 불법적인 방법으로 수집된 증거는 보통 인정되지 않는다.

증거의 진위 여부

증거는 반드시 사건과 연관되어 어떤 것을 증명할 수 있어야 한다. 포렌식 분석가는 증거의 근원에 대해 책임이 있다.

증거의 완전성

증거가 제시될 때, 증거는 명확하고 완전한 상태여야 하며 사건의 전체 내용을 반영해야 한다. 사건의 단면만을 보여주는 증거를 수집하는 것은 부족하다. 완전하지 않은 증거를 제시하는 것은 다른 판결을 이끌어낼 수 있기 때문에 증거를 전혀 제시하지 않는 것보다 위험하다.

증거의 신뢰성

장치에서 수집된 증거는 신뢰할 수 있어야 한다. 이는 사용된 도구와 방법에 따른다. 사용된 기법과 수집된 증거는 증거의 진위 여부에 대해 의심을 불러 일으켜서는 안 된다. 만약 조사관이 재생성이 불가능한 기법을 사용했다면 증거 인정이 지시되지 않는 한 해당 증거는 인정되지 않는다. 이런 방법에는 칩 오프와 같은 장치를 훼손할 수 있는 방법이 포함될 수 있다.

믿을 만한 증거

포렌식 조사관은 사용한 과정과 증거의 무결성을 보존하기 위한 방법을 명확하고 간결하게 설명 가능해야 한다. 조사관이 제시한 증거는 배심원이 명확하게 이해하기 쉬우며 믿을 수 있어야 한다.

올바른 포렌식 관례

올바른 포렌식 관례는 증거의 수집과 보존을 위해 적용된다. 올바른 포렌식 관례를 따르는 것은 증거가 법정에서 진본이고 정확함을 인정받을 수 있게 한다. 의도적 혹은 비의도적인 증거의 수정은 사건에 영향을 줄 수 있다. 따라서 포렌식 조사관이 모범 관례를 이해하는 것은 매우 중요하다.

증거 보호

나의 아이폰 찾기와 원격 삭제와 같은 기능의 고도화와 함께 원격 삭제 기능으로부터 모바일 폰을 보호하는 것이 매우 중요해졌다. 또한, 폰의 전원이 켜져 있고 통신망에 연결되어 있을 때 폰은 지속적으로 새로운 데이터를 수신한다. 증거를 보호하기 위해서는 올바른 기구와 기법을 사용해 모든 네트워크로부터 폰을 격리해야 한다. 이를 통해 자료 삭제를 야기할 수 있는 데이터 수신을 방지한다.

증거 보존

증거가 수집되면 법정에서 인정될 있는 상태로 보존되어야 한다. 증거의 원본에 작업을 하는 것은 증거에 변화를 줄 수 있다. 따라서 미가공 디스크 이미지나 파일을 복구하는 즉시 읽기 전용 마스터 사본을 생성해 복제해야 한다. 증거가 법정에서 효력을 발휘하기 위해서는 제출한 증거가 수집한 원본과 동일한 것임을 입증할 수 있는 방법이 필요하다. 이는 이미지의 해시 값을 생성하는 것으로 가능하다. 미가공 디스크 이미지나 파일을 복제한 뒤에 원본과 사본의 해시 값을 계산하고 검증하여 증거의 무결성이 유지되고 있음을 보일 수 있다. 해시 값에 생기는 모든 변화는 기록되고 설명될 수 있어야 한다. 이후 모든 조사와 처리는 증거의 사본으로 이뤄져야 한다. 장치의 사용은 폰에 저장된 정보를 변경할 수 있다. 따라서 반드시 필요한 작업만 수행하도록 한다.

증거의 문서화

증거를 수집하고 추출하는 데 사용된 모든 방법과 도구에 대해 문서화해야 한다. 기록을 자세히 남겨 다른 조사관이 다시 수행할 수 있게 한다. 작업은 반복될 수 있어야 하며 그렇지 않을 경우 판사가 법정에서 증거로 채택하지 않을 수 있다.

모든 변경사항에 대한 문서화

수집과 조사 과정에서 일어난 모든 변경사항을 포함한 전체 복구 과정을 문서화하는 것이 중요하다. 예를 들어, 데이터 추출을 위해 사용된 포렌식 도구가 디스크 이미지를 쪼개서 저장했다면 이는 문서화되어야 한다. 배터리 주기와 동기화와 같은 모바일 장치의 모든 변경사항도 노트에 문서화되어야 한다.

정리

모바일 장치 포렌식은 전통적인 디지털 포렌식 방법에 포함되지 않은 여러 접근법과 개념을 포함한다. 모바일 장치를 담당하는 조사관들은 다른 수집 방법론과 분석 과정에서 데이터를 다루는 것의 어려움을 이해해야 한다. 모바일 장치에서 데이터를 추출하게 되면 반쯤 성공한 것이다. 운영체제와 보안 기능, 스마트폰의 종류가 자료에 접근해야 하는 접근의 양을 결정한다. 다음 장에서는 iOS 포렌식에 대해 다룬다. 파일 시스템 레이아웃과 보안 기능, iOS 장치에 파일이 저장되는 방식에 대해 배울 것이다.

2

iOS 기기 내부의 이해

2013년 9월 현재 공개된 판매 기록에 따르면 애플사는 5억 5천만 대 이상의 iOS 기기를 판매했다(1억 7천만 대의 아이패드와 3억 8천 7십만 대의 아이폰). iOS가 태블릿 운영체제로는 앞서고 있지만, 스마트폰 운영체제로는 안드로이드가 선두를 달리고 있다. 다음 스크린샷은 https://www.netmarketshare.com/operating-system-market-share.aspx?qprid=9&qpcustomb=1에서 발췌한 2013년에서 2014년 사이의 모바일/태블릿 운영체제 시장을 나타낸다.

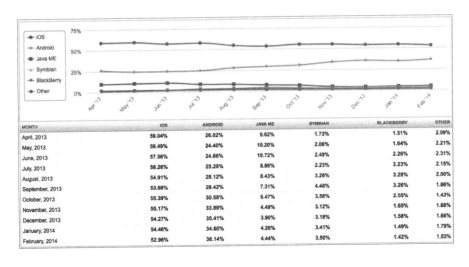

MONTH	IOS	ANDROID	JAVA ME	SYMBIAN	BLACKBERRY	OTHER
April, 2013	59.04%	26.02%	9.62%	1.73%	1.51%	2.09%
May, 2013	59.49%	24.40%	10.20%	2.06%	1.64%	2.21%
June, 2013	57.56%	24.66%	10.72%	2.49%	2.26%	2.31%
July, 2013	58.26%	25.28%	8.86%	2.23%	3.23%	2.15%
August, 2013	54.91%	28.12%	8.43%	3.26%	3.28%	2.00%
September, 2013	53.68%	29.42%	7.31%	4.48%	3.26%	1.86%
October, 2013	55.39%	30.58%	6.47%	3.58%	2.55%	1.43%
November, 2013	55.17%	33.89%	4.49%	3.12%	1.65%	1.68%
December, 2013	54.27%	35.41%	3.90%	3.18%	1.58%	1.66%
January, 2014	54.46%	34.60%	4.26%	3.41%	1.49%	1.79%
February, 2014	52.96%	36.14%	4.44%	3.50%	1.42%	1.53%

이런 통계와 관계없이, 포렌식 조사관이라면 iOS 모바일 기기에 대한 조사를 수행할 가능성이 있다.

iOS 기기에 대한 포렌식 조사를 수행하기 위해, 조사관은 반드시 기기 내부의 구성요소와 동작을 이해해야 한다. 모바일 기기의 내부 구성요소에 대해 이해하는 것은 수집할 수 있는 데이터가 어떤 것인지, 데이터가 어디에 저장되어 있는지, 그리고 기기에 있는 데이터에 접근할 때 사용할 수 있는 방법에는 어떤 것이 있는지 등 포렌식 과정에서의 임계치를 이해하는지 도움을 준다. 따라서 iOS 기기를 조사하기 전에 여러 가지 모델과 각각의 내부에 대해 아는 것은 중요하다.

이 책에서는 아이폰과 관련된 포렌식 기법에 대해 주로 다룬다. 하지만 같은 기법들이 아이팟 터치, 아이패드, 애플Apple TV와 같은 다른 애플 기기에 적용될 수 있다.

아이폰 모델

아이폰은 시장에서 가장 대중적인 모바일 폰이다. 애플은 1세대 아이폰을 2007년 6월에 출시했다. 첫 번째 발매 이후 줄곧 향상된 기능과 편리함 때문에 아이폰은 큰 인기를 얻었다. 아이폰의 출시는 모바일 컴퓨팅 분야 전체를 재정의했다. 소비자들은 더 빠르고 효율적인 폰을 찾기 시작했다. 현재 소비자의 요구사항을 충족시키기 위해 나른 기능과 저장 공간을 갖춘 다양한 아이폰 모델이 나와 있다. 다음 표는 모든 아이폰 모델과 초기 iOS 버전을 나타낸다. 아이폰을 통해 사용자는 이메일에 접속할 수 있고, 사진을 찍고, 음악을 듣고, 인터넷 서핑과 많은 일들을 할 수 있다. 또한 수많은 애플리케이션들을 다운로드해 아이폰의 기능을 확장할 수 있다.

장비	모델	초기 OS	내부 이름	식별자	출시일
아이폰 2G	A1203	아이폰 OS 1.0	M68AP	아이폰 1,1	2007년 6월
아이폰 3G	A1241	아이폰 OS 2.0	N82AP	아이폰 1,2	2008년 7월
아이폰 3G(중국)	A1324				
아이폰 3GS	A1303	아이폰 OS 3.0	N88AP	아이폰 2,1	2009년 6월
아이폰 3GS(중국)	A1325				
아이폰 4 – GSM	A1332	iOS 4.0	N90AP	아이폰 3,1	2010년 6월
아이폰 4 – CDMA	A1349		N92AP	아이폰 3,2	
아이폰 4S	A1387	iOS 5.0	N94AP	아이폰 4,1	2011년 10월
아이폰 4S(중국)	A1431				
아이폰 5	A1428	iOS 6.0	N41AP	아이폰 5,1	2012년 9월
아이폰 5 rev2	A1429		N42AP	아이폰 5,2	
	A1442				
아이폰 5C – GSM	A1456	iOS 7.0	N48AP	아이폰 5,3	
	A1532				
아이폰 5C – CDMA	A1507		N49AP	아이폰 5,4	
	A1516				
	A1526				
	A1529				
아이폰 5S – GSM	A1433	iOS 7.0	N51AP	아이폰 6,1	2013년 9월
	A1533				
아이폰 5S – CDMA	A1457		N53AP	아이폰 6,2	
	A1518				
	A1528				
	A1530				

▲ 아이폰 모델

가장 최근에 출시된 아이폰인 7세대 아이폰 5C와 아이폰 5S는 이 책을 쓰는 시점에 출시되었다. 현재, 이들 기기에서 데이터를 물리적으로 복구할 수 있는 도구는 존재하지 않는다. 하지만, 아이폰이 언락되어 있을 때 파일 시스템과 논리적 수집은 획득 가능하다. 데이터 추출을 위한 수집 방법은 3장과 4장에서 다룰 것이다.

아이폰을 조사하기 전에 정확한 하드웨어 모델과 기기에 설치된 펌웨어 버전을 알아내는 것이 필요하다. 아이폰에 대해 자세히 살펴보는 것은 아이폰에서 증거를 얻는 가능성과 중요성을 이해하는 데 도움을 준다. 예를 들어, 많은 경우에 파일 시스템이나 논리적 이미지를 얻기 위해 기기 비밀번호가 요구된다. iOS 버전, 기기 모델, 비밀번호의 복잡도에 따라 전수 조사 공격을 통해 기기의 비밀번호를 획득할 수도 있다.

기기의 하드웨어를 알아내는 방법에는 여러 가지가 있다. 기기의 하드웨어를 알아내는 가장 쉬운 방법은 기기 뒷편에 표시되어 있는 모델 번호를 확인하는 것이다. 다음 사진은 케이스 뒷편에 새겨진 모델 번호를 보여준다. 이 경우에 애플의 지식 베이스Knowledge base 문서가 유용하다. 아이폰 모델 식별에 대한 자세한 사항은 http://support.apple.com/kb/HT3939에서 찾을 수 있다.

▲ 케이스 뒷편에 표시된 아이폰 모델 번호

아이폰의 펌웨어 버전은 다음 스크린샷에서 볼 수 있듯이 설정 메뉴에서 General ➤ About ➤ Version으로 들어가면 찾을 수 있다. 펌웨어의 목적은 특정 기능을 사용 가능하게 하고 기기의 기본적인 기능을 돕는 데 있다.

▲ 아이폰 정보 화면, 펌웨어 버전이 5.1.1(9B206)이라고 표시하고 있다

다른 방법으로는 libimobiledevice 소프트웨어 라이브러리(http://www.libimobiledevice.org/)의 ideviceinfo 명령행 도구를 사용해서 아이폰의 모델명과 iOS 버전을 알 수 있다. 이 라이브러리는 기기가 비밀번호로 잠겨 있는 상태에서도 아이폰과 통신이 가능하게 한다. 소프트웨어 라이브러리는 니키아스바센(pimskeks)에 의해 개발되었고 맥 OS X 환경용으로 벤 클레이턴(benvium)이 컴파일하였다.

윈도우 플랫폼 상에서 맥 OS X를 가상 머신을 사용해 설치할 수 있다. 맥 OS X 10.8에서 아이폰의 모델명과 iOS 버전 정보를 얻기 위해 다음 과정을 수행한다.

1. 터미널 응용프로그램을 연다.

2. libimobiledevice library를 다운로드하기 위해 명령행에서 다음 명령을 실행한다.

```
$ git clone https://github.com/benvium/libimobiledevice-macosx.git ~/
Desktop/libimobiledevice-macosx/
```

이 명령은 사용자의 바탕화면에 libimobiledevice-maxosx 디렉토리를 생성하며 그 안에 `libimobiledevice` 명령행 도구들을 다운로드한다.

3. 다음과 같이 libimobiledevice-macosx 디렉토리로 이동한다.

```
$ cd ~/Desktop/libimobiledevice-macosx/
```

4. 다음과 같이 nano 명령을 사용해 .bash_profile 파일을 생성하고 수정한다.

```
$ nano ~/.bash_profile
```

5. 다음과 같이 .bash_profile에 다음 두 줄을 삽입한다.

```
Export DYLD_LIBRARY_PATH=~/Desktop/libimobiledevice-macosx/:$DYLD_
LIBRARY_PATH
PATH=${PATH}:~/Desktop/libimobiledevice-macosx/
```

Ctrl+X를 누르고, 문자 y를 입력 후 엔터키를 쳐서 파일을 저장한다.

6. 터미널로 돌아와 다음 명령을 실행한다.

```
$ source ~/.bash_profile
```

7. USB 케이블을 사용해 아이폰과 맥 워크스테이션을 연결한 뒤, ideviceinfo 명령을 Connect the -s 옵션과 함께 실행한다.

```
$ ./ideviceinfo -s
```

Ideviceinto 명령의 출력은 아이폰 식별자와 내부 이름, iOS 버전을 다음과 같이 나타낸다.

```
DeviceClass: iPhone
DeviceName: iPhone4
HardwareModel: N90AP
ProductVersion: 5.1.1
ProductionSOC: true
ProtocolVersion: 2
TelephonyCapability: true
UniqueChipID: 1937316564364
WiFiAddress: 58:1f:aa:22:d1:0a
```

아이폰의 새로운 버전은 향상되거나 새로운 기능과 함께 출시된다. 다음 표는 현재 아이폰 모델과 이전 모델의 스펙과 기능을 나타낸다.

사양	아이폰	아이폰 3G	아이폰 3GS
시스템 온 칩	삼성 칩 620MHz	삼성 칩	삼성 칩
CPU	Samsung 32-bit RISC ARM	620 MHz Samsung 32-bit RISC ARM	833MHz ARM Cortex-A8
온보드 램	128MB	128MB	256MB
화면 크기(인치)	3.5	3.5	3.5
해상도	480*320	480*320	480*320
네트워크 연결	Wi-Fi, 블루투스 2.0, GSM	Wi-Fi, 블루투스 2.0, GSM/UMTS/HSDPA/ GPS	Wi-Fi, 블루투스 2.1, GSM, UMTS/HSDPA, GPS
카메라(메가픽셀)	2	2	3
전면 카메라	없음	없음	없음
저장 공간(GB)	4, 8, 16	8, 16	8, 16, 32
무게(온스)	4.8	4.7	4.8
크기	4.5 * 2.4 * 0.46	4.55 * 2.44 * 0.48	4.55 * 2.44 * 0.48
배터리 수명			
통화/비디오/웹/오디오	8/7/6/24	5/7/5/24	5/10/5/30
대기 시간(시간)	250	300	300
색상	블랙	블랙, 화이트(8GB 모델은 화이트 없음)	블랙, 화이트(8GB 모델은 화이트 없음)
재질	알루미늄, 유리, 철제	유리, 플라스틱, 철제	유리, 플라스틱, 철제
연결 단자	USB 2.0 독 커넥터	USB 2.0 독 커넥터	USB 2.0 독 커넥터
SIM 카드 형태	미니 SIM	미니 SIM	미니 SIM
Siri 지원	없음	없음	없음

다음 표는 최근 출시된 아이폰의 사양을 나타낸다.

사양	아이폰 4	아이폰 4S	아이폰 5	아이폰 5C	아이폰 5S
시스템 온 칩	Apple A4	Apple A5	Apple A6	Apple A6	Apple A7
CPU	1 GHz ARM Cortex-A8	800 MHz dual core ARM Cortex-A9	1.3 GHz dual core Apple-designed ARMv7s	1.3 GHz dual core Apple-designed ARMv7s	1.3 GHz dual core Apple-designed ARMv8-A
온보드 램	512MB	512MB	1GB	1GB	1GB
화면 크기 (인치)	3.5	3.5	4	4	4
해상도	960*640	960*640	1136*640	1136*640	1136*640
네트워크 연결	Wi-Fi, 블루투스 2.1, GSM, UMTS/HSDPA/HSUPA, GPS	Wi-Fi, 블루투스 4, GSM, UMTS/HSDPA/HSUPA, GPS	Wi-Fi, 블루투스 4, UMTS/HSDPA+/DC-HSDPA, GSM, GPS	Wi-Fi, 블루투스 4, UMTS/HSDPA+/DC-HSDPA/LTE, GSM, GPS	Wi-Fi, 블루투스 4, UMTS/HSDPA+/DC-HSDPA/LTE/TD-LTE, GSM, GPS
카메라 (메가픽셀)	5	8	8	8	8
전면 카메라	VGA	VGA	720P	720P	720P
저장 공간 (GB)	8, 16, 32	8, 16, 32, 64	16, 32, 64	8, 16, 32, 64	8, 16, 32, 64
무게(온스)	4.8	4.9	3.95	4.7	4
크기	4.5 * 2.31 * 0.37	4.5 * 2.31 * 0.37	4.87 * 2.31 * 0.30	4.98 * 2.33 * 0.353	4.87 * 2.31 * 0.3
배터리 수명					
통화/비디오/웹/오디오	7/10/10/40	8/10/9/40	8/10/10/40	10/10/10/40	10/10/10/40
대기 시간 (시간)	300	300	225	250	250

사양	아이폰 4	아이폰 4S	아이폰 5	아이폰 5C	아이폰 5S
색상	블랙	블랙, 화이트	블랙, 화이트	화이트, 핑크, 옐로우, 블루, 그린	실버, 스페이스 그레이, 골드
재질	알루미늄규산염 유리, 스테인리스 스틸	알루미늄규산염 유리, 스테인리스 스틸	블랙—알루미늄 양극 슬레이트 메탈, 화이트—실버 알루미늄 메탈	화이트, 핑크, 옐로우, 블루, 그린	알루미늄 메탈 뒷판
연결 단자	USB 2.0 독 커넥터	USB 2.0 독 커넥터	라이트닝 커넥터	라이트닝 커넥터	라이트닝 커넥터
SIM 카드 형태	마이크로 SIM	마이크로 SIM	나노 SIM	나노 SIM	나노 SIM
Siri 지원	없음	지원	지원	지원	지원

아이폰 5와 아이폰 5C, 아이폰 5S에 나타난 가장 큰 변화는 컴퓨터와 동기화와 충전에 사용되는 USB 독 커넥터다. 아이폰 5 이전의 기기들은 30핀 USB 독 커넥터를 사용하는 데 반해 새로운 아이폰은 8핀 라이트닝 커넥터를 사용한다.

아이폰 하드웨어

아이폰은 다른 제조사들이 만든 모듈과 칩, 전자 부품들의 집합체다. 아이폰의 복잡성 때문에 하드웨어 구성요소의 목록은 방대하다. 아이폰의 하드웨어 구성요소의 자세한 목록은 https://viaforensics.com/resources/white-papers/iphone-forensics/overview에서 볼 수 있다.

다음 사진은 아이폰 5S의 내부를 나타낸다. 이 사진은 아이폰 5S를 분해한 뒤 찍은 것이다. 모든 아이폰의 내부 사진은 http://www.ifixit.com/Device/iPhone의 teardown 섹션에서 찾을 수 있다.

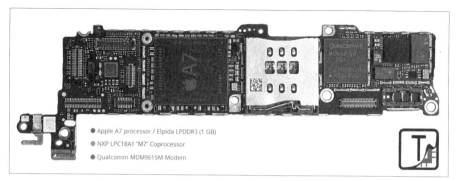

- Apple A7 processor / Elpida LPDDR3 (1 GB)
- NXP LPC18A1 "M7" Coprocessor
- Qualcomm MDM9615M Modem

▲ 아이폰 5S 분해 사진 - 앞면(TechInsights의 허락 하에 게재함)

다음 사진은 아이폰 5S의 뒷면을 보여준다.

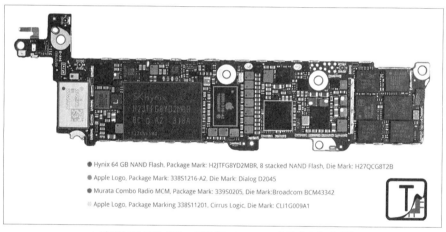

- Hynix 64 GB NAND Flash, Package Mark: H2JTFG8YD2MBR, 8 stacked NAND Flash, Die Mark: H27QCG8T2B
- Apple Logo, Package Mark: 338S1216-A2, Die Mark: Dialog D2045
- Murata Combo Radio MCM, Package Mark: 339S0205, Die Mark:Broadcom BCM43342
- Apple Logo, Package Marking 338S11201, Cirrus Logic, Die Mark: CLI1G009A1

▲ 아이폰 5S 분해 사진 - 뒷면 (TechInsights의 허락하에 게재함)

아이패드 모델

애플의 아이폰은 휴대폰이 제조되고 사용되는 방법에 변화를 줬다. 이와 비슷하게, 2010년 1월 출시된 타블릿 컴퓨터인 아이패드는 노트북 판매량을 눌렀다. 아이패드를 통해 비디오 녹화와 사진 촬영, 음악 감상, 독서, 인터넷 검색 등 다양한 일을 할 수 있다. 현재 다양한 종류의 기능과 저장 공간을 가진 여러 아이패드 모델이 존재한다. 아이패드 모델의 자세한 내용은 http://support.apple.com/kb/ht5432에서 찾을 수 있다.

장비	모델	초기 OS	내부 이름	식별자	출시일
아이패드 – Wi–Fi	A1219	iOS 3.2	K48AP	아이패드 1,1	2010년 1월
아이패드 – 3G	A1337			아이패드 1,1	
아이패드 2 – Wi–Fi	A1395		K93AP	아이패드 2,1	2011년 3월
아이패드 2 – GSM	A1396	iOS 4.3	K94AP	아이패드 2,2	
아이패드 2 – CDMA	A1397		K95AP	아이패드 2,3	
아이패드 2 – Wi–Fi rev	A1395		K93AAP	아이패드 2,4	
아이패드 3 – Wi–Fi	A1416		J1AP	아이패드 3,1	
아이패드 3 – Wi–Fi + Cellular Verizon	A1403	iOS 5.1	J2AP	아이패드 3,2	2012년 3월
아이패드 3 – Wi–Fi + Cellular AT&T	A1430		J2AAP	아이패드 3,3	
아이패드 4 – Wi–Fi	A1458	iOS 6.0	P101AP	아이패드 3,4	
아이패드 4 –Wi–Fi + Cellular AT&T	A1459		P102AP	아이패드 3,5	
아이패드 4 – Wi–Fi + Cellular Verizon	A1460	iOS 6.0.1	P103AP	아이패드 3,6	
아이패드 mini – Wi–Fi	A1432	iOS 6.0	P105AP	아이패드 2,5	2012년 10월
아이패드 mini –Wi–Fi + Cellular AT&T	A1454		P106AP	아이패드 2,6	
아이패드 mini – Wi–Fi + Cellular Verizon and Sprint	A1455	iOS 6.0.1	P107AP	아이패드 2,7	
아이패드 Air – Wi–Fi	A1474	iOS 7.0.3	J71AP	아이패드 4,1	2013년 11월
아이패드 Air – Wi–Fi + Cellular	A1475		J72AP	아이패드 4,2	

아이패드의 모든 릴리스는 향상되거나 새롭게 추가된 기능과 함께 출시된다. 다음 표는 아이패드의 현재와 이전 모델의 스펙과 기능을 보여준다.

사양	아이패드	아이패드 2	아이패드 3	아이패드 4	아이패드 Mini	아이패드 Air
시스템 온 칩	Apple A4	Apple A5	Apple A5X	Apple A6X	Apple A5	Apple A7
CPU	1GHz dual core Samsung- Intrinsity	1 GHz dual core ARM Cortex-A9	1 GHz dual core ARM Cortex-A9	1.4 GHz dual core Apple Swif	1 GHz dual core ARM Cortex-A9	1.4 GHz dual core ARMv8-A
온보드 RAM	256MB	512MB	1GB	1GB	512MB	1GB
화면 크기 (인치)	9.7	9.7	9.7	9.7	7.9	9.7
해상도	1024*768	1024*768	2048*1536	2048*1536	1024*768	2048*1536
네트워크 연결	Wi-Fi, Bluetooth 2.1	Wi-Fi, Bluetooth 2.1	Wi-Fi, Bluetooth 4	Wi-Fi, Bluetooth 4	Wi-Fi, Bluetooth 4	Wi-Fi, Bluetooth 4
카메라 (메가픽셀)	N/A	0.7	5	5	5	5
전면 카메라	N/A	0.3MP	0.3MP	1.2MP	1.2MP	1.2MP
저장 공간 (GB)	16, 32, 64	16, 32, 64	16, 32, 64	16, 32, 64, 128	16, 32, 64	16, 32, 64, 128
무게(온스)	24	21.6	22.9	22.9	10.8	16
크기	9.56 * 7.47 * 0.5	9.5 * 7.31 * 0.34	9.5 * 7.31 * 0.37	9.5 * 7.31 * 0.37	7.87 * 5.3 * 0.28	9.4 * 6.6 * 0.29
배터리 수명						
비디오/웹/ 오디오	10/10/140	10/10/140	10/10/140	10/10/140	10/10/140	10/10/140
대기 시간	1개월	1개월	1개월	1개월	1개월	1개월
연결 단자	USB 2.0 독 커넥터	USB 2.0 독 커넥터	USB 2.0 독 커넥터	라이트닝 커넥터	라이트닝 커넥터	라이트닝 커넥터

아이패드 하드웨어

애플 iOS 기기가 성공한 주요 원인 중 하나는 적절한 하드웨어 구성요소의 선택에 있다. 아이폰과 같이 아이패드도 여러 제조사들이 만든 모듈과 칩, 전자 부품들의 조합으로 이뤄진다. 모든 아이패드의 내부 사진은 http://www.ifixit.com/Device/iPad의 teardown 섹션에서 볼 수 있다.

다음 사진은 아이패드 3의 내부를 보여준다. 이 사진은 아이패드 3의 셀룰러 모델을 분해한 뒤 찍은 것이며 http://www.chipworks.com/에서 가져온 것이다.

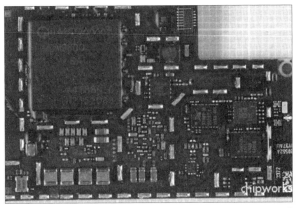

▲ 아이패드 3 셀룰러 모델 분해 사진(TechInsights의 허락하에 게재함)

다음 사진은 아이패드 3 셀룰러 모델의 뒷면을 보여준다.

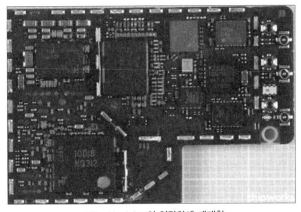

▲ TechInsights의 허락하에 게재함

파일 시스템

아이폰 포렌식 과정을 자세히 이해하기 위해 아이폰에서 사용되고 있는 파일 시스템에 대해 아는 것이 좋다. 아이폰을 비롯한 애플 iOS 기기들이 사용하는 파일 시스템은 HFSX라는 HFS 플러스HFS Plus의 변형으로 기존의 것과 큰 차이점 하나가 있다. HFS 플러스는 대소문자를 구분하지 않는데 비해 HFSX는 대소문자를 구분한다. 다른 차이점들은 이 장의 뒷부분에서 설명한다. OS X는 HFS 플러스를 기본으로 사용하고 iOS는 HFSX를 사용한다.

HFS 플러스 파일 시스템

1996년에 애플은 큰 데이터 집합 저장소를 수용하기 위해 계층적 파일 시스템HFS, Hierarchical File System을 개발했다. HFS 파일 시스템에서 저장소 매체는 볼륨으로 표현된다. HFS 볼륨은 512바이트의 논리 블록으로 나눠진다. 논리 블록은 주어진 볼륨상에서 첫 번째부터 마지막까지 순서가 매겨지며 512바이트씩 같은 크기의 물리 블록으로 고정된다. 논리 블록들은 HFS 파일 시스템이 데이터를 더 효율적으로 기록하는 데 사용하는 할당 블록으로 그룹화된다. HFS는 할당 블록 주소에 16비트 값을 사용하여 할당 블록의 개수를 65,535개로 제한한다. 디스크 공간의 비효율석인 할당을 극복하기 위해 애플은 HFS 플러스 파일 시스템 (http://dubeiko.com/development/FileSystems/HFSPLUS/tn1150.html)을 개발하였다.

HFS 플러스 파일 시스템은 더 큰 크기의 파일을 지원하도록 설계되었다. HFS 볼륨은 보통 512바이트 크기의 섹터로 나뉜다. 이 섹터들은 할당 블록으로 그룹화된다. 할당 블록의 개수는 볼륨의 전체 사이즈에 따라 달라진다. HFS 플러스는 32비트의 블록 주소를 사용해 할당 블록의 주소를 지정한다. 저널링은 디스크의 모든 트랜잭션을 기록하는 과정으로 파일 시스템 손상 방지를 돕는다. HFS 플러스 파일 시스템의 주요 특징은 디스크 공간의 효율적 사용, 파일 이름 내 유니코드 지원, 네임 포크name fork, 파일 압축, 저널링, 동적 리사이징, 동적 조각모음, 맥 OS 이외의 운영체제에서의 부팅 기능 등이다.

HFS 플러스 볼륨

HFS 플러스 볼륨은 데이터 조직을 관리하기 위해 몇 가지 내부 구조를 포함한다. 여기에는 헤더와 대체 헤더, 다음의 다섯 가지 특수 파일이 포함된다. 할당 파일, 익스텐트 오버플로우 파일Extents Overflow file, 카탈로그 파일, 속성 파일, 시작 파일 startup file. 이 다섯 가지 파일 중 익스텐트 오버플로우 파일, 카탈로그 파일, 속성 파일은 B-tree 구조를 사용하여 데이터를 효율적으로 검색하고, 열람하고, 수정하거나 삭제하는 것을 가능하게 한다. HFS 플러스 볼륨 구조는 다음 그림에 나타나 있다.

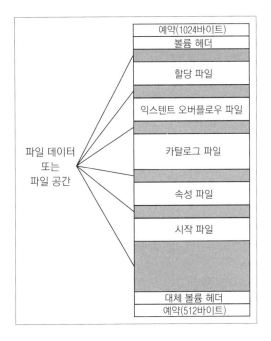

볼륨 구조는 다음과 같이 설명된다.

- 첫 1,024바이트는 부트 로드 정보를 위해 예약되어 있다.
- **볼륨 헤더**: 여기에는 할당 블록 사이즈, 볼륨이 시작될 당시의 타임 스탬프, 다섯 가지 특수 파일에 대한 메타데이터가 저장된다.

- **할당 파일**: 이 파일은 시스템이 어떤 할당 블록을 사용하는지 기록하기 위해 사용된다. 이 파일의 포맷은 모든 할당 블록에 대한 1비트씩의 정보로 구성된다. 비트가 설정되어 있으면 해당 블록이 사용 중인 것이고 그렇지 않으면 블록이 할당 해제된 상태이다.
- **익스텐트 오버플로우 파일**Extents Overflow File: 이 파일은 파일 사이즈가 8개 블록을 초과하는 할당 블록을 기록하여 실제 데이터가 참조될 때 위치를 찾는 데 사용된다. 베드 블록도 이 파일에 기록된다.
- **카탈로그 파일**: 이 파일은 파일의 계층에 대한 정보를 포함하여 볼륨 내의 모든 파일과 폴더의 위치를 찾는 데 사용된다.
- **속성 파일**: 이 파일은 인라인 데이터 속성 레코드과 포크 데이터 레코드, 확장 속성 레코드를 포함한다.
- **시작 파일**: 이 파일은 HFS 플러스를 지원하지 않는 시스템의 부팅을 지원하기 위해 필요한 정보를 담고 있다.
- **대체 볼륨 헤더**: 이것은 볼륨 헤더의 백업으로 디스크 복구에 주로 사용된다.
- 마지막 512바이트는 애플에 의해 사용되기 위해 예약되어 있으며 제조 과정 중에 사용된다.

디스크 레이아웃

기본적으로 파일 시스템은 시스템(루트 혹은 펌웨어) 파티션과 사용자 데이터 파티션 두 개의 논리 디스크 파티션으로 설정되어 있다.

시스템 파티션은 OS와 아이폰에 미리 설치된 응용프로그램을 담고 있다. OS 업그레이드가 진행되거나 기기가 탈옥jailbrake되지 않는 한 시스템 파티션은 읽기전용으로 마운트된다. 기기의 펌웨어 업그레이드가 이뤄질 때만 파티션이 업데이트된다. 이 과정 중에 파티션 전체가 아이튠즈iTunes에 의해 포맷되며 사용자 데이터에는 영향을 주지 않는다. 시스템 파티션은 NAND 드라이브의 크기에 따라 보통

0.9GB에서 2.7GB 사이의 작은 공간만 차지한다. 시스템 파티션은 아이폰의 전체 수명에서 공장 출시 상태로 남아 있도록 설계되었기 때문에 이곳에서 얻을 수 있는 증거가 될 만한 정보는 거의 없다. 만약 iOS 기기가 탈옥된 상태라면, 탈옥과 관련된 정보를 담고 있는 파일이 시스템 파티션에 있을 수 있다. iOS 기기를 탈옥시키면 사용자가 기기의 루트 권한에 접근할 수 있고 제조사 보증을 잃게 된다. 탈옥에 대해서는 이 장의 뒷부분에서 다룬다.

사용자 데이터 파티션은 음악에서부터 연락처까지 사용자가 생성한 모든 데이터를 담고 있다. 사용자 데이터 파티션은 NAND 메모리의 대부분을 차지하고 있으며 기기의 /private/var 위치에 마운트되어 있다. 증거가 될 만한 정보의 대부분은 이 파티션에서 발견된다. 물리적 수집 단계에서 사용자 데이터와 시스템 파티션 모두 캡처되어 .dmg 또는 .img 파일로 저장된다. 이들 원본 이미지 파일은 포렌식 분석에서 읽기 전용으로 마운트되는데 이 부분에 대한 자세한 내용은 3장에서 다룬다. 탈옥되지 않은 iOS 기기에서도 조사를 위해 모든 데이터가 수집되기 위해 시스템과 사용자 데이터 파티션을 모두 수집하는 것이 좋다.

아이폰에 마운트되어 있는 파티션을 보기 위해 워크스테이션에서 탈옥된 아이폰으로 SSH 접속을 하고 mount 명령을 실행시킨다. 다음 예제에서는 iOS 5.1.1이 설치된 아이폰 4가 사용되었다.

mount 명령은 시스템 파티션이 / (root)에 마운트되어 있는 것과 사용자 데이터 파티션이 /private/var에 마운트되어 있음을 보여준다. 두 파티션 모두 HFS를 파일 시스템으로 보여주며 사용자 데이터 파티션에는 저널링이 활성화되어 있음을 보여준다.

```
iPhone4:~root# mount
/dev/disk0s1s1 on/(hfs,local,journaled,noatime)devfs on/
dev(devfs,local,nobrowse)
/dev/disk0s1s2 on/private/var(hfs,local,journaled,noatime,protect)
```

아이폰 상의 미가공 디스크 이미지를 보기 위해서는 워크스테이션에서 탈옥된 아이폰으로 SSH 접속을 하여 ls -lh rdisk* 명령을 실행시킨다. rdisk0은 전체 파일 시스템이며 rdisk0s1은 펌웨어 파티션이다. rdisk0s1s1은 루트 파일 시스템이며 rdisk0s1s2는 사용자 파일 시스템이다.

```
iPhone4:/dev root# ls -lh rdisk*
crw-r----- 1 root operator 14, 0 Oct 10 04:28 rdisk0
crw-r----- 1 root operator 14, 1 Oct 10 04:28 rdisk0s1
crw-r----- 1 root operator 14, 2 Oct 10 04:28 rdisk0s1s1
crw-r----- 1 root operator 14, 3 Oct 10 04:28 rdisk0s1s2
```

아이폰 운영체제

iOS는 가장 진보되고 많은 기능이 탑재된 애플의 폐쇄형 모바일 운영체제다. iOS는 1세대 아이폰과 함께 출시되었다. 처음에는 아이폰 OS라는 이름으로 출시되었으나 아이폰, 아이팟 터치, 아이패드, 애플 TV에 이르는 모든 애플 iOS 기기를 아우르는 통합적인 운영체제의 의미를 담기 위해 iOS로 개명하였다. iOS는 OS X의 핵심 기술로부터 파생되었고 모바일 기기에 맞게 작고 효율적으로 간결해졌다.

iOS는 연속된 페이지를 넘기기 위해 화면 위로 손가락을 스와이프하거나 화면 확대를 위해 손가락을 오므리고 펴는 것과 같이 기기를 작동시키고 제어하기 위해 멀티터치 인터페이스를 활용한다. 간단히 말해 iOS는 기기의 기본적인 기능을 돕는다. iOS는 맥 OS X와 눈에 띄는 몇 가지 차이점이 있다.

- 커널과 바이너리가 컴파일되는 아키텍처가 Intel x86_64가 아닌 ARM 기반이다.
- OS X 커널은 오픈소스인데 iOS 커널은 비공개이다.
- 메모리 관리가 더 견고하다.
- 시스템이 고정되어 있고 하위 API에 대한 접근을 불가능하게 만들었다.

iOS의 역사

다른 운영체제와 같이 iOS는 첫 출시 이후 여러 차례 업데이트를 거쳤다. 애플은 새로운 기능을 탑재시키거나 최신의 하드웨어 지원, 버그 수정 등을 위해 새 버전을 릴리스한다. 이 책을 쓰고 있는 시점에서 가장 최신의 iOS 버전은 7.0.3이다. 애플은 관행적으로 새로운 iOS 빌드에 대해 숫자를 붙이지만, 모든 iOS 버전은 애플 내부의 코드 네임을 가지고 있다. 다음 절에서는 iOS 개발의 역사에 대해 알아본다.

1.x – 첫 번째 아이폰

아이폰 OS 1.x은 애플이 처음으로 내 놓은 터치 중심의 모바일 운영체제였다. 초기 릴리스에서 애플은 아이폰이 OS X라는 데스크탑 운영체제의 버전을 사용한다고 설명하였다. 나중에 아이폰 OS라는 이름으로 명명되었다. 초기 빌드는 알파인 Alpine이라고 알려졌으나 최종 공개 버전은 헤븐리Heavenly였다.

2.x – 앱스토어와 3G

아이폰 OS 2.0(빅베어BigBear)은 아이폰 3G와 함께 출시되었다. VPN과 마이크로소프트 익스체인지Microsoft Exchange와 같은 기업에서 필요한 기능들이 여기에 포함되었다. 이 OS 릴리스의 가장 큰 변화는 아이폰에서 실행되는 서드파티 애플리케이션의 마켓플레이스인 앱스토어App Store가 추가된 것이다. 그리고 애플은 아이폰 소프트웨어 개발 킷SDK을 공개해 개발자들이 애플리케이션을 만들어 무료 또는 유료로 앱스토어에 올리는 것을 지원하였다. 위성항법장비GPS 또한 이 아이폰 출시 때 추가되었다.

3.x – 첫 번째 아이패드

아이폰 OS 3.0(커크우드Kirkwood)은 아이폰 3GS의 출시와 공개되었다. 이 iOS 릴리스에는 복사/붙여넣기 기능과 스포트라이트 검색, 서드파티 애플리케이션을 위한 푸시 알림, 내장 애플리케이션의 기능 향상이 포함되었다. 멀티태스킹도 추가되었으나 애플이 기기에 포함시킨 애플리케이션 일부에 제한되었다. 첫 번째 아이패드가 아이폰 OS 3.2(와일드캣wildcat)와 함께 출시되었고 이후 아이패드용으로 특별히 제작된 3.2.2로 업데이트되었다.

4.x - 게임 센터와 멀티테스킹

iOS 4.0(에이펙스Apex)은 아이폰 OS에서 iOS로 이름이 바뀐 이후 첫 번째 메이저 릴리스였다. 이 릴리스에는 페이스타임Facetime, iBooks, 음성 제어, 1,500개의 API를 포함한 100개 이상의 새로운 기능이 추가되었다. 이 버전부터 멀티태스킹이 서드파티 iOS 애플리케이션에 확대되었다. 애플은 또한 온라인 멀티플레이어 소셜 게이밍 네트워크인 게임 센터를 이 버전에 포함시켰다.

5.x - 시리와 아이클라우드

iOS 5.0(텔루라이드Telluride)은 아이폰 4S와 함께 출시되었다. iOS 5는 애플의 자연어 기반의 음성 제어인 시리Siri - 가상 비서를 도입했다. 이 업데이트에는 알림 센터, iMessage, 뉴스스탠드, 트위터 통합, 미리 알림Reminders, OTAOver the air 소프트웨어 업데이트 기능이 포함되었다. 가장 큰 변화는 애플의 클라우드 기반 서비스인 아이클라우드iCloud로 사용자가 클라우드를 사용해 연락처, 사진 등을 동기화할 수 있게 했다.

6.x - 애플 지도

iOS 6.0(선댄스Sundance)은 2012년 6월에 아이폰 5와 함께 출시되었다. iOS 6에서는 기존에 있던 구글이 제공하는 지도 애플리케이션이 사라지고 탐탐TomTom의 데이터를 사용하는 새로운 애플 지도가 탑재되었다. 유투브 애플리케이션도 이 업데이트에서 사라졌다. iOS 6는 페이스북 통합, 셀룰러 네트워크 상의 페이스타임, 패스북과 내장 애플리케이션의 향상 등 많은 새로운 기능을 포함했다. 이 버전에서 더 나은 프라이버시 제어도 포함됐다.

7.x - 아이폰 5S와 그 이후

iOS 7.0(인스브럭Innsbruck)은 2013년 9월 아이폰 5S와 함께 출시되었다. iOS 7에서의 가장 큰 변화이자 가장 중요한 점은 시스템 전체의 재설계였다. 이 릴리스에서 애플은 인터페이스 경험을 정적에서 동적으로 이동시켰다. 수많은 새로운 기능이 추가되었는데 여기에는 제어 센터, 에어드랍Airdrop, 아이튠즈 라디오, 페이스타임

오디오, 애플리케이션 자동 업데이트, 활성화 락 등이 포함된다. 아이폰 5S와 함께 애플의 생체 인식 기술인 터치 ID 지문 인식 센서가 도입되었다.

모든 iOS 기기가 모든 iOS 버전을 지원하지 않는다. 다음의 iOS 호환성 표에 나와 있듯이 각 iOS 버전은 몇몇의 기기에서만 호환된다. 이 표는 http://iossupportmatrix.com/을 참고하여 만들어졌다. 초록색으로 표시된 블록은 iOS 버전이 해당 기기를 지원함을 의미한다. 만약 버전이 나와 있으면 그 기기가 지원하는 가장 초기 버전을 말한다. 어두운 색 블록은 해당 기기를 지원하지 않음을 의미하며 파란색 블록은 애플에 의해 계속 지원되고 있는 iOS 버전을 의미한다.

	iPhone OS 1.0	iPhone SDK 2.0	iPhone SDK 3.0	iPhone SDK 4.0	iOS 5	iOS 6	iOS 7
iPhone	1.O		3.1.3				
iPod Touch	1.1		3.1.3				
iPhone 3G		2.0		4.2.1			
iPod Touch (2nd Gen)		2.1.1		4.2.1			
iPhone 3GS			3.0			6.1.3	
iPod Touch (3rd Gen)			3.1.1		5.1.1		
iPad (1st Gen)			3.2	4.3.5	5.1.1		
iPhone4				4.0 (GSM)/4.2.6 (CDMA)			7.0
iPod Touch (4th Gen)				4.2.1		6.1.3	
iPad2				4.3.5			7.0
iPhone 4S					5.0		7.0
iPad					5.1		7.0
iPod Touch (5th Gen)						6.0	7.0
iPad Mini						6.0	7.0
iPhone 5						6.0	7.0
iPhone 5C							7.0.1
iPhone 5S							7.0.1

▲ OS 호환성 표

iOS 아키텍처

iOS는 하부 하드웨어 구성요소와 스크린에 나타나는 애플리케이션 간의 중간자 역할을 한다. 애플리케이션은 하드웨어와 직접 통신하지 않는다. 대신에 애플리케이션이 하드웨어를 변경하는 것을 방지하기 위해 정의된 시스템 인터페이스를 통해 통신한다. 이런 추상화는 다른 하드웨어 호환성을 가지는 기기 위에서도 잘 동작하는 애플리케이션을 쉽게 만들 수 있게 한다.

iOS 아키텍처는 다음 그림에 나와 있는 것처럼 코코아 터치Cocoa Touch 계층, 미디어 계층, 코어 서비스 계층, 코어 OS 계층 네 가지 계층으로 구성된다. 각 계층은 애플리케이션을 만드는 데 도움을 주는 다양한 프레임워크로 구성된다.

▲ iOS 계층

코코아 터치 계층

코코아 터치 계층Cocoa Touch layer은 iOS 애플리케이션의 시각 인터페이스를 개발하는 데 필요한 핵심 프레임워크를 포함한다. 이 계층의 프레임워크는 기본 애플리케이션 기반을 제공하고 멀티태스킹과 터치 기반 입력 등 주요 기술을 지원하며 다양한 상위 수준 시스템 서비스를 지원한다.

미디어 계층

미디어 계층Media layer은 그래픽과 오디오를 제공하며 모바일 기기에서 가능한 최상의 멀티미디어 경험을 만들어내기 위한 오디오 프레임워크를 제공한다. 이 계층의 기술은 개발자가 보기 좋고 훌륭한 소리를 내는 애플리케이션을 만드는 것을 도와준다.

코어 서비스 계층

코어 서비스 계층Core Service layer은 애플리케이션이 필요로 하는 필수적인 시스템 서비스를 제공한다. 시스템의 많은 부분들이 이 서비스들 상에서 구현되어 있지만 개발자들이 모든 서비스들을 사용하진 않는다. 이 계층은 위치, 아이클라우드, 소셜 미디어와 같은 기술을 포함한다.

코어 OS 계층

코어 OS 계층Core OS layer은 기본 계층으로 기기 하드웨어 바로 위에 위치한다. 이 계층은 저수준 기능을 다루며 네트워킹(BSD 소켓), 메모리 관리, 스레딩(POSIX 스레드), 파일 시스템 관리, 외부 액세서리 접근, 프로세스 간 통신 등의 서비스를 제공한다.

iOS 보안

iOS는 보안을 중심으로 설계되었다. 가장 높은 수준에서 보면 iOS의 보안 아키텍처는 다음 그림과 같이 나타내진다.

아이폰과 아이패드, 아이팟 터치와 같은 애플의 iOS 기기는 여러 보안 계층을 포함하여 설계되었다. 저수준 하드웨어 기능들은 멀웨어 공격으로부터 보호하며 고수준 OS 기능은 인가되지 않은 사용을 방지한다. 다음 절에서 iOS 보안 기능에 대해 간략히 소개한다.

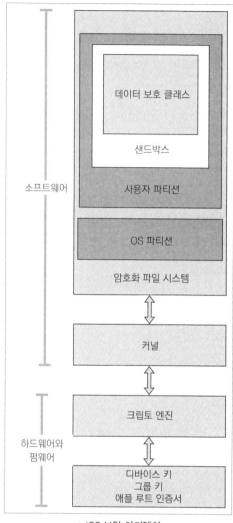

▲ iOS 보안 아키텍처

패스코드

패스코드_{Passcode}는 기기에 대한 인가되지 않은 접근을 제한한다. 패스코드가 설정
되면, 기기의 전원을 켜거나 화면을 켤 때마다 기기에 접근하기 위해 패스코드를
묻는다. 아이폰은 단순한 패스코드와 복잡한 패스코드를 모두 지원한다. 또한 아
이폰 5S는 터치 ID 지문을 패스코드로 지원한다.

코드 서명

코드 서명Code signing은 인가되지 않은 애플리케이션을 다운로드하고 기기에 설치하는 것을 방지한다. 애플은 "코드 서명은 컴파일된 iOS 애플리케이션을 봉인하고 여러분의 것임을 증명하는 과정이다. 또한, iOS 기기는 신뢰된 기관에 의해 서명되지 않은 애플리케이션이나 라이브러리를 실행하거나 로딩하지 않는다. 모든 앱들이 알려지고 승인된 소스로부터 왔고 변경되지 않았음을 보장하기 위해 iOS는 모든 실행 코드가 애플이 발행한 인증서를 사용해 서명되는 것을 요구한다."라고 말한다.

샌드박싱

샌드박싱Sandboxing은 애플리케이션을 철저히 제한된 공간으로 격리하는 것을 통해 포스트-코드 취약점을 완화시킨다. iOS 기기에 설치된 애플리케이션은 샌드박싱되어 한 애플리케이션이 다른 애플리케이션에 의해 저장된 데이터에 접근하지 못한다.

암호화

iOS 기기에서 전체 파일 시스템은 기기의 고유 하드웨어 키로부터 계산되는 파일 시스템 키로 암호화된다.

데이터 보호

데이터 보호는 유휴 상태의 데이터를 보호하고 오프라인 공격을 어렵게 하기 위해 설계되었다. 이 기능은 애플리케이션이 사용자의 기기 패스코드와 기기 하드웨어 암호화 패스코드를 활용하여 강력한 암호화 키를 생성하는 것을 가능하게 한다. 강력한 암호화 키는 디스크에 저장된 데이터를 암호화하는 데 사용된다. 이 키는 기기가 잠겨 있을 때 데이터에 접근하는 것을 방지하여 기기가 공격되었을 때도 중요한 데이터가 보호됨을 보장한다.

ASLR

ASLRAddress Space Layout Randomization은 iOS 4.3에 탑재된 취약점 방지 기법이다. ASLR은 메모리상의 애플리케이션 객체의 위치를 랜덤화 하여 메모리 변형 공격을 어렵게 한다.

특권 분리

iOS는 최소 특권의 법칙과 함께 동작한다. iOS는 루트와 모바일 두 가지 사용자 역할을 포함한다. 시스템에서 가장 중요한 프로세스들은 루트 사용자 권한으로 실행된다. 웹 브라우저와 서드파티 애플리케이션과 같이 사용자가 직접 접근하는 다른 모든 애플리케이션들은 모바일 사용자 권한으로 동작한다.

스택 스매싱 보호

스택 스매싱 보호Stack smashing protection는 취약점 완화 기법이다. 이 기법은 스택상의 버퍼와 컨트롤 데이터 사이에(Canary라 불리는) 랜덤하고 알려진 값을 위치시킴으로써 버퍼 오버플로우 공격으로부터 보호한다.

데이터 실행 방지

데이터 실행 방지DEP, Data Execution Prevention는 취약점 완화 기법으로 프로세서가 메모리 상의 실행 코드를 데이터와 구분할 수 있게 한다.

데이터 삭제

iOS는 아이폰 상의 데이터를 완전 삭제하기 위해 모든 콘텐츠와 설정을 삭제하는 옵션을 제공한다. 이 데이터 완전 삭제는 해당 데이터를 보호하는 암호화 키를 삭제함으로써 사용자 설정과 정보를 제거한다. 기기에서 암호화 키가 삭제되기 때문에 삭제된 데이터를 포렌식 조사에서 복구하는 것은 불가능하다. 다른 삭제 방법은 기기 메모리의 데이터를 덮어쓰는 것이다. 완전 삭제에 대한 더 많은 정보는 http://support.apple.com/kb/ht2110에서 찾을 수 있다.

활성화 잠금

iOS 7에서 소개된 활성화 잠금Activation Lock은 도난 방지 기기로 나의 아이폰 찾기와 함께 동작한다. 나의 아이폰 찾기를 사용하게 되면 활성화 잠금 기능이 켜지며 애플 ID와 패스워드가 나의 아이폰 찾기 기능을 끄고 기기를 삭제하거나 기기를 재활성화시키기 위해 요구된다.

앱스토어

앱스토어는 iOS를 위한 애플리케이션 배포 플랫폼으로 애플이 개발하고 운영한다. 이 스토어는 중앙 집중형 온라인 스토어로 사용자가 유/무료 앱들을 검색하고 다운로드할 수 있는 곳이다. 이 앱들은 모바일 기기의 기능을 확장한다. 2013년 12월 기준으로 100만 개의 애플리케이션이 앱스토어에 등록되어 있고 600억 회 이상 다운로드되었다. 앱스토어에 등록된 앱들은 일반적으로 서드파티 개발자들이 개발한다. 개발자들은 엑스코드XCode와 아이폰 SDK를 사용해 iOS 애플리케이션을 개발한다. 개발 된 앱은 애플에 제출되어 심사를 받는다. 애플은 회사의 방침에 따라 철저한 검증 과정을 거친다. 애플이 앱을 승인하게 되면 앱이 앱스토어에 등록되며 사용자가 다운로드 혹은 구입할 수 있게 된다. 엄격한 검증 과정이 앱스토어가 멀웨어에 취약하지 않도록 만든다. 현재, 아이튠즈나 iOS 기기를 통해 앱스토어에 접속할 수 있다.

탈옥

탈옥Jailbreaking은 소프트웨어와 하드웨어 취약점을 사용해 애플의 모바일 운영체제의 제약사항을 제거하는 과정이다. 탈옥은 서명되지 않은 코드가 실행될 수 있도록 하고 운영체제의 루트 권한을 취득할 수 있게 한다. 탈옥을 하는 가장 일반적인 이유는 애플의 앱스토어에 의해 제한된 기능들을 확장하기 위함과 승인되지 않은 앱들을 설치하기 위해서다. 공개된 많은 탈옥 도구들은 시디아Cydia와 같은 비공식 애플리케이션 설치 도구를 추가하여 사용자가 많은 서드 파티 애플리케이션과 도구, 트윅, 앱들을 온라인 파일 저장소로부터 받아 설치할 수 있게 한다. 시디아로부터 다운로드한 소프트웨어는 탈옥되지 않은 기기에서는 할 수 없는 수 많은 기능을 가능하게 해준다. 가장 유명한 탈옥 도구는 redsn0w, sn0wbreeze, evasi0n, Absinthe, seas0npass 등이 있다. 모든 iOS 버전에서 탈옥이 가능한 것은 아니다. 웹사이트(http://www.guidemyjailbreak.com/choose-iphone-to-jailbreak/)는 특정 iOS 버전이 탈옥 가능한지 어떤 도구로 가능한지에 대해 보여준다. 2012년 10월 미국 저작권 사무소는 아이패드를 탈옥하는 것은 불법이지만 아이폰을 탈옥하는 것은 합법으로 여긴다고 밝혔다. 준거법은 3년마다 검토된다.

정리

iOS 기기에 대한 포렌식 조사의 첫 번째 단계는 기기 모델을 파악하는 것이다. iOS 기기의 모델은 조사관이 기기 내부 구성 요소와 기능을 이해하는 데 도움을 주며, 이에 따라 수집과 조사를 위한 방법이 결정된다. 이전의 iOS 기기들도 조사의 한 부분으로 나타날 수 있기 때문에 무시되어서는 안 된다. 오래된 기기들도 계속 사용 중인 경우가 종종 있고 범죄 조사와 관련이 있을 수 있기 때문에 조사관은 반드시 모든 iOS 기기를 알아야 한다. 3장에서는 이 장에서 설명한 iOS 기기에서 데이터를 수집하는 기법과 팁에 대해 알아본다.

3

iOS 기기의 데이터 수집

사건 현장에서 복구된 아이폰은 증가된 저장 공간과 인터넷 연결에 때문에 많은 양의 증거를 제공할 수 있다. 많은 뉴스 기사에 따르면 오스카 피스토리우스Oscar Pistorius의 아이패드를 모바일 전문가가 조사해 그의 여자 친구가 살해되기 몇 시간 전의 인터넷 사용 기록을 살인 재판에서 제시했다. 아이폰에서 포렌식 데이터를 얻는 방법에는 여러 가지가 있다.

각 방법의 장단점이 있겠지만 모든 수집 방법의 기본 원리는 원본 데이터의 비트 단위 이미지를 모으는 것이다.

이번 장에서는 물리 저장 매체를 직접적인 대상으로 하여 기기의 디스크 이미지를 외부 파일로 추출하여 추후 포렌식 도구를 사용하여 조사될 물리적 수집 기법에 대해 다룬다.

iOS 기기의 운영 모드

포렌식 기법과 수집 방법에 들어가기에 앞서 아이폰의 여러 가지 운영 모드에 대해 아는 것이 중요하다. 많은 포렌식 도구와 방법은 기기를 하나의 운영 모드로 설정하는 것을 요구한다. 기기에 특정 행위를 취하기 위해 iOS 기기의 운영 모드를 이해하는 것이 필요하다. iOS 기기는 일반 모드, 복구 모드, DFU 모드 세 가지 운영 모드로 동작할 수 있다. 대부분 포렌식 도구들은 기기가 어떤 모드로 동작하고 있는지 아는 것을 요구한다. 이번 절에서 각 모드에 대해 알아본다. "아이폰"이라는 용어가 사용되더라도 이는 모든 iOS 기기에 해당하는 말임을 기억하자.

일반 모드

아이폰의 전원이 켜지면 운영체제로 부팅된다. 이 모드는 일반 모드Normal mode로 불린다. 아이폰을 사용한 일반적인 행위들(전화 걸기, 문자 메시지 등)이 일반 모드에서 동작한다.

아이폰이 켜지면 내부적으로 다음 그림에 나와 있는 시큐어 부트 체인secure boot chain을 거친다. 부팅 과정의 각 단계는 무결성을 보장하기 위해 애플이 암호학적으로 사인한 소프트웨어 구성요소로 이뤄져 있다.

▲ 일반 모드에서의 아이폰 시큐어 부트 체인

시큐어 롬Secure ROM이라고도 알려진 부트 롬Boot ROM은 읽기 전용 메모리ROM로 아이폰에서 처음 실행 되는 중요한 코드다(http://images.apple.com/ipad/business/docs/iOS_Security_Feb14.pdf). 부트 롬 코드는 다음 단계를 로드하기 전에 서명을 검증하기 위해 사용되는 애플 루트 CA 공개키를 담고 있다. 아이폰이 켜지면 애플리케이션 프로세서가 부트 롬의 코드를 실행시키고 저수준 부트로더LLB, Low Level Bootloader가 애플에 의해 서명되었는지 검증하고 로드할지 결정한다. LLB가 작업을 마치면 두 번째 단계 부트로더iBoot를 검증하고 로드한다. iBoot는 iOS 커널을 검증하고 로드하며 이건 그림에 나와 있는 모든 사용자 애플리케이션을 검증하고 실행시킨다. 시큐어 부트 체인은 iOS가 적합한 애플 기기에서 동작하는지 여부를 보장한다.

복구 모드

부팅 과정에서 어떤 단계를 로드되지 않거나 다음 단계를 검증하지 못할 때 부팅 과정은 멈추고 다음 스크린샷과 같은 화면이 아이폰에 나타난다. 이 모드는 복구 모드Recovery mode라고 불린다. 복구 모드는 아이폰을 업그레이드하거나 복구할 때 필요하다.

복구 모드로 들어가기 위해서 다음의 단계를 거친다.

1. 기기의 전원을 끈다: 빨간색 슬라이드 바가 나타날 때까지 아이폰 상단에 위치한 슬립/전원 버튼을 계속 누르고 있는다. 그리고 슬라이드 바를 움직여 기기가 꺼질 때까지 기다린다.

2. 아이폰의 홈 버튼을 누르고 있으면서 기기를 USB 케이블을 사용해 컴퓨터에 연결한다. 기기가 켜질 것이다.

3. 다음 스크린샷과 같이 아이튠즈에 연결 화면이 나타날 때까지 홈 버튼을 계속 누르고 있는다. 그리고 홈 버튼에서 손을 땐다(탈옥된 iOS 기기에서는 이 화면에 나타나는 아이콘이 다를 수 있다). 대부분의 포렌식 도구와 추출 방법은 조사관에서 iOS 기기의 현재 상태를 알릴 것이다.

아이폰의 복구 모드에 대해서는 http://support.apple.com/kb/HT1808에서 읽을 수 있다.

복구 모드에서 나오기 위해 아이폰을 재시작한다. 이를 위해 홈과 슬립/전원 버튼을 애플 로고가 나올 때까지 동시에 누른다. 일반적으로, 재부팅 과정을 통해 아이폰을 복구 모드에서 일반 모드로 돌려 놓는다. 조사관은 아이폰이 일관되게 복구 모드로 재부팅되는 것을 경험할 수도 있다. 이는 복구 루프recovery loop라고 알려져 있다. 복구 루프는 사용자가 iOS 기기를 탈옥하려다 오류가 발생한 경우에 일어난다.

복구 루프를 해결하기 위해 공개된 여러 방법이 있다. 다음 예제는 redsn0w 도구의 예를 보여주는데 이를 통해 복구 루프에서 빠져나올 수 있다. Redsn0w의 가장 최신 버전을 https://sites.google.com/a/iphone-dev.com/files/에서 받을 수 있다.

다음 스크린샷에 나와 있는 것처럼 Extras > Recovery fix로 이동한다. 추가로 외부의 방법이나 도구는 필요하지 않다. 때때로 기기를 DFU 모드에 두고 아이튠즈에 기기를 연결하여 정상적으로 아이폰을 재시작할 수도 있다.

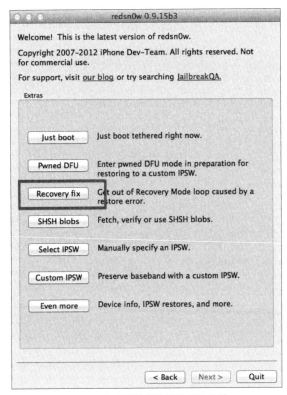

▲ redsn0w에서의 복구 모드 오류 수정

DFU 모드

부팅 과정에서 부트 롬이 LLB를 로드하거나 검증하는 것을 실패한다면 아이폰은 검은색 화면을 출력한다. 이 모드는 디바이스 펌웨어 업그레이드DFU, Device Firmware Upgrade 모드라고 불린다. DFU 모드는 저수준 진단 모드로 아이폰의 펌웨어 업그레이드를 수행하기 위해 설계되었다. 펌웨어를 업그레이드하는 동안 아이폰은 다음 그림에 나와 있는 것처럼 다른 부트 순서를 따르게 된다. 대부분의 포렌식 도구는 DFU 모드를 사용해 물리적 수집을 수행한다.

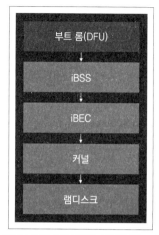

▲ DFU 모드에서의 아이폰 시큐어 부트 체인

DFU 모드에서 부트롬이 처음 부트되어 두 번째 단계 부트로더인 iBSS와 iBEC을 검증하고 실행한다. iBEC 로더는 커널을 검증하고 로드한다. 커널은 램디스크를 검증하여 메모리 상에 로드한다. 앞서 말했듯, 대부분의 포렌식 수집 방법은 iOS 기기가 DFU 모드로 성공적으로 들어가는 것을 필요로 한다. 1장에서 언급되었듯이 모든 단계는 잘 문서화되어야 한다. iOS 기기를 다룰 때에도 예외는 없다. DFU 모드는 모바일 기기 포렌식에서 알려진 방법이며 포렌식 수집을 위해 장비를 준비시키기 위해 포렌식적으로 타당한 행위로 여겨진다.

DFU 모드로 들어가기 위해서는 다음 단계를 거친다.

1. 아이튠즈를 http://www.apple.com/itunes/download/에서 다운로드해 포렌식 워크스테이션에 설치한다.

2. USB를 사용해 기기를 포렌식 워크스테이션에 연결한다.

3. 기기의 전원을 끈다.

4. 전원 버튼을 3초간 누르고 있는다.

5. 전원 버튼을 그대로 누르고 있으면서 홈 버튼을 정확히 10초간 누른다.

6. 전원 버튼에서 손을 떼고 아이튠즈에서 'iTunes has detected an iPhone in recovery mode. You must restore the iPhone before it can be used

with iTunes' 메시지가 뜰 때까지 홈 버튼을 누르고 있는다.

7. 이 때, 아이폰 화면은 검은색이어야 하며 아무 것도 표시하지 않는다. 아이폰은 DFU 모드에서 사용될 준비가 되었다. 기기가 부팅이 되고 있음을 표시하는 애플 로고나 다른 신호가 나타나면 아이튠즈가 해당 메시지를 표시할 때까지 2단계에서 6단계를 반복한다.

맥 OS X에서 아이폰이 DFU 모드에 들어갔는지 확인하려면, 시스템 정보를 실행해서 USB 옵션으로 들어간다. 다음 스크린샷에 나타난 것과 비슷한 기기를 볼 수 있을 것이다.

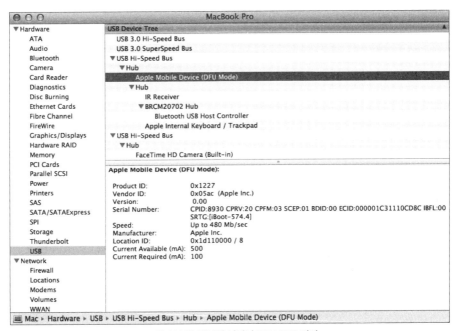

▲ 맥 시스템 정보에 나타난 DFU 모드 기기

복구 모드와 마찬가지로 DFU 모드에서 빠져 나오기 위해서는 애플 로고가 나올 때까지 홈 버튼과 전원 버튼을 동시에 누르고 있는다. DFU 모드를 검증하기 위한 정보는 http://www.zdziarski.com/blog/wp-content/uploads/2013/05/iOS-Forensic-Investigative-Methods.pdf에서 찾을 수 있다.

물리적 수집

iOS 기기는 휘발성(RAM)과 비휘발성(NAND 플래시) 두 가지 형태의 메모리를 가지고 있다. RAM은 운영체제나 애플리케이션의 주요 부분을 로드하고 실행하는 데 사용된다. RAM에 저장된 데이터는 기기가 재부팅되면 사라진다. RAM은 활성 애플리케이션, 사용자 이름, 패스워드, 암호화 키 등 매우 중요한 애플리케이션 정보를 담고 있다. RAM에 담긴 정보는 조사 과정에서 핵심적이지만 실행 중인 아이폰에서 RAM 메모리를 얻는 도구나 방법은 현재 나와 있지 않다.

RAM과 달리 NAND는 비휘발성 메모리로 기기가 재부팅된 이후에도 데이터가 남아 있다. NAND 플래시는 주 저장 공간으로 시스템 파일과 사용자 데이터(http://www.nist.gov/forensics/research/upload/draft-guidelines-on-mobile-device-forensics.pdf)를 담고 있다. 물리적 수집의 목표는 컴퓨터 하드 드라이브를 포렌식적으로 수집할 때와 비슷하게 NAND 메모리를 비트 단위로 복제하는 것이다. 데이터 저장소가 비슷하게 보여도 NAND는 오늘날 하드 드라이브에서 찾을 수 있는 자기 매체와 다르다.

NAND 메모리는 값 싸고, 빠르며 대용량의 데이터를 담을 수 있다. 따라서 앤드류 홍, 케이트 스트젬프카가 쓴 『iPhone and iOS Forensics』(2011)에서 언급됐듯이 NAND는 모바일 기기를 위한 이상적인 저장소다.

물리적 수집은 iOS 기기에서 데이터를 복구하기 위한 큰 잠재성을 가진다. 하지만 기기의 향상된 보안 기능들(안전한 부트 체인, 저장소 암호화, 패스코드)이 포렌식 수집 과정에서 데이터에 접근하는 것을 방해할 수 있다. 연구자들과 상용 포렌식 도구 제조사들은 보안 기능을 우회하여 iOS 기기를 대상을 물리적 수집을 수행하는 여러 기법을 계속해서 시도 중이다. 현재, iOS 기기에 접근하여 NAND의 물리적 이미지를 수집하는 두 가지 방법이 있다. 여기에 대해서는 다음 절에서 더 자세히 알아본다.

커스텀 램디스크를 통한 수집

커스텀 램디스크를 통한 수집은 아이폰에서 데이터를 얻기 위한 새로운 방법이다. 이 방법에서는 커스텀 램디스크를 메모리에 로딩하고 기기가 DFU 모드에 있을 때 발생하는 부트 과정의 취약점을 공격하여 파일 시스템에 대한 접근을 얻는다. 커스텀 램디스크는 파일 시스템은 USB나 SSH 터널을 통해 덤프하는 데 필요한 포렌식 도구를 담고 있다. 커스텀 램디스크를 기기에 로딩하는 것은 사용자 데이터를 변경하지 않기 때문에 증거가 손실되지 않는다.

OS 레벨의 패스워드로 컴퓨터가 보호되고 있는 경우에도 live CD를 사용하여 부팅하면 하드 디스크의 내용에 접근할 수 있다. 이와 비슷하게 아이폰에서는 USB로 커스텀 램디스크를 로드하여 파일 시스템에 접근할 수 있다. 하지만, 아이폰 시큐어 부트 체인은 커스텀램 디스크를 읽는 것을 막는다. 이것을 우회하기 위해 부트 롬 취약점을 공격하고 아래 그림에 나와 있는 것처럼 이어지는 단계들을 패치할 수 있다.

▲ 해킹된 DFU 모드 상의 아이폰 부트 체인

해커 커뮤니티들은 A4 기기(아이폰 4와 이전 모델들)의 여러 부트 롬 취약점을 찾았다. 현재 A5+ 기기(아이폰 4S와 이후 모델들)에서 기기의 물리적 수집을 허용하는 부트 롬 공격은 발견되지 않았다. 부트 롬 취약점은 소프트웨어 업데이트로는 수정되지 못하기 때문에 해당 기기는 영원히 취약하다.

또한 아이폰의 파일 시스템은 암호화되어 있다. 아이폰 3GS 모델부터 하드웨어와 펌웨어 암호화가 iOS 기기에 내장되었다.

모든 iOS 기기들은 하드코딩된 두 가지 키(즈지아스키Zdziarski의 책에 따르면 UIDUnique ID와 GIDGroup ID)와 함께 AES 256비트 암호화 엔진(AES 암호화 가속기)을 내장하고 있다. 기기의 CPU는 하드코딩된 키를 읽지 못하지만 AES 가속기를 통해 암/복호화를 위해 사용할 수 있다. UID는 각 기기의 고유한 키로 파일 시스템 암호화에 사용되는 기기 특유의 키(0x835 키와 0x89B 키)를 생성하는 데 사용한다. UID는 데이터가 암호학적으로 특정 기기와 묶이는 것을 가능하게 한다. 따라서 플래시 칩이 한 기기에서 다른 기기로 옮겨진다고 하더라도 파일들을 읽을 수 없게 암호화된다. GID 키는 같은 애플리케이션 프로세서를 가진 모든 기기들(예를 들어 A4 칩을 사용하는 모든 기기들)에 공유되며 설치, 복구, 업데이트 과정에서 iOS 펌웨어 이미지(IPSW)를 복호화하는 데 사용된다. GID는 펌웨어가 리버스 엔지니어링되는 것과 보안 취약점이 발견되는 것을 막는다.

UID와 GID외에 다른 모든 암호화 키는 시스템의 랜덤 숫자 생성기RNG, Random Number Generator가 Yarrow 기반 알고리즘으로 생성한다. Yarrow 기반 알고리즘과 암호화에 대한 더 많은 정보는 http://images.apple.com/ipad/business/docs/iOS_Security_Feb14.pdf에서 찾을 수 있다.

아이폰 데이터 보호 도구Data Protection Tools는 오픈소스 iOS 포렌식 툴킷으로 장 밥티스트Jean-Baptiste와 장 시그월드Jean Sigwald가 커스텀 램디스크 기법을 사용해 개발했다. 포렌식 툴킷은 커스텀 램디스크를 만들고 DFU 모드의 부트 롬 취약점을 공격해 기기에 로드시킨다. 커스텀 램디스크는 기기 정보 나열, 브루트포스로 패스코드 알아내기 시도, 디스크 파티션의 미가공 이미지 생성을 위한 도구들을 담고 있다. 포렌식 툴킷은 기기 암호화 키를 획득하고 파일 시스템을 복호화하며, 삭제된 파일을 복구한다. 아이폰 데이터 보호 도구는 현재 아이폰 3G와 3GS, 4, 아이팟 터치 2G와 3G, 4G, 아이패드 1 모델에서 동작한다. 이것에 대한 더 많은 정보는 https://code.google.com/p/iphone-dataprotection/wiki/README에서 찾을 수 있다.

포렌식 환경 구축

다음 과정은 Xcode 4.6.1과 iOS 6.1 SDK(다른 버전도 동작한다)를 갖춘 맥 OS X 10.8.5에서 아이폰 데이터 보호 도구를 어떻게 사용하는지 설명한다. 유닉스 툴과 Xcode가 설치되었다는 가정하에 아이폰 데이터 보호 도구를 빌드하고 사용하기 위해서는 몇 가지 추가적인 명령행 도구와 파이썬 모듈, 바이너리들을 설치해야 한다.

ldid 도구 다운로드와 설치

먼저 코드 시그니처와 바이너리의 plist 파일에 내장된 속성들을 보고 조작하는 데 사용하는 ldid 도구를 다운로드한다. 맥 OS X에서 터미널 윈도우를 열고 curl 명령어를 사용해 다음과 같이 ldid 도구를 다운로드한다.

```
$curl -O http://networkpx.googlecode.com/files/ldid
% Total % Received % Xferd Average Speed  Time  Time Time  Current
                           Dload  Upload Total Spent Left  Speed
100 32016 100 32016 0  0  52214    0 --:--:-- --:--:-- --:--:--  279k
```

다음 명령어를 사용하여 ldid 도구에 실행 권한을 부여하고 usr 폴더의 bin 디렉토리로 옮긴다.

```
$chmod +x ldid
$sudo mv ldid /usr/bin/
```

codesign_allocate tool 경로 확인

Xcode 폴더에 대한 심볼릭 링크를 다음과 같이 생성한다.

```
$sudo ln -s /Applications/Xcode.app /Contents/Developer/
```

아이폰 데이터 보호 도구는 유닉스 툴이 엑스코드와 함께 설치되어 있을 경우 기본으로 제공되는 codesign_allocate 툴을 필요로 한다. codesign_allocate가 설정되어 있는지 확인하기 위해서 다음 명령어를 사용한다.

```
$which codesign_allocate/usr/bin/codesign_allocate
```

codesign_allocate의 위치를 명령어의 출력에서 확인할 수 없다면 다음과 같이 심볼릭 링크를 생성한다.

```
$sudo ln -s /Developer/Platforms/iPhoneOS.platform/Developer/usr/bin/
codesign_allocate /usr/bin
```

OSXFuse 설치

iOS 펌웨어 파일은 IMG3 파일 포맷으로 이루어져있다. 램디스크를 수정하기 위해서 아이폰 데이터 보호 도구는 IMG3 포맷을 이해하는 FUSE 파일 시스템을 포함한다. OSXFuse의 가장 최신 버전이 포렌식 워크스테이션에 반드시 설치되어 있어야 한다.

OSXFuse는 OS X의 네이티브 파일 처리 기능을 확장하여 OS X가 지원하지 않는 파일 시스템도 마운트 가능하게 한다. OSXFuse는 다음 명령어를 사용하거나 http://sourceforge.net/projects/osxfuse/files/osxfuse-2.6.2/osxfuse-2.6.2.dmg에서 직접 다운로드할 수 있다.

```
$sudo curl -O -L http://sourceforge.net/projects/osxfuse/files/
osxfuse-2.6.2/osxfuse-2.6.2.dmg
% Total % Received % Xferd Average Speed  Time   Time    Time  Current
                           Dload  Upload Total Spent  Left  Speed
100 8608k 100 8608k 0  0    546k     0  0:00:15 0:00:15 --:--:--698k
```

그 다음, 아래 세 개의 명령어를 실행한다.

```
$hdiutil mount osxfuse-2.6.2.dmg
Checksumming Gesamte Disk (Apple_HFS : 0)…
....................................................................
Gesamte Disk (Apple_HFS : 0): verified   CRC32 $6D4256E4
verified   CRC32 $D09075DF
```

```
/dev/disk2                                      /Volumes/FUSE for OS X
$sudo installer -pkg /Volumes/FUSE\ for\ OS\ X/Install\ OSXFUSE\ 2.6.pkg
-target /
installer: Package name is FUSE for OS X (OSXFUSE)
installer: Installing at base path /
installer: The install was successful.
$hdiutil eject /Volumes/FUSE\ for\ OS\ X/
"disk3" unmounted.
"disk3" ejected.
```

파이썬 모듈 설치

아이폰 데이터 보호 도구의 파이썬 스크립트는 construct, progassbar, setuptools과 같은 몇 가지 파이썬 모듈을 필요로 한다. 필요한 파이썬 모듈을 파이썬의 easy_install 명령어를 사용해 아래와 같이 설치할 수 있다.

```
$sudo easy_install construct progressbar
Searching for construct
Reading http://pypi.python.org/simple/construct/
Best match: construct 2.5.1
Downloading https://pypi.python.org/packages/source/c/construct/
construct-
2.5.1.zip#md5=4616eb3c12e86ba859ff2ed2f01ddb1c
Processing construct-2.5.1.zip
[...]
Installed /Library/Python/2.7/site-packages/construct-2.5.1-py2.7.egg
Processing dependencies for construct
Searching for six
Reading http://pypi.python.org/simple/six/
Best match: six 1.4.1
Downloading https://pypi.python.org/packages/source/s/six/six-1.4.1.tar.
gz#md5=bdbb9e12d3336c198695aa4cf3a61d62
Processing six-1.4.1.tar.gz
[...]
Installed /Library/Python/2.7/site-packages/six-1.4.1-py2.7.egg
Finished processing dependencies for construct
Searching for progressbar
Reading http://pypi.python.org/simple/progressbar/
Reading http://code.google.com/p/python-progressbar/
```

```
Best match: progressbar 2.3
Downloading http://python-progressbar.googlecode.com/files/progressbar-
2.3.tar.gz
Processing progressbar-2.3.tar.gz
[...]
Installed /Library/Python/2.7/site-packages/progressbar-2.3-py2.7.egg
Processing dependencies for progressbar
Finished processing dependencies for progressbar
Searching for setuptools
Best match: setuptools 0.6c12dev-r88846
Adding setuptools 0.6c12dev-r88846 to easy-install.pth file
Installing easy_install script to /usr/local/bin
[...]
Processing dependencies for setuptools
Finished processing dependencies for setuptools
```

파이썬 스크립트는 또한 암호화 모듈인 PyCrypto와 M2Crypto를 iOS 펌웨어 이미지, 파일, 키체인 아이템을 복호화하기 위해 필요로 한다. PyCrypto 도구는 https://rudix-mountainlion.googlecode.com/files/pycrypto-2.6-1.pkg에서 다운로드하고 설치할 수 있다.

M2Crypto 모듈은 다음 명령어를 사용해 설치할 수 있다.

```
$sudo curl -O -L http://chandlerproject.org/pub/Projects/MeTooCrypto/
M2Crypto-0.21.1-py2.7-macosx-10.8-intel.egg
% Total % Received % Xferd Average Speed Time   Time    Time  Current
                           Dload  Upload Total Spent  Left  Speed
100 477k 100 477k  0     0  63290    0  0:00:07 0:00:07 --:--:-- 102k
$sudo easy_install M2Crypto-0.21.1-py2.7-macosx-10.8-intel.egg
Processing M2Crypto-0.21.1-py2.7-macosx-10.8-intel.egg
[...]
Installed /Library/Python/2.7/site-packages/M2Crypto-0.21.1-py2.7-
macosx-10.8-
intel.egg
Processing dependencies for M2Crypto==0.21.1
Finished processing dependencies for M2Crypto==0.21.1
```

마지막으로 아이폰 데이터 보호 도구의 최신 버전을 구글 코드 저장소에서 다운로드하기 위해서 Mercurial 소스 코드 관리 시스템을 설치해야 한다. 이 도구는 다음과 같이 `easy_install` 명령어를 사용해 다운로드하거나 http://mercurial. berkwood.com/binaries/Mercurial-2.6.2-py2.7-macosx10.8.zip에서 직접 받을 수 있다.

```
$sudo easy_install mercurial
Searching for mercurial
Reading http://pypi.python.org/simple/mercurial/
Best match: mercurial 2.8
Downloading https://pypi.python.org/packages/source/M/Mercurial/
mercurial-
2.8.tar.gz#md5=76b565f48000e9f331356ab107a5bcbb
Processing mercurial-2.8.tar.gz
[...]
Processing dependencies for mercurial
Finished processing dependencies for mercurial
```

아이폰 데이터 보호 도구 다운로드

Mercurial(hg)를 사용해 최신 버전의 아이폰 데이터 보호 도구를 아래와 같이 다운로드한다.

```
$sudo hg clone https://code.google.com/p/iphone-dataprotection/
warning: code.google.com certificate with fingerprint ad:3c:56:fb:
e8:c0:62:b0:ff:89:21:52:98:b1:a1:d4:94:a4:1c:84 not verified (check
hostfingerprints or web.cacerts config setting)
destination directory: iphone-dataprotection
requesting all changes
adding changesets
adding manifests
adding file changes
added 72 changesets with 2033 changes to 1865 files
updating to branch default
152 files updated, 0 files merged, 0 files removed, 0 files unresolved
```

이 명령어는 iphone-dataprotection 디렉토리를 생성하고 그곳에 아이폰 데이터 보호 도구를 다운로드한다.

IMG3FS 도구 빌드

Img3fs 디렉토리로부터 IMG3 FUSE 파일 시스템을 빌드한다. 이 모듈은 다음 명령어를 통해 iOS 펌웨어 패키지IPSW에 포함된 펌웨어 디스크 이미지를 직접 마운트 가능하게 해준다.

```
$cd iphone-dataprotection
$sudo make -C img3fs/
gcc -o img3fs img3fs.c -Wall -lfuse_ino64 -lcrypto -
I/usr/local/include/osxfuse || gcc -o img3fs img3fs.c -Wall -
losxfuse_i64 -lcrypto -I/usr/local/include/osxfuse
img3fs.c: In function 'img3_check_decrypted_data':
img3fs.c:100: warning: pointer targets in passing argument 2 of
'strncmp' differ in signedness
img3fs.c:104: warning: pointer targets in passing argument 2 of
'strncmp' differ in signedness
img3fs.c:108: warning: pointer targets in passing argument 2 of
'strncmp' differ in signedness
[...]
```

make 명령어를 실행하면 몇 개의 컴파일러 경고 메시지를 볼 수 있는데 이는 무시해도 좋다.

redsn0w 다운로드

iOS 펌웨어 패키지에 포함된 펌웨어 디스크 이미지는 암호화되어 있다. 아이폰 개발팀이 개발한 유명한 iOS 탈옥 유틸리티인 redsn0w 애플리케이션은 이전에 출시된 모든 iOS 펌웨어 이미지를 위해 복호화 키와 plist 파일을 포함하고 있다. 아이폰 데이터 보호 빌드 스크립트는 램디스크와 커널을 자동으로 복호화하기 위해 복호화 키를 사용한다. 이를 위해, 다음 코드와 같이 최신 버전의 redsn0w를 다운로드하고 Keys.plist 파일에 대한 심볼릭 링크를 현재 디렉토리에 생성한다. 이 장의 뒷 부분에서 redsn0w를 사용해 커스텀 램디스크로 기기를 부팅할 것이다.

```
$sudo curl -O -L https://sites.google.com/a/iphone-
```

```
dev.com/files/home/redsn0w_mac_0.9.15b3.zip
% Total % Received % Xferd Average Speed   Time Time  Time  Current
Dload   Upload Total Spent Left  Speed
100 17.1M 100 17.1M 0    0    298k     0  0:00:58 0:00:58 --    329k
$sudo unzip redsn0w_mac_0.9.15b3.zip
Archive:  redsn0w_mac_0.9.15b3.zip
creating: redsn0w_mac_0.9.15b3/
inflating: redsn0w_mac_0.9.15b3/boot-ipt4g.command
inflating: redsn0w_mac_0.9.15b3/credits.txt
inflating: redsn0w_mac_0.9.15b3/license.txt
[...]
extracting: redsn0w_mac_0.9.15b3/redsn0w.app/Contents/PkgInfo
creating: redsn0w_mac_0.9.15b3/redsn0w.app/Contents/Resources/
inflating:
redsn0w_mac_0.9.15b3/redsn0w.app/Contents/Resources/redsn0w.icns
$sudo cp redsn0w_mac_0.9.15b3/redsn0w.app/Contents/MacOS/Keys.plist .
```

포렌식 툴킷의 생성과 로딩

이제 필요한 모든 도구들이 설치되었고 커스텀 램디스크를 빌드하고 목표 iOS 기기에 로드할 준비가 되었다. 먼저, 포렌식 도구를 사용해 커널의 램디스크 램디스크 시그니처 체크를 패치하고 커스텀 램디스크를 빌드한다. 그리고 redsn0w를 사용해서 부트롬 취약점을 공격해 수정된 커널과 램디스크를 로드한다.

iOS 펌웨어 파일 다운로드

커스텀 램디스크를 올릴 하드웨어 모델에 대한 iOS 펌웨어 업데이트 소프트웨어 아카이브(IPSW) 파일이 필요하다. 아이폰 데이터 보호 도구는 iOS 6 IPSW와 그 이전 버전에 대한 램디스크 생성을 지원한다. 최신 버전의 iOS 5 IPSW를 사용하여 램디스크를 만드는 것이 좋다. iOS 5 커널은 이전 버전과 추후 출시될 iOS 버전과 호환된다. 따라서 기기에 iOS 7이나 iOS 4가 설치되어 있다고 해도 iOS 5용 램디스크를 준비할 수 있다. 대상 기기의 IPSW 파일은 http://getios.com/index.php에서 다운로드할 수 있다.

다운로드한 IPSW를 iphone 폴더의 dataprotection 디렉토리에 다음 명령어를
사용하여 복사한다.

```
$cp ~/Downloads/iPhone3,1_5.1.1_9B208_Restore.ipsw  .
```

 앞의 명령은 .으로 끝나는데 이 의미는 현재 디렉토리를 의미한다.

명령에서 사용된 iPhone 3,1_5.1.1_9 B208_Restore.ipsw 파일은 아이폰 4 기기
를 목적으로 한다. IPSW 파일 이름은 하드웨어 모델(아이폰 3,1)과 iOS 버전 번호
(5.1.1), 특정 빌드 번호(9B208)를 포함한다.

커널 수정

커스텀 롬이 제대로 동작하려면 수정된 커널이 필요하다. 아이폰 데이터 보호 도구
의 kernel_patcher.py 스크립트는 제공된 IPSW 파일에서 kernelcache 파일을 추
출해 패치한다. 커널 패치 유틸리티는 임의의 바이너리를 실행시키기 위해 코드 서
명을 비활성화하고 제한된 함수에 대한 접근을 허용하기 위해 위해 커널에 변화를
준다. 다음 명령과 같이 kernel_patcher.py 스크립트를 대상 IPSW에 실행시켜 패
치된 kernelcache를 생성시키고 램디스크를 빌드하는 셸 스크립트를 실행시킨다.

```
$sudo python python_scripts/kernel_patcher.py iPhone3,1_5.1.1_9B208_
Restore.ipsw
Decrypting kernelcache.release.n90
Unpacking ...
Doing CSED patch
Doing getxattr system patch
Doing nand-disable-driver patch
Doing task_for_pid_0 patch
Doing IOAES gid patch
Doing AMFI patch
Doing _PE_i_can_has_debugger patch
```

```
Doing IOAESAccelerator enable UID patch
Patched kernel written to kernelcache.release.n90.patched
Created script make_ramdisk_n90ap.sh, you can use it to (re)build the
Ramdisk
```

스크립트는 현재 작업 디렉토리에 kernelcache.release.n90.patched라는 이름의 패치된 커널 파일을 생성한다. iOS 5 IPSW 파일에 대해서는 커스텀 램디스크 빌드를 위한 make_ramdist_n90ap.sh 스크립트를 생성한다. 파일 이름이 iOS 기기 모델에 따라 다를 수 있기 때문에 여기에 주목해야 한다.

커스텀 램디스크 빌드

다음과 같이 램디스크 빌드 스크립트 make_ramdisk_n90ap.sh에 실행 권한을 주고 램디스크 생성을 위해 이 스크립트를 실행한다.

```
$chmod +x make_ramdisk_n90ap.sh
```

스크립트를 실행하기 전에 iOS SDK path를 다음과 같이 변경한다.

```
$sudo nano make_ramdisk_n90ap.sh
```

iOS SDK 6.1을 사용 중이기 때문에, 다음과 같이 for 루프에 6.1을 추가한다.

```
for VER in 4.2 4.3 5.0 5.1 6.0 6.1
```

if 문 안의 '/Developer/Platforms/iPhoneOS.platform/Developer/SDKs/iPhoneOS$VER.sdk/System/Library/Frameworks/IOKit.framework/IOKit'을 '/Applications/Xcode.app/Contents/Developer/Platforms/iPhoneOS.platform/Developer/SDKs/iPhoneOS$VER.sdk/System/Library/Frameworks/IOKit.framework/IOKit'로 대체하여 IOKit path를 수정한다.

필요한 변경 사항을 적용한 후에 Ctrl+X를 누르고 문자 y를 입력한 다음 엔터키를 눌러 파일을 저장한다.

make_ramdisk_n90ap.sh 스크립트를 실행한다. 이는 ssh.tar.gz 파일을 구글 코드로부터 다운로드한다. 그 다음에 ramdist_tools 폴더에 있는 램디스크 도구를 컴파일하여 이미 있던 램디스크에 추가해서 포렌식 램디스크를 준비한다. 다음 명령어에 이 과정이 정리되어 있다.

```
$sudo ./make_ramdisk_n90ap.sh
Found iOS SDK 6.1
[some warning messages]
Archive:  iPhone3,1_5.1.1_9B208_Restore.ipsw
inflating: 038-5512-003.dmg
TAG: TYPE OFFSET 14 data_length:4
[...]
"disk2" unmounted.
"disk2" ejected.
You can boot the ramdisk using the following command (fix paths)
redsn0w -i iPhone3,1_5.1.1_9B208_Restore.ipsw -r myramdisk_n90ap.dmg
-k kernelcache.release.n90.patched
Add -a "-v rd=md0 nand-disable=1" for nand dump/read only access
```

만약 iOS 6 IPSW 파일을 사용하고 있다면 buid_ramdisk_ios6.sh 파일을 실행시켜 커스텀 램디스크를 생성한다. 스크립트를 실행하기 전에 ramdisk_tools 디렉토리 안에 있는 Makefile을 수정하여 iOS SDK 버전을 고치고, make 명령어를 사용하여 컴파일한다.

커스텀 램디스크로 부팅

기기에 커스텀 램디스크를 로드하려면 다음 명령어와 같이 명령행에서 IPSW, 커스텀 램디스크, 패치된 커널을 사용하여 redsn0w를 시작한다.

```
$sudo ./redsn0w_mac_0.9.15b3/redsn0w.app/Contents/MacOS/redsn0w -i
iPhone3,1_5.1.1_9B208_Restore.ipsw -r myramdisk_n90ap.dmg -k
kernelcache.release.n90.patched
```

iOS 기기의 전원을 끄고 redsn0w가 실행되고 있는 컴퓨터에 USB 케이블을 사용해서 연결한다. 기기가 연결되면 다음 스크린샷과 같이 redsn0w가 화면에 나타난다.

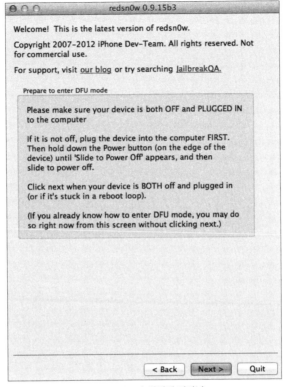

▲ redsn0w가 화면에 나타남

Next 버튼을 눌러 화면에 나온 과정을 따라 기기를 DFU 모드로 전환한다. 기기가 DFU 모드에 들어가면 redsn0w는 부트롬 취약점 중 하나를 공격하여 수정된 커널과 커스텀 램디스크를 로드한다. 이 과정이 성공적으로 진행되면 아이폰에 파인 애플 그림이 뜨고 작은 글씨로 된 부트 메시지를 볼 수 있을 것이다. 이 과정이 완료되면 ASCII 버전의 OK가 기기에 보일 것이다.

기기와 통신 설정

아이폰 부팅에 사용된 커스텀 램디스크에는 SSH 서버를 포함하여 USB 프로토콜을 통해 기기에 원격 명령행 접속을 가능하게 한다. 애플의 모바일 기기 프레임워크인 USB 멀티플렉싱 데몬usbmuxd은 TCP 소켓 터널을 생성해서 기기에서 리스닝 중인 로컬 TCP 소켓에 USB 프로토콜을 통해 연결한다. 이 경우, 다음의 명령행에 나와 있는 것처럼 tcpreplay.py를 실행해서 커스텀 램디스크에서 실행 중인 SSH 서버에 접속한다.

```
$python usbmuxd-python-client/tcprelay.py -t 22:2222 1999:1999
Forwarding local port 2222 to remote port 22
Forwarding local port 1999 to remote port 1999
```

아이폰 데이터 보호 도구에 포함된 다른 파이썬 스크립트는 SSH를 통해 기기와 통신한다. 따라서 기기에서 데이터를 뽑아내는 동안 tcpreplay.py를 다른 터미널에서 실행하고 있어야 한다.

패스코드 우회

아이폰에는 인가되지 않은 접근을 방지하기 위해 사용자가 기기에 패스코드를 설정하는 옵션이 있다. 패스코드가 설정되면, 기기가 켜지거나 슬립 모드에서 깨어날 때 패스코드를 요구하게 된다. iOS는 단순한 네 자리 숫자 코드와 모든 길이의 알파벳과 숫자 조합으로 이뤄진 패스코드를 지원한다. 아이폰 5S에는 사용자의 지문 인식 또한 기기를 잠그고 푸는 데 사용될 수 있다. 또한 지문이 인식되지 않을 때를 위해 네 자리 숫자 코드도 선택할 수 있다. 기본적으로 패스코드는 네 자리 숫자 코드지만 설정을 변경하여 복잡한 패스코드를 설정할 수 있다. 사용자는 또한 패스코드 입력 시도가 10번 실패하면 아이폰의 모든 데이터를 삭제하도록 하는 옵션을 설정할 수 있다.

도난이나 조직의 보안 정책에 의해 패스코드로 잠긴 기기를 다뤄질 가능성이 높다. iOS의 보안성 향상 때문에 패스코드 우회가 항상 가능한 것은 아니다. 포렌식 조사관은 잠겨진 새로운 모델의 iOS 기기에서 데이터를 가져오지 못하는 문제를 방지하기 위해 기기의 주인으로부터 안전하게 패스코드를 받는 것을 시도해야 한다.

iOS 3까지 초기 버전의 iOS에서는 기기를 풀기 위한 아이폰에서 패스워드를 안전하게 저장하기 위한 키체인에 직접 저장되었다. 이 패스코드 보안은 키체인에서 레코드를 삭제하거나 커스텀 램디스크로 부팅한 이후에 패스코드를 묻는 UI 설정을 삭제함으로써 우회할 수 있다.

iOS 4부터 패스코드는 기기에 어떤 형태로도 저장되지 않는다. 패스코드를 설정함으로써 사용자는 유휴 상태의 데이터를 보호하는 기능을 자동으로 활성화시킨다. 데이터 보호 기능을 통해 기기의 데이터는 시스템 키백System keybag에 저장된 클래스 키로 암호화된다. 시스템 키백 자체는 기기의 UID와 사용자의 패스코드로부터 생성된 패스코드 키로 보호된다. 따라서 보호된 키체인 항목과 파일 시스템의 파일을 복호화하기 위해서는 시스템 키백을 복호화해야 한다. 만약 패스코드가 설정되어 있지 않을 때는 시스템 키백을 쉽게 복호화할 수 있다. 네 자리 숫자로된 간단한 패스코드가 설정되어 있을 경우 그것을 추측해서 시스템 키백을 복호화할 수 있다. 패스코드는 기기의 UID 키와 얽혀 있기 때문에 브루트포스brute-force를 시도해봐야 한다. 또한, UID가 기기마다 다르기 때문에 같은 패스코드가 다른 기기에 설정되어 있어도 이는 다른 패스코드 키를 생성한다. 패스코드 브루트포스 공격은 스프링보드 수준의 딜레이를 발생시키고, 기기를 잠그며, 데이터의 삭제를 유발할 수 있다. 하지만, 이런 보호 메커니즘은 시스템 키백을 복호화하기 위해 커널 확장AppleKeyStore에 대한 브루트포스 공격을 수행할 때는 적용되지 않는다. 어떤 도구는 iOS기기가 연결되고 동기화되어 있는 호스트 컴퓨터에 접근하여 iOS 기기의 패스코드를 찾는 시도를 할 수 있다. 이 도구는 잠긴 기기를 복호화하기 위해 에스크로 파일을 통해 패어링 키에 접근한다. 이를 위해 조사관은 iOS 기기와 기기 백업이 이뤄진 호스트 컴퓨터 모두에 접근할 수 있어야 한다.

앞서 언급했듯이 호스트 컴퓨터를 사용할 수 없을 경우, 아이폰 데이터 보호 도구에 포함되어 있는 demo_butoforece.py 파이썬 스크립트는 브루트포스 공격을 수행하며 네 자리 숫자 패스코드를 18분 안에 알아낸다. 기기에서의 브루트포스 공격은 느리며, 걸리는 시간은 기기의 능력에 달려 있다. 다음 표는 아이폰 4에서 다양한 길이와 복잡도에 따라 패스코드를 브루트포스 공격으로 알아내는 데 걸리는 시간을 보여준다.

패스코드	복잡도	시간
4	숫자	18분
4	숫자+알파벳	19일
6	숫자+알파벳	196일
8	숫자+알파벳	7십 5만 5천 년
8	숫자+알파벳, 복잡함	2천 7백만 년

맥 OS X에서 새로운 터미널을 열고 다음 명령어를 실행한다. 브루트포스 스크립트는 tcprelay.py가 연 1999번 포트를 사용해 기기의 램디스크 도구와 통신한다. 스크립트는 패스코드를 브루트포스하고 시스템 키백을 복호화하며 데이터 보호 키를 덤프하고 기기의 고유 기기 번호UDID, Unique Device Identifier로 명명된 디렉토리에 .plist 파일 형태로 저장한다.

```
$sudo python python_scripts/demo_bruteforce.py
Connecting to device : b716de79051ef093a98fc3ff1c46ca5e36faabc3
Keybag UUID : 5b14620bd1e74013bfa66325b6946773
Enter passcode or leave blank for bruteforce:
```

엔터키를 눌러 브루트 포스 과정을 시작한다.

```
Trying all 4-digits passcodes...
0 of 10000 ETA:   --:--:--
10 of 10000 ETA:  0:30:48
20 of 10000 ETA:  0:30:33
30 of 10000 ETA:  0:30:18
40 of 10000 ETA:  0:30:02
50 of 10000 ETA:  0:29:51
1100 of 10000 ETA:  0:25:54
1110 of 10000 ETA:   0:25:53
10000 of 10000 Time: 0:03:14
100% |#########################################################|
BruteforceSystemKeyBag : 0:03:14.543986
{'passcode': '1111', 'passcodeKey':
```

'1f5c25823297f97f3cb38d998726fc22787ca3f31b8932c2b868700a341145b5'}
True
Keybag type : System keybag (0)
Keybag version : 3
Keybag UUID : 5b14620bd1e74013bfa66325b6946773

Class   WRAP   Type   Key   Public key

NSFileProtectionComplete   3   AES
746f01658ec28b3ba99339e35beb37232f89658fd0214eb4c4cac99976b05039
NSFileProtectionCompleteUnlessOpen   3   Curve25519
65db69526ea4026227d5faa0dc9066c1092e510aa586a2f62d9101e419600703
a035e0f5a6ee59b9e5928cc67b644c6a5cc8c5235c1a5440a02686d222fc3a08
NSFileProtectionCompleteUntilFirstUserAuthentication 3   AES
a32826f0abdf6fb1c049d395baa12b07e05a310fb49626a5cef078ca4a7a46f4
NSFileProtectionRecovery?   3   AES
28ec11f7719c7b36d6f4621a07c3b088fe65c9909c7adb45cf73ad8b9814a330
kSecAttrAccessibleWhenUnlocked   3   AES
bab62b621ebcf0fbc97ee9a2f1fb6d3ee4a198f5a49a7e233c9dcdf2805292e0
kSecAttrAccessibleAfterFirstUnlock   3   AES
638ae8c4a1a694b8db2968eba28ef39a14d5397ef102e4872395df619bd00d31
kSecAttrAccessibleAlways   1   AES
5071e2058e148b7deee5b08fd685c0b29cd9d717f57732647dee0239513c7c79
kSecAttrAccessibleWhenUnlockedThisDeviceOnly   3   AES
3702f4d05b3b910860b9f17577d5f34bbf26e9a6f20594ea308d72919e182531
kSecAttrAccessibleAfterFirstUnlockThisDeviceOnly   3   AES
3d8fbd6b41c520f1dc8ebe6786abe4848fa1799456300b89c630c23ff931d6c8
kSecAttrAccessibleAlwaysThisDeviceOnly   1   AES
1774408c99198fb048ca5fbcd06feadc7d5e4c28a571111df557db9f58040ba5
[...]

만약 추측하기 힘든 패스코드를 사용자가 설정했어도, NSFileProtectionNone으로 보호되고 있는 파일과 kSecAttrAccessibleAlways 데이터 보호 클래스로 보호되는 키체인 아이템에는 접근할 수 있다.

데이터 파티션 이미징

물리적 이미징은 논리적 파티션의 dd 이미지를 의미한다. 2장에서 다뤘듯이 iOS 기기의 NAND 플래시는 시스템 파티션과 사용자 데이터 파티션 두 개의 논리적 디스크 파티션을 포함한다. 탈옥하지 않은 기기에서 시스템 파티션은 읽기 전용 포맷으로 유지된다.

사용자 데이터 파티션은 사용자가 설치한 모든 애플리케이션과 데이터를 포함한다. 전체 포렌식 분석을 위해서는 시스템과 데이터 파티션 모두 필요하다. 대부분의 포렌식 도구는 두 파티션을 하나의 이미지로 만든다. 조사 시간이 촉박하다면 최소한 전체 데이터 파티션에 대한 덤프는 있어야 한다. 사용자 데이터 파티션에 대한 디스크 이미지를 얻기 위해서는 dump_data_partition.sh 셸 스크립트를 다음 명령행과 같이 실행한다.

```
$sudo ./dump_data_partition.sh
Warning: Permanently added '[localhost]:2222' (RSA) to the list of
known hosts.
root@localhost's password:
```

iOS 기기의 기본 SSH 기본 패스워드인 alpine을 패스워드로 입력하고 엔터를 누른다.

```
Device UDID : b716de79051ef093a98fc3ff1c46ca5e36faabc3
Dumping data partition in
b716de79051ef093a98fc3ff1c46ca5e36faabc3/data_20131209-1956.dmg ...
Warning: Permanently added '[localhost]:2222' (RSA) to the list of
known hosts.
[...]
```

앞의 명령행에 나타나듯이 미가공 디스크 이미지가 전송되기 시작하며 데스크탑의 파일 사이즈가 점차 증가할 것이다. 이 스크립트는 파일 시스템의 크기에 따라 몇 분에서 몇 시간 실행될 수 있다. 예를 들어 8GB 아이폰 4에서 이미지를 얻는 데 대략 30분 정도 걸린다.

```
1801554+0 records in
1801554+0 records out
14758330368 bytes (15 GB) copied, 2463.01 s, 6.0 MB/s
```

스크립트는 전체 사용자 데이터 파티션을 덤프하고 해당 기기의 UDID로 명명된 디렉토리에 맥 OS X에서 마운트 가능한 DMG 포맷으로 저장한다. 사용자 데이터 파티션만 복사되기 때문에 실제 파일 크기는 아이폰 크기보다 작다. DMG 파일을 더블클릭하면 읽기-쓰기 모드로 마운트되며 이미지 무결성에 영향을 줄 수도 있다. 무결성을 유지하기 위해서 다음 명령행과 같이 hdiutil 명령어를 사용해 이미지를 읽기전용 모드로 마운트한다(파일 경로는 DMG 파일이 생성된 경로를 반영한다).

```
$hdiutil attach -readonly
b716de79051ef093a98fc3ff1c46ca5e36faabc3/data_20131209-1956.dmg
/dev/disk3                                            /Volumes/Data
```

hdiutil 명령어의 출력값은 디스크 이미지가 /dev/disk3 디바이스 파일과 연결되었음을 보여주며 다음 명령으로 /Volumes/Data에 마운트시킬 수 있다.

```
$cd /Volumes/Data/
```

이제 /Volumes/Data에서 파일 시스템을 검색할 수 있으며 다음 명령행이 보이는 것처럼 모든 파일 내용이 암호화되어 있음을 발견할 것이다.

```
$hexdump -C mobile/Library/AddressBook/AddressBook.sqlitedb | head
```

다음 스크린샷은 명령의 결과값을 보여준다.

```
Data — bash — 102×46
Mac:/Volumes/Data$hexdump -C mobile/Library/AddressBook/AddressBook.sqlitedb | head
00000000  79 5e b0 03 ea 34 50 78  be ac 56 14 ed 33 ad 2e  |y^...4Px..V..3..|
00000010  68 d3 57 ea 6b 06 d5 e1  34 b1 08 71 56 8a 83 af  |h.W.k..4..qV...|
00000020  33 f9 36 1d 4a f2 84 5b  1c 5f 56 54 3c 5e 9b 4e  |3.6.J..[._VT<^.N|
00000030  87 40 58 34 ed c3 92 e7  44 ec 6c dc 14 5e 74 ea  |.@X4....D.l..^t.|
00000040  bd 62 37 bd 2d be 12 a2  39 20 7d 9f 1d dc c7 f5  |.b7.-..9 }.....|
00000050  93 1e 3d 81 51 04 ad be  36 04 74 37 b3 67 f2 bf  |..=.Q...6.t7.g..|
00000060  84 71 94 d7 89 14 cb 8b  24 e0 a7 0d da d6 95 a1  |.q......$.......|
00000070  ff d1 45 51 93 f4 61 1a  cc c6 34 a1 64 9e 7e 1b  |..EQ..a..4.d.~.|
00000080  4a 9c 72 54 a1 b3 d2 6b  f1 42 ea 13 58 cb 66 45  |J.rT...k.B..X.fE|
00000090  3c d3 32 7d b3 71 ab ed  39 15 c3 19 61 67 3f 76  |<.2}.q..9...ag?v|
```

▲ 암호화된 addressBook 파일

이미지를 마운트 해제하기 위해서는 hdiutileject 명령어를 다음과 같이 사용한다.

```
$cd /
$hdiutil eject /Volumes/Data/
"disk3" unmounted.
"disk3" ejected.
```

추출된 디스크 이미지가 맥 OS X에 마운트되면 파일 시스템을 검색해볼 수 있다. 하지만, 파일이 암호화되어 있기 때문에 읽지는 못한다. 파일 데이터를 읽기 위해서는 시스템 키백 내의 키를 사용해서 파일 내용을 복호화해야 한다.

데이터 파티션 복호화

전체 파일 시스템은 EMF 키로 암호화되어 있고 파일 시스템 상의 몇 가지 파일은 예외적으로 다른 키(데이터 보호 클래스 키)로 암호화되어 있다. EMF 키는 0x89B 키로 암호화되어 있다. 아이폰 데이터 복구 도구에 포함되어 있는 emf_decrpyter. py 파이썬 스크립트는 미가공 디스크 이미지를 복호화할 때 사용될 수 있다. 이 스크립트는 앞서 말한 plist에 있는 키와 미가공 디스크 이미지를 사용해 파일 시스템의 모든 암호화된 파일을 복호화한다.

```
$sudo python python_scripts/emf_decrypter.py
b716de79051ef093a98fc3ff1c46ca5e36faabc3/data_20131209-1956.dmg
b716de79051ef093a98fc3ff1c46ca5e36faabc3/f03d282cc7182d46.plist
Password:
Using plist file
b716de79051ef093a98fc3ff1c46ca5e36faabc3/f03d282cc7182d46.plist
Keybag unlocked with passcode key
cprotect version : 4 (iOS 5)
Test mode : the input file will not be modified
Press a key to continue or CTRL-C to abort
```

스크립트를 실행하기 위해 엔터를 입력한다.

```
Decrypting iNode1559014
Decrypting iNode3056993
Decrypting iNode3056996
Decrypting iNode6811
[...]
Decrypting AddressBook.sqlitedb
Decrypting AddressBook.sqlitedb-shm
Decrypting AddressBook.sqlitedb-wal
Decrypting AddressBookImages.sqlitedb
```

```
Decrypting AddressBookImages.sqlitedb-shm
[...]
Decrypting IMG_1117.JPG
Decrypting IMG_1128.PNG
Decrypting IMG_1139.JPG
[...]
Decrypting KeywordIndex.plist
Decrypting Manifest.sqlitedb
Decrypting express.psa
Decrypted 50518 files
```

스크립트는 디스크 이미지를 직접 수정하며 파일을 복호화하고 읽을 수 있게 만
든다. 이를 검증하기 위해, 디스크 이미지를 마운트해서 이전에 읽을 수 없던
AddressBook.sqlitedb파일을 조사해볼 수 있다.

```
$hdiutil attach -readonly data_20131209-1956.dmg
/dev/disk3                                    /Volumes/Data
$cd /Volumes/Data/
$hexdump -C mobile/Library/AddressBook/AddressBook.sqlitedb | head
```

```
Mac:/Volumes/Data$hexdump -C mobile/Library/AddressBook/AddressBook.sqlitedb | head
00000000  53 51 4c 69 74 65 20 66  6f 72 6d 61 74 20 33 00  |SQLite format 3.|
00000010  10 00 02 02 00 40 20 20  00 00 00 09 00 00 00 b4  |.....@  ........|
00000020  00 00 00 00 00 00 00 00  00 00 00 10 00 00 00 04  |................|
0000003a  00 00 00 00 00 00 00 00  00 00 00 01 00 00 00 00  |................|
00000040  00 00 00 00 00 00 00 00  00 00 00 00 00 00 00 00  |................|
00000050  00 00 00 00 00 00 00 00  00 00 00 00 00 00 00 09  |................|
00000060  00 2d e2 1f 05 00 00 00  05 0f e7 00 00 00 00 36  |.-.............6|
00000070  0f fb 0f fG 0f f1 0f cc  0f c7 0B a5 07 c3 0B G2  |...............b|
00000080  07 27 06 48 05 bB 04 b6  05 7b 04 07 03 72 02 c4  |.'.H.....{...r..|
00000090  03 2f 01 ec 02 81 01 2f  01 a3 00 b6 0f fc 00 00  |./...../........|
```

▲ 복호화된 AddressBook 파일

이제 데이터 파티션에 있는 요소들을 전체적으로 조사할 수 있으며 이에 대해서
5장에서 자세히 다룬다.

삭제된 파일 복구

기기의 미가공 이미지를 얻고 나서 emf_undelete.py 스크립트를 가지고 HFS 저
널을 카빙carving하여 미할당 공간에서 삭제된 파일을 복구할 수 있다. 이 스크립트
는 다음 명령어에서 나타난 것처럼 제한된 개수의 파일만 복구한다.

```
$sudo python python_scripts/emf_undelete.py UDID/data_20131209-
1956.dmg
```

더 많은 삭제된 파일이나 사진을 복구하기 위해서는 저수준의 NAND 이미지를
ios_examiner.py를 사용해 얻고 undelete 명령을 실행한다.

저수준의 NAND 이미지를 얻기 위해 커스텀 램디스크와 패치된 커널로 아이폰을
부팅시키며 이 때 nand-disable boot 플래그를 다음과 같이 활성화시킨다.

```
$sudo ./redsn0w_mac_0.9.15b3/redsn0w.app/Contents/MacOS/redsn0w -i
iPhone3,1_5.1.1_9B208_Restore.ipsw -r myramdisk_n90ap.dmg -k
kernelcache.release.n90.patched -a "-v rd=md0 nand-disable=1"
```

램디스크가 성공적으로 부팅되면 ios_examiner.py 스크립트를 파라미터 없이 실
행한다. 이를 통해 다음과 같이 ios_examiner 셸로 들어갈 수 있다.

```
$cd iphone-dataprotection
$sudo python python_scripts/ios_examiner.py
Connecting to device : b716de79051ef093a98fc3ff1c46ca5e36faabc3
Device model: iPhone 4 GSM
UDID: b716de79051ef093a98fc3ff1c46ca5e36faabc3
ECID: 1937316564364
Serial number: 870522V6A4S
key835: ef8f36fb3a85b42a72e8c5efa6b1a844
key89B: de75b5f5fa6abc5bf25293b38f980a52
[...]
YaFTL_readCxtInfo FAIL, restore needed maxUsn=4491408
FTL restore in progress
100% |######################################|
BTOC not found for block 13 (usn 4491530), scanning all pages
402 used pages in block
LwVM header CRC OK
cprotect version : 4 (iOS 5)
iOS version: 5.1.1
Keybag state: locked
(iPhone4-data) /
```

brutefore 명령어를 실행하여 패스코드에 대한 브루트포스와 키백 잠금을 해제한다.

```
(iPhone4-data) / bruteforce
Passcode comlexity (from OpaqueStuff) : 4 digits
Enter passcode or leave blank for bruteforce:
```

엔터를 누르면 다음과 같은 명령행이 나타날 것이다.

```
Passcode "" OK
Keybag state: unlocked
Save device information plist to [b716de7905.plist]:
```

엔터를 누르고 plist 파일(b716de 7905.plist)에 암호화 키를 저장한다.

다음과 같이 nand_dump 명령을 실행시킨다. 이 명령은 NAND 이미지를 dataprotection 폴더에 복사한다.

```
(iPhone4-data) / nand_dump iphone4-nand.bin
Dumping 16GB NAND to iphone4-nand.bin
100% |#########################################|
NAND dump time : 0:45:36.200233
SHA1: a16aa578679ef6a787c8c26a40de4b745a3ae179
```

NAND 이미지와 plist 파일이 수집되면 ios_examiner.py를 사용할 수 있고 undelete 명령을 실행해서 삭제된 파일을 복구할 수 있다.

```
$sudo python python_scripts/ios_examiner.py iphone4-nand.bin b716de7905.
plist
Loading device information from b716de7905.plist
Device model: iPhone 4 GSM
UDID: b716de79051ef093a98fc3ff1c46ca5e36faabc3
ECID: 1937316564364
Serial number: 870522V6A4S
key835: ef8f36fb3a85b42a72e8c5efa6b1a844
key89B: de75b5f5fa6abc5bf25293b38f980a52
[...]
cprotect version : 4 (iOS 5)
iOS version:  5.1.1
 (iPhone4-data) / undelete
```

```
Building FTL lookup table v1
100% |################################|
Collecting existing file ids
23297 file IDs
Carving catalog file
Found deleted file record 51657 shaders.data created 2012-06-09
02:19:28
Found deleted file record 51656 shaders.maps created 2012-06-09
02:19:28
[...]
Carving attribute file for file keys
20261 files, 50997 keys
_FBStory.h
[...]
```

이 명령은 삭제된 파일을 복구하여 undelete라고 명명된 디렉토리에 저장한다. 복구 과정은 느리며 모든 파일을 복구하는 데 몇 시간이 걸린다.

기기가 복구되거나, 완전 삭제되거나, 새로운 OS 버전으로 업그레이드되면, 파일 시스템 키(EMF)는 삭제되고 새로운 키가 재생성된다. 원본 EMF 키 없이는 하부의 파일 시스템 구조를 복구할 수 없다. 따라서 아이폰이 복구, 삭제, 업그레이드되었을 때는 삭제된 파일을 복구하는 것이 불가능하다. 또한 iOS 기기는 키를 안전하게 제거하기 위해 삭제할 수 있는 저장소Effaceable Storage 기능을 제공한다. 이 기능은 하부 저장소(NAND)에 접근하여 아주 저수준에 있는 적은 수의 블록을 지워서 삭제된 키를 복구하는 것을 불가능하게 만든다.

탈옥을 통한 수집

부트롬 공격에 취약하지 않은 기기에 대한 물리적 수집을 수행하기 위해 기기는 반드시 탈옥되어야 한다. 아이폰을 탈옥함으로써 SSH와 같이 일반적으로 기기에 있지 않은 도구를 설치하는 것을 가능하게 한다. 현재까지 가장 유명한 탈옥 방법은 redSn0w나 evasi0n을 사용하는 것이다. 두 가지 도구 모두 간단한 마법사를 지원해서 iOS를 탈옥할 수 있도록 하며 시디아 애플리케이션을 설치한다. 조사관은 마지막 방법으로 기기를 탈옥해야만 하고 이는 매우 주의해야 할 작업이다. 다시 한 번 강조하면 모든 조사 과정은 잘 문서화되어야 한다. 탈옥 과정은 기기에 변화를 주기 때문에 증거를 손상시키거나 법정에서 증거로 채택되지 못하게 될 수 있다. 가능하다면 탈옥 과정에서 잃을 수 있는 증거를 보존하기 위해 논리적 수집을 먼저 수행한다.

사용자 데이터 파티션의 이미지를 얻기 위해서 포렌식 워크스테이션과 대상 iOS 기기가 같은 무선 네트워크에 위치해야 한다. 포렌식 워크스테이션에서 다음 SSH 명령어를 실행해서 수집 과정을 시작한다. 명령어에 사용된 IP 주소가 여러분이 가진 기기의 IP 주소임을 확인해야 한다.

```
$ssh root@192.168.2.9 "dd if=/dev/rdisk0s1s2  bs=8192" > data.dmg
```

패스워드로 alpine을 입력하고 엔터키를 누른다. 아이폰의 용량에 따라 이 과정은 몇 시간이 걸릴 수 도 있다. 완료되면, 다음 명령행에 나온 것처럼 복사된 바이트 수가 표시된다.

```
1801554+0 records in
1801554+0 records out
14758330368 bytes (15 GB) copied, 2722.38 s, 5.4 MB/s
```

SSH 명령어는 iOS 기기의 SSH 서버에 루트 사용자로 접속한다. dd if=/dev/rdisk0s1s2 bs=8192 명령은 아이폰에서 디스크 복제 유틸리티를 실행시키며 /dev/rdisk0s1s2에 위치한 사용자 데이터 파티션을 8K의 블록 크기로 읽는다. 이 명령은 data.dmg 파일을 포렌식 워크스테이션의 드라이브에 생성한다. 결과 이미지 파일은 포렌식 분석가의 도구 선택에 따라 변경될 수 있다.

패스코드로 보호되는 기기를 탈옥하는 것은 불가능하다. 따라서 기기(A5+)가 패스코드로 보호되어 있고 탈옥되지 못하면 해당 기기에 대한 물리적 수집은 불가능하다. 따라서, 해당 아이폰으로 부터 수집된 미가공 디스크 이미지는 암호화되어 있고 해석되지 못함을 알고 있어야 한다. 이미지를 복호화하기 위해서는 기기로 부터 암호화 키를 수집해야 한다. 암호화 키는 기기의 UID 키와 연결되어 있는데 이 키는 IOAESAccelerator 커널 확장이 패치된 상태에서만 사용 가능하다. iOS 5

나 그 이전 버전이 실행되고 있는 기기에서 암호화 키를 얻는 것은 쉽다. iOS 6부터 애플은 커널 주소 공간 레이아웃 랜덤화Kernel Address Space Layout Randomization와 커널 주소 공간 보호Kernal Address Space Protection라는 새로운 보안 기능을 추가했는데 이들은 커널 코드를 직접 패치하는 것을 방지한다. 하지만 상용 iOS 포렌식 도구인 Elcomsoft iOS 포렌식 툴킷은 iOS 6와 iOS 7이 동작 중인 기기에 대해서도 물리적 수집이 가능하다고 말한다. 이 주장은 iOS 기기가 탈옥되었거나 조사관이 페어링 키를 포함한 호스트 컴퓨터에 접근할 수 있다는 가정을 내제한다. 이 도구에 대해서는 6장에서 자세히 다룬다.

다음은 iOS 5가 실행 중이고 패스코드로 보호되고 있는 아이폰 4S에서 디스크 이미지를 얻는 과정을 자세히 보여준다.

선수 과정으로 아이폰 4S는 탈옥되어 있어야 하며 OpenSSH가 설치되어 있고 기본 루트 패스워드를 사용해야 한다.

이전 절에서 설명한 것처럼 아이폰 데이터 보호 도구를 설치한다. ramdisk_tools 폴더에서 Makefile을 수정하고 iOS SDK 버전을 고쳐 make 명령어를 실행한다.

```
$cd iphone-dataprotection
$cd ramdisk_tools
$sudo make
```

USB를 통해 아이폰을 컴퓨터에 연결시키고 tcpreplay.py 스크립트를 실행해 통신을 설정한다.

```
$cd iphone-dataprotection
$python usbmuxd-python-client/tcprelay.py -t 22:2222
```

아이폰 사용자 데이터 파티션을 다음 명령어로 덤프한다.

```
$ssh root@127.0.0.1 "dd if=/dev/rdisk0s1s2  bs=8192" > data.dmg
```

패스워드로 alpine을 입력하고 엔터를 누른다.

kernel_patcher를 https://code.google.com/p/iphone-dataprotection/issues/detail?id=49&q=a5에서 다운로드하고 ramdisk_tools 폴더로 옮긴다.

```
$mv ~/Downloads/kernel_patcher ~/Documents/iphone-dataprotection/
```

kernel_patcher, bruteforce와 device_infos 스크립트를 scp 명령어를 사용해
아이폰으로 복사한다.

```
$cd ramdisk_tools
$scp  -P 2222 kernel_patcher device_infos bruteforce
root@127.0.0.1:/var/root/
```

패스워드로 alpine을 입력하고 엔터를 누른다.

ssh 명령어를 실행하고 업로드한 스크립트에 다음과 같이 실행 권한을 부여한다.

```
$ssh root@127.0.0.1 -p 2222
```

패스워드로 alpine을 입력하고 엔터를 누른다.

```
iPhone# chmod +x kernel_patcher bruteforce device_infos
```

kernel_patcher와 bruteforce 스크립트를 실행한다. 이를 통해 커널 패치, 패스
코드 브루트포스, 시스템 키백 복호화와 아이폰의 루트 디렉토리에 plist 파일을
생성한다.

```
iPhone#./ kernel_patcher
iPhone#./bruteforce
Writing results to f04d282cc7182d47.plist
[...]
```

scp 명령어를 사용해서 아이폰에서 plist 파일을 데스크탑으로 복사한다.

```
$scp -P 2222 root@127.0.0.1:/var/root/f04d282cc7182d47.plist .
```

디스크 이미지를 복호화하기 위해서 emf_decrypter.py를 다음과 같이 실행한다.

```
$sudo python python_scripts/emf_decrypter.py data.dmg
f04d282cc7182d47.plist
```

이제 여러분은 데이터 파티션에 있는 모든 것을 완전히 조사할 수 있다.

정리

아이폰 포렌식 조사의 첫 번째 단계는 기기에서 데이터를 수집하는 것이다. 아이폰에서 데이터를 얻는 방법은 여러 가지다. 이 장에서는 오픈소스 방법들을 사용한 물리적 수집 기법, 데이터 암호화와 패스코드 우회 기법에 대해 다뤘다. 기기에서 더 많은 데이터를 복구할 수 있기 때문에 물리적 수집이 추천되지만 모든 iOS 기기에서 물리적 수집을 수행할 수는 없다. 다음 표는 iOS 기기에서의 물리적 수집이 가능성에 대해 정리하고 있다.

모델	물리적 수집
아이폰 3G, 3GS, 4	가능(패스코드가 없거나 쉬운 경우에만)
아이패드 1	
아이팟 터치 2G, 3G, 4G	
아이폰 4S, 5	iOS 6.1.2까지 탈옥된 경우에만 가능(패스코드가 없거나 쉬운 경우에만)
아이팟 터치 5G	
아이폰 5S와 5C	불가능

물리적 수집이 iOS 기기에서 대부분의 데이터를 포렌식적으로 얻기 위한 최상의 방법이지만 논리적 혹은 백업 파일이 존재할 수 있으며 기기에서 데이터를 추출하는 유일한 방법이 될 수 있다. 다음 장에서는 사용자, 포렌식, 암호화된 아이클라우드 백업 파일을 포함한 iOS 기기 백업 파일과 포렌식 조사를 수행하는 방법에 대해 자세히 다룰 것이다.

4

iOS 백업에서 데이터 수집

아이폰에서 물리적 수집을 통해 조사에 필요한 많은 데이터를 얻을 뿐만 아니라 아이폰 백업에 대한 풍부한 정보를 찾을 수 있다. 아이폰 사용자는 장치에 존재하는 데이터를 백업하기 위한 다양한 옵션을 가진다. 아이폰 사용자는 애플 아이튠즈 소프트웨어를 사용해서 컴퓨터에 데이터를 백업하거나 아이클라우드iCloud로 알려진 애플 클라우드 저장소 서비스에 저장할 수 있다. 아이폰이 컴퓨터나 아이클라우드에 동기화될 때마다 장치에서 선택된 파일을 복사하여 백업을 생성한다. 사용자는 백업에 어떤 것이 포함될지 결정할 수 있어서 포함되는 내용이 사용자마다 다를 수 있다. 또한 사용자는 컴퓨터와 아이클라우드 두 가지 모두에 백업할 수 있고 각 저장소에서 추출되는 데이터는 다를 수 있다. 때때로 iOS 장치에서 가용한 최상의 정보는 백업 파일에서 복구된다.

이전 장에서 우리는 아이폰에서 데이터를 수집하는 기법에 대해 다뤘다. 이 장에서는 장치와 컴퓨터, 아이클라우드 간의 애플 동기화 프로토콜을 사용한 백업 파일 수집 기법에 대해 다룬다. 5장에서는 3장과 4장의 데이터 수집에서 추출된 데이터를 어떻게 분석하는지에 대해 다룬다.

아이튠즈 백업

아이폰과 동기화된 적이 있는 컴퓨터에는 다량한 정보가 저장되어 있다. 일반적으로 호스트 컴퓨터라 이런 컴퓨터는 이전의 데이터 기록과 패스코드-우회 인증서를 가지고 있을 수 있다. 따라서 사건 조사에서 용의자 소유의 컴퓨터를 압수하기 위해 수색 영장을 발부받을 수 있다. iOS 백업 파일 포렌식은 아이폰이 생성한 오프라인 백업 파일을 분석하는 것을 주로 포함한다. 하지만, 아이튠즈 백업 방법 또한 장치의 물리적 수집이 불가능할 때 유용하다. 이 경우에 조사관들은 장치의 아이튠즈 백업을 필수적으로 생성하고 포렌식 소프트웨어를 사용해 분석해야 한다. 따라서 백업 과정과 사용하는 도구를 완벽히 이해하는 것은 중요하다.

아이폰 백업 파일은 맥 OS X와 윈도우 플랫폼에서 사용 가능한 아이튠즈 소프트웨어를 사용해 생성할 수 있다. 아이튠즈는 애플이 제공하는 무료 유틸리티로써 컴퓨터와 아이폰 간의 데이터 동기화와 관리에 사용된다. 아이튠즈는 애플의 내부의 비공개 동기화 프로토콜을 사용해 아이폰에서 컴퓨터로 데이터를 복사한다. 아이폰은 USB나 와이파이Wi-Fi를 사용해 컴퓨터와 동기화될 수 있다. 아이튠즈는 백업을 암호화할 수 있는 옵션을 제공하지만 기본적으로는 아이폰이 동기화될 때 암호화되지 않은 백업을 생성한다. 아이폰의 백업 복사분은 아이폰이 분실되거나 손상을 입었을 경우 데이터를 복구할 때 유용하다.

아이폰이 컴퓨터에 연결되면 아이튠즈는 동기화 과정을 자동으로 시작하도록 설정되어 있다. 아이폰과 컴퓨터 사이의 원치 않은 데이터 교환을 피하기 위해서는 아이폰을 포렌식 워크스테이션에 연결하기 전에 자동 동기화 과정을 비활성화시킨다. 다음 스크린샷은 아이튠즈 버전 11.1.3에서 자동 동기화를 비활성화시키는 옵션을 보여준다.

아이튠즈에서 자동 동기화를 비활성화하려면 다음 과정을 따른다.

1. iTunes ➤ Preferences ➤ Devices로 이동한다.

2. 아이팟, 아이폰, 아이패드에 대해 자동으로 동기화 차단을 체크하고 확인 버튼을 클릭한다.

▲ 아이튠즈 – 자동 동기화 비활성화

3. 동기화 설정을 확인했으면 아이폰을 컴퓨터와 USB 케이블로 연결한다. 연결된 아이폰이 패스코드로 보호되지 않으면 아이폰은 즉시 장비를 인식할 것이다. 이는 다음 스크린샷에 나와 있는 것처럼 아이튠즈 인터페이스의 오른쪽 상단 코너에 나타난 아이폰 아이콘으로 확인할 수 있다.

4. 연결된 아이폰이 패스코드로 보호되고 있다면 다음 스크린샷처럼 아이튠즈는 동기화 과정 이전에 사용자가 장비를 잠금 해제하길 요청한다. 유효한 패스코드로 아이폰이 잠금 해제되면 아이튠즈는 장비를 인식하여 컴퓨터와 백업하고 동기화하는 것을 허용한다. 아이폰이 컴퓨터와 성공적으로 동기화되면 같은 아이폰이 해당 컴퓨터와 다시 연결되었을 때 잠금 해제하지 않고 백업하도록 허용한다.

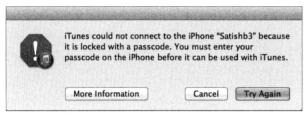

iTunes could not connect to the iPhone "Satishb3" because it is locked with a passcode. You must enter your passcode on the iPhone before it can be used with iTunes.

More Information   Cancel   Try Again

▲ 아이튠즈 – 아이폰 잠김 메시지

5. 아이튠즈가 기기를 인식하고 난 뒤, 아이폰 아이콘을 클릭하면 아이폰의 이름 용량, 펌웨어 버전, 시리얼 번호, 사용 가능 공간, 전화 번호 등의 아이폰 정보 를 다음 스크릿샷과 같이 보여준다. 아이폰 요약 페이지는 또한 백업을 생성하 는 옵션을 보여준다.

▲ 아이튠즈 – 아이폰 요약

페어링 레코드

아이튠즈가 아이폰을 발견하면, 아이폰과 컴퓨터 사이에 페어링 레코드의 집합이 교환된다. 페어링은 컴퓨터가 장비와 신뢰 관계를 구축하는 메커니즘으로 아이튠 즈가 장비와 통신할 수 있게 한다. 컴퓨터가 페어링되면, 컴퓨터는 장비의 개인 정 보에 접근할 수 있고 장비의 백업을 개시할 수도 있다. 비슷한 페어링 과정이 iOS 7과 상용 포렌식 도구에서 발생한다.

아이폰상에 페어링 레코드는 /var/root/Library/Lockdown/pair_records/ 디렉
토리에 저장된다. 장비가 여러 컴퓨터와 페어링되었을 때는 복수의 페어링 레코드
가 이 디렉토리에 저장된다. 페어링 레코드는 프로퍼티 리스트(.plist) 파일 형태로
저장되며 컴퓨터에 부여된 고유 식별자를 나타내는 파일 이름을 가진다. 프로퍼티
리스트 파일은 바이너리 포맷의 XML 파일로 저장되며 이에 대해서는 5장에서 자
세히 설명할 것이다. 장비의 페어링 레코드는 호스트 ID, 루트 인증서, 장비 인증
서, 호스트 인증서를 포함한다. 예를 들어, 다음 스크린샷에 나타난 콘텐츠는 특정
아이폰에 97D6299A-8EDA-454F-9C62-4BB031F45DD6.plist로 저장된 페어
링 레코드다. 아이폰에 저장된 페어링 레코드는 폰이 공장 상태로 복구된 경우면
지워진다.

▲ 아이폰의 페어링 레코드

컴퓨터에서 페어링 레코드는 다음 표에 나와 있는 것처럼 운영체제에 따라 미리
설정된 위치에 저장된다. 페어링 레코드는 아이폰의 고유 식별자를 나타내는 파일
이름을 가진 프로퍼티 리스트 파일로 저장된다. 컴퓨터의 페어링 레코드는 락다운
인증서로 알려져 있다.

운영체제	위치
윈도우	%AllUserProfile%\Apple\Lockdown\
맥 OS X	/private/var/db/lockdown/

컴퓨터의 페어링 레코드는 장비 인증서, 에스크로 키백, 루트 인증서, 호스트 인
증서, 호스트 비밀 키, 루트 인증서와 비밀 키를 포함한다. 예를 들어, 다음 스크린
샷에 나타난 콘텐츠는 특정 컴퓨터에 6c1b7aca59e2eba6f4635cfe7c4b2de1

bd812898.plist로 저장된 페어링 레코드다.

▲ 컴퓨터의 페어링 레코드

컴퓨터에 저장된 에스크로 키백은 장비가 잠김 상태에 있는 경우에도 아이튠즈가 장비와 백업과 동기화를 수행할 수 있게 한다. 에스크로 키백은 시스템 키백의 복사본으로 아이폰에서 암호화를 위해 사용되는 데이터 보호 클래스 키의 모음을 포함한다. 브루트 포스를 사용하지 않고 잠긴 아이폰을 풀 수 있다고 하는 상용 도구들은 호스트 컴퓨터와 에스크로 키백으로의 접근을 요구한다. 키백은 장비 동기화 과정에서 사용자 경험을 향상시키고 장비에 있는 모든 클래스의 데이터에 패스코드 입력 없이 접근할 수 있게 한다.

에스크로 키백은 0x835 키에서 계산된 새롭게 생성된 키로 보호되며 장비의 에스크로 레코드에 저장된다. 에스크로 레코드는 /private/var/root/Library/Lockdown/escrow_records/에 컴퓨터의 고유 식별자를 나타내는 파일 이름을 가진 프로퍼티 리스트 파일로 저장된다. iOS 5부터 에스크로 레코드는 사용자의 패스코드의 암호화와 연결된 UntilFirstUserAuthentication 데이터 보호 클래스로 보호된다. 그래서 장비 패스코드는 아이튠즈를 통해 처음 백업되기 전에 입력되어야 한다.

백업 구조의 이해

아이폰이 컴퓨터에 백업될 때, 백업 파일은 장비의 고유 장비 식별자(UDID)와 연관된 40개 문자의 16진수 문자열로 명명된 백업 디렉토리에 저장된다. 처음 백업을 하면 아이폰에 저장된 데이터 크기에 따라 상당한 길이의 시간이 걸릴 수 있다. 백업 데이터가 저장될 백업 디렉토리의 위치는 컴퓨터의 운영체제에 따라 다르다. 다음 표는 일반적인 운영체제와 아이튠즈 백업 디렉토리의 기본 위치를 보여준다.

운영체제	백업 디렉토리 위치
윈도우 XP	\Documents and Settings\[user name]\Application Data\Apple Computer\MobileSync\Backup\
윈도우 Vista/7/8	\Users\[user name]\AppData\Roaming\Apple Computer\MobileSync\Backup\
맥 OS X	~/Library/Application Support/MobileSync/Backup/
	(~는 홈 폴더를 의미한다.)

첫 번째 동기화 과정에서 아이튠즈는 백업 디렉토리를 생성하고 장비에 대한 전체 백업을 수행한다. 이후 동기화에서는 장비에서 수정된 파일만 백업하여 존재하는 백업 디렉토리를 업데이트한다. 또한, 장비가 업데이트되거나 복구될 때 아이튠즈는 자동으로 백업을 시작하고 차등 백업differential backup을 수행한다. 차등 백업은 같은 이름의 백업 디렉토리를 사용하지만 대시(-), 백업의 ISO 날짜, 대시(-), 초를 포함한 24시간제 시간을 덧붙인다(([UDID]+ '-' + [날짜]+'-'+[타임스탬프])).

아이튠즈 백업은 연락처, SMS, 사진, 캘린더, 음악, 통화 기록, 환경설정 파일, 문서, 키체인, 네트워크 설정, 오프라인 웹 애플리케이션 캐시, 북마크, 쿠키, 애플리케이션 데이터 등을 포함한 장비의 모든 것의 사본을 생성한다. 백업은 또한 시리얼 번호, UDID, SIM 정보, 전화번호 등 장비의 자세한 정보를 포함한다. 이 정보는 또한 데스크탑과 모바일 장비 관계를 증명하는 데 사용될 수 있다.

백업 디렉토리는 아이튠즈 버전에 따라 다양한 포맷으로 존재할 수 있는 네 가지 표준 파일을 개별의 데이터 파일과 함께 포함한다. 이전 버전에서는 *.mdbackup, *.mdata, *.mdinfo와 확장자가 없는 몇 개 파일을 포함할 것이다. 표준 파일들은 백업과 추출된 장비에 대한 자세한 정보를 저장한다. 이들 파일은 다음과 같다.

- info.plist

- manifest.plist

- status.plist

- manifest.mbdb

첫 번째 세 가지 파일은 프로퍼티 리스트 파일로 맥 OS X의 프로퍼티 리스트 에디터 애플리케이션으로 쉽게 분석할 수 있다.

info.plist

info.plist 파일은 백업된 장치에 대한 자세한 내용과 일반적으로 다음의 정보를 담고 있다.

- Device name and display name: 장비의 이름으로 일반적으로 소유자의 이름을 포함한다.

- ICCID: 통합 회로 카드 식별자Integrated Circuit Card Identifier로 SIM의 시리얼 번호다.

- Last backup date: 마지막으로 성공적으로 백업된 시간의 타임스탬프다.

- IMEI: 국제 모바일 기기 식별자International Mobile Equipment Identity로 모바일 폰을 고유하게 식별하는 데 사용된다.

- Phone Number: 백업된 장비의 전화 번호다.

- Installed applications: 장비에 있는 애플리케이션 식별자 목록이다.

- Product type and production version: 장비 모델과 펌웨어 버전이다.

- Serial number: 장비의 시리얼 번호다.

- **아이튠즈 버전**: 백업을 생성한 아이튠즈의 버전이다.

- Target Identifier and Unique Identifier: 장비의 UDID이다.

manifest.plist

manifest.plist 파일은 백업의 콘텐츠를 설명하고 일반적으로 다음 정보를 포함한다.

- **애플리케이션**: 백업된 장비에 설치된 서드파티 애플리케이션의 목록, 애플리케이션의 버전 번호, 번들 식별자다.
- **날짜**: 백업이 생성 혹은 마지막으로 업데이트된 타임스탬프이다.
- IsEncrypted: 백업이 암호화되었는지 여부를 나타낸다. 암호화되어 있으면 값이 참이며 그렇지 않으면 거짓이다.
- Lockdown: 장비의 자세한 정보, 마지막으로 백업된 컴퓨터 이름, 다른 원격 동기화 프로파일을 담고 있다.
- WasPasscodeSet: 장비가 마지막으로 동기화될 당시 패스코드가 설정되어 있었는지 여부를 나타낸다.
- Backup keybag: iOS 4부터 아이튠즈가 백업을 만들 때마다 백업 키백을 생성한다. 백업 키백은 시스템 키백에 있는 키들과는 다른 데이터 보호 클래스 키들의 새로운 집합을 포함하며 백업된 데이터는 새로운 클래스 키로 재암호화된다. 백업 키백 내의 키들은 백업의 저장을 안전하게 한다.

status.plist

status.plist 파일은 백업 상태에 대한 자세한 정보르 저장하고 일반적으로 다음의 정보를 포함한다.

- BackupState: 새로운 백업인지 업데이트된 백업인지 상태를 나타낸다.
- Date: 백업이 수정된 마지막 타임스탬프이다.
- IsFullBackup: 장비의 전체 백업인지 여부를 나타낸다.

manifest.mbdb

manifest.mbdb 파일은 바이너리 파일로 백업 디렉토리 내의 모든 다른 파일의 크기, 종류, 구조 등의 레코드를 포함한다. manifest.mbdb 파일 헤더와 레코드 포맷은 다음 표에 나와 있다.

Header

파일 헤더는 6 바이트로 고정된 값이다. 이 값은 파일 포맷을 알아내는 매직 문자열로 사용된다.

종류	데이터	설명
uint8	mbdb\5\0	매직 스트링을 보관한다.

▲ manifest.mbdb 파일 헤더

Record

manifest.mbdb의 각 레코드는 백업 내 파일의 자세한 정보를 담고 있다.

종류	데이터	설명
String	도메인	도메인 이름
String	경로	파일 경로
String	목표지	심볼릭 링크의 절대 경로
String	다이제스트	SHA1 해시로 디렉토리와 AppDomain 파일은 0xFF 0xFF로 표시되고 SystemDomain 파일은 0x00 0x14로 표시
String	암호화 키	암호화된 파일과 0xFF를 나타내며 0xFF는 암호화되지 않은 파일
uint16	모드	파일 타입을 나타내며 0xA000은 심볼릭 링크, 0x4000은 디렉토리, 0x8000은 일반 파일
uint64	inode number	inode 테이블 내의 검색 엔트리
uint32	User ID	대부분 501
uint32	Group ID	대부분 501
uint32	최종 수정 시간	파일의 마지막으로 수정된 시간을 유닉스 타임스탬프 포맷으로 나타낸 것
uint32	최종 접근 시간	파일이 마지막으로 접근된 시간을 유닉스 타임스탬프 포맷으로 나타낸 것
uint32	생성 시간	파일이 생성된 시간을 유닉스 타임스탬프 포맷으로 나타낸 것
uint64	Size	파일의 크기. 심볼릭 링크와 디렉토리에 대해서는 0으로 표시
uint8	Protection class	데이터 보호 클래스로 0x1부터 0xB까지 값을 가짐
uint8	프로퍼티 개수	확장된 프로퍼티의 개수

▲ manifest.mbdb 파일 레코드

앞서 설명한 것처럼 백업 디렉토리에는 표준 파일 이외에도 백업을 생성한 아이튠 즈 버전에 따라 다양한 파일 확장자를 가진 수백 개의 백업 파일이 있다. 다음 스 크린샷에서 백업은 최신 버전의 아이튠즈로 생성되었으며 파일들이 확장자를 가 지고 있지 않다. 백업 파일들은 고유하게 40개 문자의 16진수 문자열로 명명되어 있다. 이 파일 이름들은 아이폰으로부터 복사된 각 데이터 집합의 고유한 식별자 를 의미한다.

Name	Date Modified	Size	Kind
ea4f4a1a45ab93a97917e22dd28d298d78686dd4	Yesterday 6:37 PM	621 bytes	Document
ec4d3d239f542940c029b778f84d76d256ae71db	Yesterday 6:37 PM	630 bytes	Document
ec95a2de2a4f4b05093ef791394597fb453e8c16	Yesterday 6:37 PM	947 bytes	Document
ec1538f1312bd144239f7eac70dded3e010dc550	Yesterday 6:37 PM	88 bytes	Document
ed30b0c4ccfcb6026f7ae43b613dfe005af85043	Yesterday 6:37 PM	256 KB	Document
edcbc482cd751c402f4ca5162b2347b80b43b173	Yesterday 6:37 PM	273 bytes	Document
ef244b0e70a71410ab2d8c2a64b826f864ba4012	Yesterday 6:37 PM	242 bytes	Document
f0b044e128429dab20cfac24fbedb3a528d730ac	Yesterday 6:37 PM	66 bytes	Document
f6dc7201d77127256ac58b9ee73ca43975696e35	Yesterday 6:37 PM	70 bytes	Document
f7bbe63e61427d2ee896496f5726b81289cfda38	Yesterday 6:37 PM	3 KB	Document
f9f79aebad592c876a97ba6a640bf3401c526248	Yesterday 6:37 PM	316 bytes	Document
f26f27f146e07614fe4df5a17f4ef6a042ea99eb	Yesterday 6:37 PM	124 KB	Document
f30d6ef41c65177e0d949cbbefa7e114bb39a212	Yesterday 6:37 PM	1 KB	Document
f34b101ed66f3aff9b378f9536e8e5c23ccf69bb	Yesterday 6:37 PM	353 bytes	Document
f42cdcfe14c080199b895a59b6740a3c5b69cc33	Yesterday 6:37 PM	81 bytes	Document
f86c972026c10344edf4ce5894caeea4222120a1	Yesterday 6:37 PM	289 KB	Document
f772aa7de1bd2fcf98494024fbd193c6c4a3a586	Yesterday 6:37 PM	358 bytes	Document
f936b60c64de096db559922b70a23faa8db75dbd	Yesterday 6:37 PM	119 KB	Document
f5359dec233d0c2359fc2445cc1738d52a2fbe44	Yesterday 6:37 PM	41 KB	Document
f23461ec2e507af102a699e5e1fb5080608024b5	Yesterday 6:37 PM	5 KB	Document
f968421bd39a938ba456ef7aa096f8627662b74a	Yesterday 6:37 PM	699 bytes	Document
fb7786ced1add24313fa258c8e1ed041e24d52a4	Yesterday 6:37 PM	252 bytes	Document
fb520955c98189505f20d2af90a46a1ced8c2e9c	Yesterday 6:37 PM	6 KB	Document
fd2e382547e97230b737c2fa26972c56e675159b	Yesterday 6:37 PM	6 KB	Document
fd18a792c092be802c44f7ef7c0f8f11c8821cf6	Yesterday 6:37 PM	243 bytes	Document
fdda2f81cc0b838dc00e3050b14da7ef2d835f3c	Yesterday 6:37 PM	45 KB	Document
Info.plist	Yesterday 6:37 PM	13 KB	Property List
Manifest.mbdb	Yesterday 6:37 PM	68 KB	Document
Manifest.plist	Yesterday 6:37 PM	5 KB	Property List
Status.plist	Yesterday 6:37 PM	189 bytes	Property List

▲ 아이폰 백업 파일

iOS에서 파일들은 12개의 도메인으로 분류된다. 모든 애플리케이션 파일들은 AppDomain으로 분류되며 파일 시스템 내의 다른 파일은 다음 스크린샷에 나 와 있는 11개의 시스템 도메인으로 분류된다. 시스템 도메인의 목록은 장비의 /System/Library/Backup/Domains.plist에 위치한 프로퍼티 파일에 저장되어 있다.

백업 디렉토리 내의 40개 문자로 이뤄진 16진수 파일 이름은 관련된 도메인 이름에 대시(-)를 추가한 문자열의 SHA1 해시 값이다.

예를 들어, AddressBook 데이터베이스 파일은 HomeDomain의 멤버이며 Library/AddressBook/AddressBook.sqlitedb에 위치한다.

AddressBook의 백업 파일 이름은 31bb7ba8914766d4ba40d6dfb6113c8b614be442로 HomeDomain – Library/AddressBook/AddressBook.sqlitedb 문자열의 SHA1 해시 값을 계산하여 얻어진다.

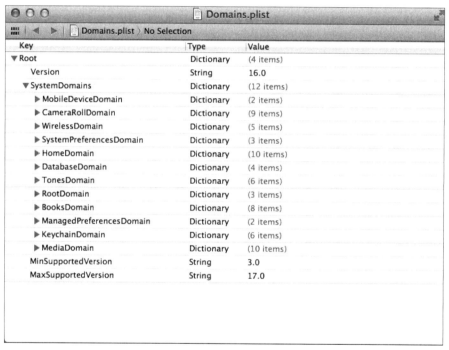

Key	Type	Value
▼ Root	Dictionary	(4 items)
Version	String	16.0
▼ SystemDomains	Dictionary	(12 items)
▶ MobileDeviceDomain	Dictionary	(2 items)
▶ CameraRollDomain	Dictionary	(9 items)
▶ WirelessDomain	Dictionary	(5 items)
▶ SystemPreferencesDomain	Dictionary	(3 items)
▶ HomeDomain	Dictionary	(10 items)
▶ DatabaseDomain	Dictionary	(4 items)
▶ TonesDomain	Dictionary	(6 items)
▶ RootDomain	Dictionary	(3 items)
▶ BooksDomain	Dictionary	(8 items)
▶ ManagedPreferencesDomain	Dictionary	(2 items)
▶ KeychainDomain	Dictionary	(6 items)
▶ MediaDomain	Dictionary	(10 items)
MinSupportedVersion	String	3.0
MaxSupportedVersion	String	17.0

▲ 아이폰의 시스템 도메인

암호화되지 않은 백업

암호화되지 않은 백업을 생성하기 위해서 다음 과정을 수행한다.

1. USB 케이블을 사용해 아이폰을 포렌식 워크스테이션에 연결한다.

2. 포렌식 워크스테이션에서 아이튠즈를 실행한다.

3. 아이튠즈 인터페이스의 오른쪽 상단에 표시된 아이폰 아이콘을 클릭한다. 아이폰 요약 페이지가 표시될 것이다.

4. 아이폰 요약 페이지에서 이 컴퓨터This computer를 선택하고 지금 백업하기 버튼을 클릭한다.

암호화되지 않은 백업 추출

암호화되지 않은 백업 내의 데이터를 분석하는 다양한 무료 도구들이 있다. 이 도구들은 manifest.mbdb 파일을 파싱하고 파일 이름을 복구하며 아이폰에서 사용자에게 보이는 파일 구조를 생성한다. 몇몇 유명한 도구들은 아이폰 백업 추출기iPhone Backup Extractor, 아이폰 백업 브라우저iPhone Backup Browser, 아이폰 데이터 보호 도구iPhone Data Protection Tools를 포함한다.

아이폰 백업 추출기

아이폰 백업 추출기iPhone Backup Extractor는 맥 OS X에서 사용 가능한 무료 도구로 http://supercrazyawesome.com/에서 다운로드할 수 있다. 이 프로그램은 백업 파일이 기본 위치인 ~/Library/Application Support/MobileSync/Backup/에 있는 것을 가정한다. 따라서 여러분은 추출하기 원하는 백업 파일을 기본 위치에 복사해야 한다. 아이폰 백업 추출기는 사용하기 매우 쉬운 도구다.

백업을 추출하기 위해서는 다음 과정을 따른다.

1. 프로그램을 실행시키고 Read Backups 버튼을 클릭한다. 포렌식 워크스테이션에서 사용 가능한 백업 리스트가 표시된다. 다음 스크린샷과 같이 추출하기 원하는 백업을 선택하여 Choose 버튼을 클릭한다.

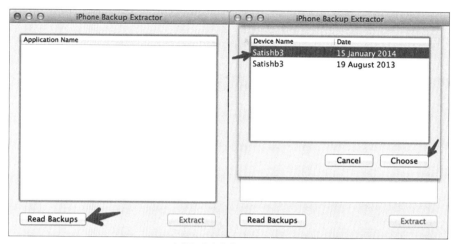

▲ 아이폰 백업 추출기 – 백업 선택

2. 백업을 선택할 때, 아이폰 백업 추출기는 다음 스크린샷과 같이 개별 애플리케이션과 iOS 파일 시스템 백업을 추출할 수 있게 해준다.

▲ 아이폰 백업 추출기

3. 추출하기 원하는 파일을 선택하고 Extract를 클릭한다. 추출된 파일이 저장될 목적지 디렉토리를 선택하는 창이 뜬다.

아이폰 백업 브라우저

아이폰 백업 브라우저iPhone Backup Browser는 윈도우에서 사용 가능한 무료 도구로 http://code.google.com/p/iphonebackupbrowser/에서 다운로드할 수 있다. 이 도구를 포렌식 워크스테이션에 설치하려면 마이크로소프트 닷넷 프레임워크 Microsoft .NET Framework 4와 비주얼 C++ 2010 런타임이 필요하다. 이 프로그램은 백업 파일들이 앞서 언급한 표에 나와 있는 기본 위치에 있는 것을 가정한다. 아이폰 백업 브라우저는 백업 데이터를 보기 위한 GUI를 다음 스크린샷과 같이 제공한다.

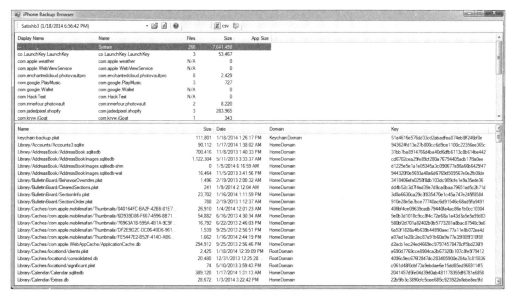

▲ 아이폰 백업 브라우저

아이폰 데이터 보호 도구

아이폰 데이터 보호 도구iPhone Data Protection Tools는 오픈소스 iOS 포렌식 툴킷으로 백업 파일을 추출하는 데 사용될 수 있다. 암호화되지 않은 백업에서 데이터를 분석하기 위해서는 3장에서 설명된 것처럼 아이폰 데이터 보호 도구를 설치하고 backup_tool.py 스크립트를 다음과 같이 백업 디렉토리의 터미널 창에서 실행한다.

```
$cd iphone-dataprotection
$cd python_scripts
$sudo python backup_tool.py ~/Library/Application\
Support/MobileSync/Backup/6c1b7aca59e2eba6f4635cfe7c4b2de1bd812898/ Device
Name : Satishb3
Display Name : Satishb3
Last Backup Date : 2014-01-07 12:58:13
IMEI : 012856001945212
Serial Number : 85137505EDG
Product Type : iPhone2,1
Product Version : 6.1
iTunes Version : 11.1.3
Extract backup to /Users/satishb3/Library/Application
Support/MobileSync/Backup/6c1b7aca59e2eba6f4635cfe7c4b2de1bd812898_
extract ? (y/n)
```

문자 y를 입력하고 엔터를 누른다. 스크립트는 처리 중인 파일을 나타내는 몇 가
지 메시지를 다음 명령행과 같이 출력한다.

```
Backup is not encrypted
Writing /Users/satishb3/Library/Application Support/MobileSync/Backup_
extract/HomeDomain/Library/Preferences/com. apple.voiceservices.plist
Writing /Users/satishb3/Library/Application Support/MobileSync/Backup_
extract/CameraRollDomain/Media/DCIM/100APPL E/IMG_0038.JPG
Writing /Users/satishb3/Library/Application Support/MobileSync/Backup_
extract/SystemPreferencesDomain/SystemConfi guration/preferences.plist
Writing /Users/satishb3/Library/Application Support/MobileSync/Backup_
extract/HomeDomain/Library/Preferences/com. apple.mobileipod.plist
[...]
Writing /Users/satishb3/Library/Application Support/MobileSync/Backup
/6c1b7aca59e2eba6f4635cfe7c4b2de1bd812898_extract/HomeDomain/Library/
Preferences/com.apple.springboard.plist
```

다음 명령을 사용해 키체인을 복호화할 수 있다.

```
python keychain_tool.py -d "/Users/satishb3/Library/Application Support/
MobileSync/Backup/6c1b7aca59e2eba6f4635cfe7c4b2de1bd812898_ex tract/
KeychainDomain/keychain-backup.plist" "/Users/satishb3/Library/Application
Support/MobileSync/Backup/6c1b7aca59e2eba6f4635cfe7c4b2de1bd812898_ex
tract/Manifest.plist"
```

이 스크립트는 백업 디렉토리 내에 6c1b7aca59e2eba6f4635cfe7c4b2de1
bd812898_extract 폴더를 생성하여 백업 파일들을 원래 파일 이름으로 복구하여
이 폴더에 추출한다. 추출된 백업 파일은 다음 스크린샷에 나와 있는 것처럼 몇 가
지 도메인 디렉토리에 저장된다. 이제 여러분은 백업 파일의 구성요소들을 완전히
조사할 수 있으며 여기에 대해서는 5장에서 자세히 다룬다. 명령행에 사용된 디렉
토리 이름은 각 장비마다 다를 수 있기 때문에 주의해야 한다.

Name	Date Modified	Size	Kind
▶ AppDomain-co.LaunchKey.LaunchKey	15-Jan-2014 10:05 PM	--	Folder
▶ AppDomain-com.apple.weather	15-Jan-2014 10:05 PM	--	Folder
▶ AppDomain-com.apple.WebViewService	15-Jan-2014 10:05 PM	--	Folder
▶ AppDomain-com.e...loud.photovaultpro	15-Jan-2014 10:05 PM	--	Folder
▶ AppDomain-com.google.PlayMusic	15-Jan-2014 10:05 PM	--	Folder
▶ AppDomain-com.google.Wallet	15-Jan-2014 10:05 PM	--	Folder
▶ AppDomain-com.HackTest	15-Jan-2014 10:05 PM	--	Folder
▶ AppDomain-com.innerfour.photovault	15-Jan-2014 10:05 PM	--	Folder
▶ AppDomain-com.jadedpixel.shopify	15-Jan-2014 10:05 PM	--	Folder
▶ AppDomain-com.krvw.iGoat	15-Jan-2014 10:05 PM	--	Folder
▶ AppDomain-com.mywickr.wickr	Today 7:46 PM	--	Folder
▶ AppDomain-com.quickoffice.egab	15-Jan-2014 10:05 PM	--	Folder
▶ AppDomain-com.securitylearn.CardInfo	15-Jan-2014 10:05 PM	--	Folder
▶ AppDomain-com.yahoo.Aerogram	15-Jan-2014 10:05 PM	--	Folder
▶ AppDomain-com.yahoo.frontpage	15-Jan-2014 10:05 PM	--	Folder
▶ AppDomain-com.yahoo.messenger	15-Jan-2014 10:05 PM	--	Folder
▶ AppDomain-com.yahoo.weather	15-Jan-2014 10:05 PM	--	Folder
▶ AppDomain-mega.ios	Today 7:46 PM	--	Folder
▶ AppDomain-org.wordpress	15-Jan-2014 10:05 PM	--	Folder
▶ AppDomain-SynAck.shitiBank	15-Jan-2014 10:05 PM	--	Folder
▶ CameraRollDomain	15-Jan-2014 10:05 PM	--	Folder
▶ DatabaseDomain	15-Jan-2014 10:05 PM	--	Folder
▶ HomeDomain	15-Jan-2014 10:05 PM	--	Folder
▶ KeychainDomain	15-Jan-2014 10:05 PM	--	Folder
▶ ManagedPreferencesDomain	15-Jan-2014 10:05 PM	--	Folder
Manifest.plist	Today 7:46 PM	9 KB	Property List
▶ MediaDomain	15-Jan-2014 10:05 PM	--	Folder
▶ MobileDeviceDomain	15-Jan-2014 10:05 PM	--	Folder
▶ RootDomain	15-Jan-2014 10:05 PM	--	Folder
▶ SystemPreferencesDomain	15-Jan-2014 10:05 PM	--	Folder
▶ WirelessDomain	15-Jan-2014 10:05 PM	--	Folder

▲ 추출된 아이폰 백업 파일

키체인 복호화

암호화되지 않은 백업에서는 키체인을 제외한 모든 백업 파일들은 암호화되지 않
는다. 키체인 파일 콘텐츠는 백업 키백의 클래스 키 집합으로 암호화되어 있다. 백
업 키백 자체는 아이폰 하드웨어 키(UID 키)로부터 파생된 키(0x835)로 보호된다.

따라서 키체인을 복호화하기 위해서는 3장에서 설명한 demo_bruteforce.py를 사용해 키 0x835를 장비로부터 추출해야 한다.

아이폰 데이터 보호 도구Data Protection tool 또한 백업의 키체인 파일을 복호화할 수 있는 파이썬 스크립트를 포함하고 있다. 키체인을 복호화하기 위해서 다음 명령어를 터미널 창에서 실행하고 장비 키인 0x835를 입력한다.

```
$sudo python keychain_tool.py -d "/Users/satishb3/Library/Application
Support/MobileSync/Backup/6c1b7aca59e2eba6f4635cfe7c4b2de1bd812898_
extract/KeychainDomain/keychain-backup.plist" "/Users/satishb3/Library/
Application Support/MobileSync/Backup/6c1b7aca59e2eba6f4635cfe7c4b2de1
bd812898_extract/Manifest.plist"
This backup is not encrypted, without key 835 nothing in the keychain can
be decrypted
If you have key835 for device 6c1b7aca59e2eba6f4635cfe7c4b2de1bd812898
enter it (in hex)
33403aec43adea127459485bf5969502
```

이 스크립트는 일반 패스워드, 인터넷 패스워드, 인증서, 비밀키를 키체인에서 추출하여 다음 스크린샷과 같이 표로 출력한다.

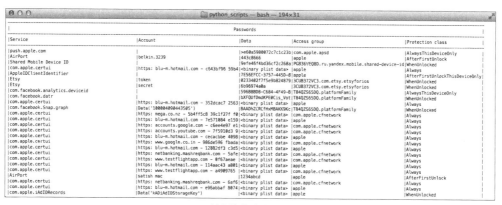

▲ 복호화된 키체인

암호화된 백업

아이튠즈는 백업을 패스워드로 암호화하는 옵션을 제공한다. 포렌식 조사관은 증거를 보존하기 위해서 암호화된 백업을 생성할 수 있다. 이 방법에서 사용된 패스워드를 문서화하는 것은 필수다.

암호화된 백업을 생성하기 위해 다음 과정을 따른다.

1. USB 케이블을 사용해 아이폰을 포렌식 워크스테이션에 연결한다.

2. 포렌식 워크스테이션에서 아이튠즈를 실행한다.

3. 아이튠즈 인터페이스 오른쪽 상단에 나타난 아이폰 아이콘을 클릭한다. 아이폰 요약 페이지가 표시될 것이다.

4. 아이폰 요약 페이지에서 **이 컴퓨터**(This computer) 체크박스를 선택하고 Encrypt iPhone backup 옵션을 선택한다. 이 옵션을 선택하면 패스워드를 묻는 창이 다음 스크린샷과 같이 나온다.

5. 패스워드를 설정하고 Back Up Now 버튼을 클릭한다. 암호화된 백업 파일이 생성된다.

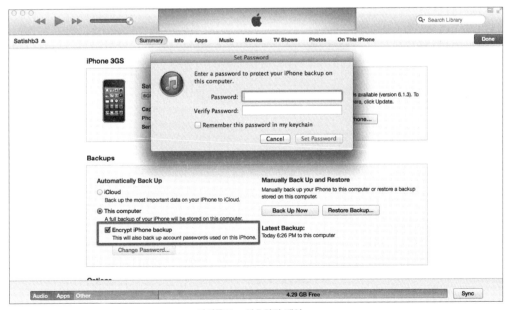

▲ 아이튠즈 – 암호화된 백업

백업이 패스워드로 보호되어 있으면 장비에 패스워드가 설정되고 키체인 파일에 저장된다. 또한, 장비가 아이튠즈에 연결될 때마다 아이튠즈가 자신의 컴퓨터에 설치된 것인지 다른 컴퓨터의 것인지 관계없이 자동으로 Encrypt iPhone Backup 옵션이 선택된다. 따라서 용의자의 아이폰에 접근할 수 있더라도 백업 패스워드를 알지 못하면 암호화되지 않은 백업을 생성할 수 없다.

암호화된 백업 추출

암호화된 백업 내의 백업 파일들은 고유 키와 null IV(초기화 벡터)를 사용한 CBC 모드의 AES256 알고리즘으로 암호화되어 있다. 고유 파일 키는 백업 키백의 클래스 키 집합으로 보호된다. 백업 키백의 클래스 키는 아이튠즈의 패스워드 집합에서 추출된 키로 PBKDF2Password-Based Key Derivation Function 2의 10,000번 반복을 통해 보호된다. 패스워드를 알고 있을 경우 오픈소스와 상용 도구 모두 암호화된 백업 파일 파싱을 지원한다. 패스워드를 묻지 않는 일부 도구들은 포렌식 조사에서 사용할 수 없다. 아이폰 데이터 보호 도구는 패스워드를 알고 있을 경우 암호화된 백업에서 데이터를 추출해 낼 수 있다.

아이폰 데이터 보호 도구

아이폰 데이터 보호 도구는 백업 패스워드를 알고 있을 경우 백업을 복호화하는 파이썬 스크립트를 가지고 있다. 암호화된 백업에서 데이터를 복호화하고 수집하기 위해서 다음 스크린샷과 같이 backup_tools.py 스크립트를 백업 디렉토리에서 실행하고 패스워드를 입력한다.

```
$cd iphone-dataprotection
$cd python_scripts
$sudo python backup_tool.py ~/Library/Application\
Support/MobileSync/Backup/6c1b7aca59e2eba6f4635cfe7c4b2de1bd812898/ Device
Name : Satishb3
Display Name : Satishb3
Last Backup Date : 2014-01-15 16:34:13
IMEI : 012856001945212
Serial Number : 85137505EDG
Product Type : iPhone2,1
Product Version : 6.1
```

```
iTunes Version : 11.1.3
Extract backup to /Users/satishb3/Library/Application
Support/MobileSync/Backup/6c1b7aca59e2eba6f4635cfe7c4b2de1bd812898_
extract ? (y/n)
```

문자 y를 입력하고 엔터를 누른다. 스트립트는 현재 처리 중인 파일에 대한 몇 가지 메시지를 다음과 같이 표시한다.

```
Backup is encrypted
Enter backup password:
12345
Writing /Users/satishb3/Library/Application Support/MobileSync/Backup
/6c1b7aca59e2eba6f4635cfe7c4b2de1bd812898_extract/HomeDomain/Library/
Preferences/com.apple.voiceservices.plist
Writing /Users/satishb3/Library/Application Support/MobileSync/Backup/6
c1b7aca59e2eba6f4635cfe7c4b2de1bd812898_extract/CameraRollDomain/Media/
DCIM/100APPLE/IMG_0038.JPG
Writing /Users/satishb3/Library/Application Support/MobileSync/Backup/6c
1b7aca59e2eba6f4635cfe7c4b2de1bd812898_ex tract/SystemPreferencesDomain/
SystemConfiguration/preferences.plist
[...]
Writing /Users/satishb3/Library/Application Support/MobileSync/Backup
/6c1b7aca59e2eba6f4635cfe7c4b2de1bd812898_extract/HomeDomain/Library/
Preferences/com.apple.springboard.plist
You can decrypt the keychain using the following command:
python keychain_tool.py -d "/Users/satishb3/Library/Application Support/
MobileSync/Backup/6c1b7aca59e2eba6f4635cfe7c4b2de1bd812898_ex tract/
KeychainDomain/keychain-backup.plist" "/Users/satishb3/Library/Application
Support/MobileSync/Backup/6c1b7aca59e2eba6f4635cfe7c4b2de1bd812898_
extract/Manifest.plist"
```

스크립트는 백업 디렉토리에 6c1b7aca59e2eba6f4635cfe7c4b2de1bd812898_
extract 폴더를 생성하고 몇 가지 도메인 디렉토리에 원본 파일 이름을 복구해서 복호화하고 추출한다.

키체인

암호화된 백업 파일은 명령행과 GUI 도구에서 브루트포스 공격으로 깨질 수 있다. 암호화된 백업에서 ThisDeviceOnly 데이터 보호 클래스로 보호된 키체인keychain 아이템은 키 0x835로 보호된다. 모든 다른 키체인 아이템은 아이튠즈의 패스워드 집합으로 보호되는 클래스 키의 집합을 사용해 암호화된다. ThisDeviceOnly로 보호된 아이템을 추출하고 싶다면 3장에서 설명한 demo_bruteforce.py 기법을 사용해 장비로부터 0x835 키를 추출해야 한다.

아이폰 데이터 보호 도구는 암호화된 백업에서 키체인 파일을 복호화하는 파이썬 스크립트를 가지고 있다. 키체인을 복호화하기 위해서는 터미널 창에서 다음 명령을 실행하고 백업 패스워드를 입력한다. 이 스크립트는 키 0x835를 입력하는 것을 요구한다. 키 0x835를 가지고 있지 않는 경우에는 엔터를 누른다.

```
$sudo python keychain_tool.py -d "/Users/satishb3/Library/Application
Support/MobileSync/Backup/6c1b7aca59e2eba6f4635cfe7c4b2de1bd812898_
extract/KeychainDomain/keychain-backup.plist" "/Users/satishb3/Library/
Application Support/MobileSync/Backup/6c1b7aca59e2eba6f4635cfe7c4b2de1
bd812898_extract/Manifest.plist"
```

작업이 완료되면 스크립트는 일반 패스워드, 인터넷 패스워드, 인증서, 비밀키를 키체인에서 추출하여 표 형태로 출력한다.

아이폰 패스워드 브레이커

아이폰 패스워드 브레이커iPhone Password Breaker는 엘콤소프트Elcomsoft에서 개발한 GPU로 가속되는 상용 도구로 윈도우 플랫폼에서 동작한다. 이 도구는 백업 패스워드를 알지 못할 때도 암호화된 백업 파일을 복호화할 수 있다. 이 도구는 백업 패스워드를 알지 못할 때 암호화된 백업에 대해 패스워드 브루트포스 공격을 수행하는 옵션을 제공한다. 아이폰 패스워드 브레이커는 암호화된 백업 파일을 보호하는 평문 패스워드를 딕셔너리와 브루트포스 공격을 사용해 복구하는 것을 시도한다. 패스워드는 상대적으로 짧고 단순하기 때문에 적절한 시간 내에 복구할 수 있다. 하지만 백업이 강력하고 복잡한 비밀번호로 보호되고 있으면 복구 시간이 영원히 지속될 수 있다.

백업 패스워드에 브루트포스 공격을 하기 위해서 다음 과정을 수행한다.

1. 아이폰 패스워드 브레이커 도구를 실행하면 첫 화면이 나타날 것이다.

2. File > Open > Backup으로 이동한다. 다음 스크린샷과 같이 사용 가능한 장비 백업의 목록이 나타나며 암호화된 백업 옆에는 자물쇠 표시가 있다.

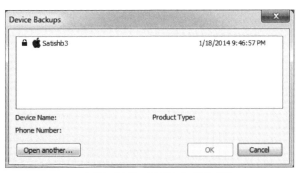

▲ 아이폰 패스워드 브레이커 – 백업 선택

3. Attack 섹션에서 브루트포스 패턴을 설정하고 Start 버튼을 눌러 브루트포스 공격을 시작한다. 브루트포스 공격이 성공되었다면 다음 스크린샷과 같이 패스워드가 보일 것이다.

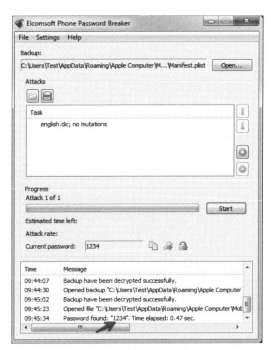

▲ 아이폰 패스워드 브레이커 – 패스워드 브루트포스

아이클라우드 백업

아이클라우드iCloud는 애플이 2001년 10월 개시한 클라우드 저장소와 클라우드 컴퓨팅 서비스다. 이 서비스는 중앙집중형 아이클라우드 계정을 사용해서 사용자가 캘린더, 주소록, 미리알림, 사진, 문서, 북마크, 애플리케이션, 노트 등을 복수의 호환 가능 장비(iOS 5와 그 이후 버전을 사용하는 iOS장비, 맥 OS X 10.7.2와 이후 버전, 마이크로소프트 윈도우를 사용하는 컴퓨터)에 동기화를 할 수 있게 한다. 이 서비스는 또한 자동으로 iOS 장비를 아이클라우드에 무선으로 백업할 수 있게 한다. 아이클라우드는 또한 나의 아이폰 찾기(분실된 폰을 추적하고 원격으로 삭제, 나의 친구 찾기) 친구와 위치를 공유해 장비가 특정 위치에 도달하면 사용자에게 알림 등의 다른 서비스도 제공한다.

아이클라우드에 가입하는 것은 무료이며 애플 ID로 간편하게 할 수 있다. 아이클라우드에 가입할 때 애플은 5GB의 무료 원격 저장소를 제공한다. 더 많은 공간이 필요하다면 업그레이드 플랜을 구입할 수 있다. 데이터를 안전하게 유지하기 위해 애플은 아이클라우드에 사용한 애플 ID를 만들 때 강력한 패스워드를 요구한다. 패스워드는 최소 6자리이며 대문자와 소문자를 포함한다.

iOS 5와 그 이후 버전으로 구동되는 iOS 장비는 장비의 환경설정과 데이터를 아이클라우드에 백업할 수 있게 한다. 백업되는 데이터에는 사진, 비디오, 문서, 애플리케이션 데이터, 장비 환경설정, 메시지, 주소록, 캘린더, 이메일, 키체인 등이 포함된다. 다음 스크린샷과 같이 Settings > iCloud > Storage & Backup으로 이동해서 아이클라우드 백업을 켤 수 있다. 아이클라우드는 폰에 전원이 연결되었을 때, 잠겼을 때, 와이파이에 연결되었을 때 자동으로 데이터를 백업한다. 즉, 아이클라우드 백업은 장비에 저장된 정보의 실시간에 가까운 사본이라는 것을 의미한다.

▲ 아이폰에서 iCloud Backup 토글 버튼

장비를 아이튠즈에 연결시켜 아이클라우드 옵션을 선택하는 것을 통해 컴퓨터에서 아이클라우드 백업을 시작할 수 있다. 아이클라우드 백업은 증분적으로 초기 백업이 완료되면 그 이후 일어나는 백업은 장비에서 변화된 부분만 복사한다. 아이클라우드는 데이터가 인터넷으로 전송될 때 암호화하고 서버에 암호화된 형태로 저장하며, 인증을 위해 안전 토큰을 사용하여 데이터를 보호한다.

 아이클라우드는 표준 산업 관례를 따르기 위해 서버에 저장되는 이메일과 노트는 암호화하지 않는다.

애플의 내장 앱들(예를 들어, 이메일과 주소록)은 아이클라우드 서비스에 접근할 때 안전 토큰을 사용한다. 인증 시에 안전 토큰을 사용하여 아이클라우드 패스워드가 장비와 컴퓨터에 저장되지 않도록 한다.

아이클라우드 백업 추출

아이클라우드에 저장되는 온라인 백업은 원본 아이폰이 손상되었거나 유실되었을 때 사용된다. 아이클라우드에서 백업을 추출하기 위해서는 사용자의 애플 ID와 패스워드를 알아야 한다. 애플 ID와 패스워드를 알게 되면 www.icloud.com에 접속하여 주소록, 노트, 이메일, 캘린터, 사진, 미리알림 등에 접근할 수 있다. 아이클라우드에서 완전한 백업을 추출하기 위해서는 엘콤소프트의 아이폰 패스워드 브레이커를 사용할 수 있다. 아이클라우드가 가장 빠른 클라우드 저장소가 아니기 때문에 아이폰 패스워드 브레이커로 큰 백업 파일을 다운로드하는 데 몇 시간이 걸릴 수 있다. 조사의 속도를 높이기 위해 이 도구는 선택된 파일을 다운로드할 수 있는 옵션을 제공한다.

아이클라우드 백업을 추출하기 위해 다음의 과정을 따른다.

1. 아이폰 백업 브레이커를 실행한다.

2. File > Apple > Get Backup from iCloud로 이동한다. 다음 스크린샷과 같이 애플 ID로 로그인하는 것을 요구한다.

3. 애플 ID로 성공적으로 로그인되면 사용 가능한 장비 백업 목록을 다음 스크린 샷과 같이 보여준다.

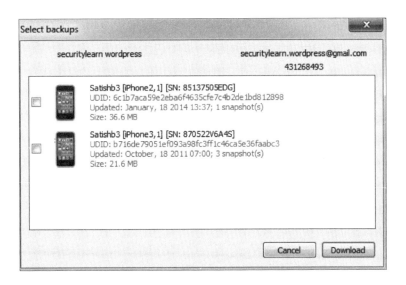

4. 필요한 백업을 선택하여 Download를 클릭한다. 추출될 파일이 몇 개의 도메인 디렉토리에 원본 파일 이름으로 복구되어 저장될 목적지 디렉토리를 묻는다. 이 도구는 또한 원본 파일 이름 복구 없이 백업을 다운로드하는 옵션을 제공하여 분석을 위해 서드파티 소프트웨어를 사용 가능하게 한다.

아이클라우드 백업에서 키체인 파일 콘텐츠는 백업 키백의 클래스 키 파일 집합으로 암호화 되어 있다. 백업 키백 자체는 아이폰 하드웨어 키(UID 키)에서 파생된 키(0x835)로 보호된다. 이전 절에서 설명된 기법들을 따라서 아이클라우드 백업에서도 키체인을 복호화할 수 있다.

정리

아이폰 백업은 아이폰에서 유일한 증거가 될 수 있는 필수 정보를 담고 있다. 아이폰 백업에 저장된 정보는 사진, 비디오, 주소록, 이메일, 통화 기록, 사용자 계정, 패스워드, 애플리케이션, 장비 환경설정 등을 포함한다. 이 장에서는 백업 파일을 생성하고 아이튠즈와 아이클라우드 백업으로부터 암호화된 백업 파일을 포함한 데이터를 추출하는 것을 다뤘다. 5장에서는 백업 파일에서 추출한 데이터를 어떻게 조사하는지를 살펴볼 것이다. 잠재적으로 증거로써의 가치가 있을 데이터가 위치하고 있는 곳에 대해 자세히 다룰 것이다.

5

iOS 데이터 분석과 복구

아이폰 포렌식의 핵심은 증거를 해석하기 위해 아이폰에서 얻은 데이터를 조사하고 분석하는 데 있다. 대부분의 iOS 기기에 있는 데이터는 암호화되어 있고 조사 이전에 데이터 파티션의 복호화를 필요로 한다. 이전 절에서 여러분은 아이폰으로부터 데이터를 얻는 다양한 기법을 배웠다. 물리적 수집 과정에서 얻은 미가공 디스크 이미지, 파일 시스템 덤프 또는 논리적/백업 파일은 수백 개의 파일을 포함한다. 이 장에서는 데이터가 어떻게 아이폰에 저장되어 있는지 이해하는 데 도움을 줄 것이며 가능한 많은 데이터를 복구할 수 있게 중요한 파일들을 설명해줄 것이다.

타임스탬프

데이터를 조사하기에 앞서, 아이폰이 사용한 여러 종류의 타임스탬프timestamp를 이해하는 것이 중요하다. 아이폰에서 사용된 타임스탬프는 유닉스 타임스탬프 혹은 맥 절대 시간 포맷으로 표현되어 있다. 조사관은 도구가 파일의 타임스탬프를 올바르게 변환하는지 확인해야 한다. 미가공 SQLite 파일에 접근해서 타임스탬프를 수동으로 검증할 수 있다.

유닉스 타임스탬프

유닉스 타임스탬프는 유닉스 epoch 시간인 1970년 1월 1일로부터의 시간차를 초로 나타낸 것이다. 유닉스 타임스탬프는 맥 워크스테이션의 date 명령어나 윈도우 워크스테이션에서 온라인 유닉스 epoch 변환기를 사용해서 쉽게 변환할 수 있다. date 명령어는 다음과 같다.

```
$date -r 1388538061
Wed Jan 1 06:31:01 IST 2014
```

맥 절대 시간

iOS 기기는 iOS 5에서 대부분의 데이터에 대해 맥 절대 시간Mac absolute time을 사용한다. 맥 절대 시간은 맥 epoch 시간인 2001년 1월 1일로부터의 시간차를 초로 나타낸 것이다. 유닉스 epoch 시간과 맥 epoch 시간의 차이는 정확히 978,307,200초다. 유닉스 epoch 시간을 맥 절대 시간으로 변환하기 위해서는 978,307,200초를 더해서 유닉스 타임스탬프로 계산하면 된다. 예를 들어, date 명령어를 사용해 맥 절대 시간을 아래와 같이 변환할 수 있다.

```
$date -r `echo '389894124 + 978307200'| bc`
Fri May 10 21:25:24 IST 2013
```

온라인 변환기는 iOS 장비를 위해 맥 epoch와 유닉스 타임스탬프를 변환하는 데 유용하다.

SQLite 데이터베이스

SQLite는 오픈소스 인-프로세스 라이브러리로 독립적이고, 제로 구성zero-configuration, 트랜잭셔널transactional SQL 데이터베이스 엔진을 구현한 것이다. SQLite는 여러 개의 테이블, 트리거, 뷰가 하나의 크로스 플랫폼 파일에 포함된 완전한 데이터베이스다. SQLite는 이동성이 있고, 안정적이며, 작기 때문에, 많은 모바일 플랫폼에서 데이터베이스 포맷으로 많이 사용되고 있다.

다른 스마트폰과 같이 애플 iOS 기기도 데이터 저장소에서 SQLite 데이터베이스를 많이 사용한다. 전화, 메시지, 메일, 캘린더, 노트와 같은 많은 내장 애플리케이션들은 SQLite 데이터베이스에 데이터를 저장한다. 이와 별개로 장비에 설치된 서드파티 애플리케이션들도 데이터 저장소를 위해 SQLite 데이터베이스를 활용한다.

SQLite 데이터베이스는 생성 시에 확장자를 가질 수도 있고 그렇지 않을 수도 있다. 데이터베이스는 일반적으로 .sqlitedb 또는 .db 파일 확장자를 가지지만 어떤 데이터베이스는 다른 확장자를 가질 수도 있다. SQLite 파일 내의 데이터는 실제 데이터를 포함하는 테이블로 나눠져 있다. 이 파일에 저장된 데이터에 접근하기 위해서는 해당 파일을 읽을 수 있는 도구를 사용해야 한다. 몇 가지 좋은 도구는 다음과 같다.

- **SQLite Browser**: https://github.com/sqlitebrowser/sqlitebrowser에서 다운로드할 수 있다.

- **SQLite command-line client**: http://www.sqlite.org/에서 다운로드할 수 있다.

- **SQLite Professional(https://www.sqlitepro.com/)**: 맥 OS X 사용자를 위해 한킨소프트 개발사Hankinsoft Development에서 개발한 무료 그래픽 유저 인터페이스(GUI)다. 맥의 앱스토어에서 다운로드할 수 있다.

- **SQLite Spy**: 윈도우에서 구동되는 무료 GUI 도구다. http://www.yunqa.de/delphi/doku.php/products/sqlitespy/index에서 다운로드할 수 있다.

맥 OS X는 기본으로 SQLite 명령행 유틸리티(sqlite3)를 제공한다. 명령행 유틸리티를 사용해서 개별 파일에 쉽게 접근할 수 있고 해당 데이터베이스에 대해 SQL 쿼리를 발생시킬 수 있다. 다음 절에서는 sqlite3 명령행 유틸리티를 사용해 다양한 SQLite 데이터베이스에서 데이터를 읽어볼 것이다. 데이터를 읽기 전에 익혀둬야 할 기본적인 명령어를 다음 절에서 소개한다.

데이터베이스에 연결

무료 도구를 사용해서 iOS SQLite 데이터베이스 파일을 수동으로 조사할 수 있다. 다음은 터미널에서 네이티브 맥 명령어를 사용해 데이터베이스를 조사하는 예를 보여준다. 장비 이미지가 읽기전용으로 마운트되어 증거의 원본이 변경되는 것을 방지한다. 명령행에서 SQLite 데이터베이스에 접속하기 위해서는 `sqlite3` 명령어를 데이터베이스 파일에 대해 실행시킨다. 그 결과 SQL 쿼리를 입력할 수 있는 프롬프트가 표시된다.

```
$sqlite3 filename.sqlitedb
SQLite version 3.7.12 2012-04-03 19:43:07
Enter ".help" for instructions
Enter SQL statements terminated with a ";"
sqlite>
```

접속을 끊기 위해서는 `.exit` 명령을 사용한다. 이 명령은 SQLite 클라이언트를 종료시키고 터미널 프롬프트로 복귀시킨다.

SQLite 특수 명령어

데이터베이스에 접속하면, 데이터베이스 파일에서 정보를 얻기 위한 닷 명령어 dot command로 알려진 몇 가지 내장된 `SQLite` 명령어를 사용할 수 있다. SQLite 프롬프트에서 `.help` 명령어를 사용해 스페셜 명령어의 목록을 볼 수 있다. 이들은 `SQLite` 특수 명령어로 명령어의 끝에 세미콜론을 요구하지 않는다. 가장 일반적으로 사용되는 닷 명령어는 다음과 같다.

- `.tables`: 데이터베이스 내의 모든 테이블 목록을 보여준다. 다음 예제는 sms. db 데이터베이스에서 발견된 테이블의 목록을 표시한다.

```
sqlite> .tables
_SqliteDatabaseProperties   chat_message_join
attachment                  handle
chat                        message
chat_handle_join            message_attachment_join
```

- .schema table-name: 해당 테이블을 생성하는 데 사용된 SQL CREATE 구문을 표시한다. 다음 예제는 sms.db 데이터베이스에서 발견된 handle 테이블의 스키마를 표시한다.

```
sqlite> .schema handle
CREATE TABLE handle ( ROWID INTEGER PRIMARY KEY
AUTOINCREMENT UNIQUE, id TEXT NOT NULL, country TEXT,
service TEXT NOT NULL, uncanonicalized_id TEXT, UNIQUE
(id,service) );
```

- .dump table-name: 테이블의 전체 콘텐츠를 SQL 구문으로 덤프한다. 다음 예제는 sms.db 데이터베이스에서 발견된 handle 테이블의 덤프를 표시한다.

```
sqlite> .dump handle
PRAGMA foreign_keys=OFF;
BEGIN TRANSACTION;
CREATE TABLE handle ( ROWID INTEGER PRIMARY KEY
AUTOINCREMENT UNIQUE, id TEXT NOT NULL, country TEXT,
service TEXT NOT NULL, uncanonicalized_id TEXT, UNIQUE
(id,service) );
INSERT INTO "handle"
VALUES(7,'9951512182','in','SMS','9908923323');
COMMIT;
```

- .output file-name: 출력 값을 화면에 표시하는 대신 디스크의 파일로 리다이렉트한다.

- .headers on: SELECT 구문이 요청된 경우 컬럼명을 표시한다.

- .help: 사용 가능한 SQLite 닷 명령어의 목록을 표시한다.

- .exit: 데이터베이스로부터 접속을 종료하고 SQLite 명령 셸을 종료한다.

- .mode MODE: 출력 모드를 설정하는 명령으로 MODE는 csv, HTML, tabs 등이 될 수 있다.

 SQLite 명령과 닷 명령어 사이에는 공백이 없고 그렇지 않을 경우 전체 명령이 무시됨을 주의해야 한다.

표준 SQL 쿼리

SQLite 닷 명령어뿐만 아니라 SELECT, INSERT, ALTER, DELETE 등의 표준 SQL 쿼리들도 명령행에서 실행할 수 있다. SQLite 닷 명령어와 달리 표준 SQL 쿼리는 명령어의 끝에 세미콜론을 요구한다.

여러분이 조사할 대부분의 데이터베이스는 적정한 개수의 레코드를 가질 것이기 때문에 테이블에 포함된 모든 데이터를 출력하는 SELECT 구문을 사용해도 된다. 다음 예제는 sms.db 데이터베이스에서 발견된 handle 테이블 내의 값을 출력한다.

```
sqlite> select * from handle limit 1;
7|9951512182|in|SMS|9908923323
```

중요한 데이터베이스 파일

3장과 4장에서 데이터 수집에서 소개한 기법으로 추출한 미가공 디스크 이미지, 파일 시스템 덤프는 조사에 중요할 수 있는 다음의 SQLite 데이터베이스를 포함한다. 다음 절에서 소개할 파일들은 iOS 6 기기에서 추출되었다. 애플이 새로운 iOS를 출시할 때마다 내장 애플리케이션에 새로운 기능을 추가하기 때문에 파일의 포맷은 iOS 버전마다 다를 수 있다. 따라서 여러분의 iOS 버전에 맞게 쿼리를 약간 수정해야 할 수도 있다. 중요한 데이터베이스 파일에 대한 더 많은 정보는 http://www.zdziarski.com/blog/wp-content/uploads/2013/05/iOS-Forensic-Investigative-Methods.pdf에서 볼 수 있다.

주소록 연락처

주소록은 소유자의 개인 연락처에 대한 많은 정보를 담고 있다. 서드파티 애플리케이션에서 생성한 데이터를 포함하여, 주소록은 장비에 저장된 모든 연락처를 포함한다. 주소록 데이터베이스는 HomeDomain 파일로 private/var/mobile/Library/AddressBook/AddressBook.sqlitedb에서 찾을 수 있다.

AddressBook.sqlitedb는 여러 테이블을 포함하는데 그 중 세 개를 눈여겨봐야 한다.

- ABPerson: 이름, 조직, 노트 등 각 연락처의 정보를 담고 있다.

- ABMultiValue: 전화번호, 이메일 주소, 웹사이트 URL 등 ABPerson 테이블의 엔트리에 대한 정보를 담고 있다. ABMultiValue 테이블을 record-id 파일을 사용해서 연락처 정보와 ABPerson 테이블의 rowid 사이의 관계를 맺는다.

- ABMultiValueLabel: ABMultiValue 테이블에 저장된 정보의 종류를 나타내는 레이블을 포함한다.

AddressBook.sqlitedb 파일 내에 저장된 데이터 중 일부는 서드파티 애플리케이션이 생성한 것일 수 있다. 조사관은 애플리케이션 폴더를 따로 조사하여 모든 연락처가 다뤄지고 조사되었는지 확인해야 한다.

다음 명령어를 사용해 주소록을 AddressBook.csv라는 CSV 파일로 덤프할 수 있다.

```
$sqlite3 AddressBook.sqlitedb
SQLite version 3.7.12 2012-04-03 19:43:07
Enter ".help" for instructions
Enter SQL statements terminated with a ";"
sqlite>.mode csv
sqlite>.output AddressBook.csv
sqlite>.headers on
sqlite> SELECT
        p.rowid, p.first, p.middle, p.last,
        datetime(p.creationDate+978307200,'unixepoch') as
        creationdate,
        case when m.label in
            (SELECT rowid from ABMultiValueLabel)
        then
            (SELECT value from ABMultiValueLabel where
m.label=rowid)
        else
            m.label end as Type,
        m.value, p.organization, p.department,
        p.note, p.birthday, p.nickname, p.jobtitle,
        datetime(p.modificationDate + 978307200, 'unixepoch') as
        modificationdate
```

```
        FROM ABPerson p,ABMultiValue m
        WHERE p.rowid=m.record_id and m.value not null
        ORDER by p.rowid ASC;
sqlite>.exit
```

앞의 쿼리는 세 개의 테이블을 교차 참조하여 데이터베이스에 저장된 연락처 정보를 읽어온다. 쿼리는 또한 SQlite의 `datetime` 함수를 사용해 맥 절대 시간을 사용자가 읽을 수 있는 형태로 변환한다.

주소록 이미지

주소록의 데이터와 함께 각 연락처는 연관된 이미지를 포함할 수 있다. 이 이미지는 해당 연락처로부터 전화가 왔을 때 화면에 표시된다. 주소록 이미지 데이터베이스는 HomeDomain 파일로 /private/var/mobile/Library/ AddressBook/ AddressBookImages.sqlitedb에서 찾을 수 있다.

AddressBookImages.sqlitedb 파일의 ABFullSizeImage 테이블은 이미지를 바이너리 데이터로 가지고 있다. 이미지를 추출하기 위해서 다음 스크린샷과 같이 SQLite의 `.output`과 `.dump` 명령어를 사용해 텍스트 파일을 생성하고 이 파일에 데이터베이스를 SQL 텍스트 포맷으로 덤프한다.

```
$sqlite3 AddressBookImages.sqlitedb
SQLite version 3.7.12 2012-04-03 19:43:07
Enter ".help" for instructions
Enter SQL statements terminated with a ";"
sqlite> .output AddressBookImages.txt
sqlite> .dump ABFullSizeImage
sqlite> .exit
```

텍스트 파일은 이미지 데이터를 16진수로 인코딩된 포맷으로 포함한다. 이 출력값을 바이너리 데이터로 되돌려 이미지로 저장하려면 다음 명령행처럼 AddressBookImageGrabber.py 파이썬 스크립트를 덤프 파일에 대해 실행한다. 파이썬 스크립트 소스 코드는 이 책의 코드 번들에서 찾을 수 있다.

```
$Python AddressBookImageGrabber.py AddressBookImages.txt
Writing ./AddressBookImages-Output/397.jpeg
Writing ./AddressBookImages-Output/129.jpeg
Writing ./AddressBookImages-Output/73.jpeg
Writing ./AddressBookImages-Output/508.jpeg
[...]
Writing ./AddressBookImages-Output/456.jpeg
Writing ./AddressBookImages-Output/141.jpeg
Total 93 images are extracted
```

 예제 코드 다운로드

http://www.PactPub.com에서 구매한 모든 팩트 책의 예제 코드 파일을 다운로드할 수 있다. 책을 다른 곳에서 구매했다면 http://www.PactPub.com/support를 방문해서 직접 보내진 이메일에 있는 파일을 가지고 등록하면 된다. 에이콘출판사 도서정보 페이지 (http://www.acornpub.co.kr/book/mobile-forensics)에서도 다운로드할 수 있다.

스크립트는 AddressBookImages-Output이라는 디렉토리를 생성하여 추출한 JPEG 이미지를 그곳에 저장한다. 이미지는 일반적인 이미지 뷰어를 사용해볼 수 있다.

각 이미지의 파일 이름은 레코드 식별자로 AddressBook.sqlite 데이터베이스와 연계되어 있기 때문에 각 이미지를 연락처와 연결시킬 수 있다.

 파이썬 스크립트를 실행할 때 파이썬 2.7을 사용하고 있는지 확인해야 한다.

통화 기록

사용자가 걸거나 받지 못한, 수신한 전화와 페이스타임 통화는 통화 시간, 날짜/시각 등 여러 메타데이터와 함께 통화 내역에 기록된다. 이 기록은 조사 대상이 될 수 있다. 통화 내역은 WirelessDomain 파일로 /private/var/wireless/Library/CallHistory/call_ history.db에서 찾을 수 있다. 데이터베이스는 활성 메시지로 최대 100개의 통화를 담고 있다. 걸고 받은 전화와 부재중 전화 중 최근 100개는 데이터베이스에 저장되며 그 이전의 기록은 삭제된다. 하지만, 이 데이터는 SQLite free page에 남아 있기 때문에 수동 핵사값 조사를 통해 복구될 수 있다.

call_history.db 파일의 Call 테이블은 통화 기록을 담고 있다. Call 테이블의 각 레코드는 원격지의 전화번호, 전화가 걸린 시간의 유닉스 타임스탬프, 초로 표현한 통화 시간, 사용자가 건 통화(플래그 5), 걸려온 통화(플래그 4), 차단한 통화(플래그 8), 페이스타임 통화(플래그 16)를 나타내는 상태 플래그, 주소록 연락처와 연계된 식별자(알 수 없는 연락처는 -1), MCCMobile County Code, MNCMobile Network Code를 나타낸다. MCC/MNC 코드의 목록은 http://en.wikipedia.org/wiki/Mobile_country_code에서 찾을 수 있다. 페이스타임 상태 플래그는 통화를 시작할 때 사용한 방법에 따라 다르다. 예를 들어, 데이터 요금제와 와이파이 통화는 다른 플래그를 사용한다. 상태 플래그가 2로 시작된다면 와이파이로 시작한 통화일 가능성이 높다. 플래그가 1로 시작된다면 앞에서 정의한대로 장비의 데이터 요금제로 초기화된 페이스타임 통화임을 나타낸다. 페이스타임 통화에 대한 다양한 상태 플래그가 있으며 iOS 장비에 따라 다르다.

다음 명령어를 실행시켜 통과 기록을 callhistory.csv라는 CSV 파일로 덤프할 수 있다.

```
$sqlite3 call_history.db
SQLite version 3.7.12 2012-04-03 19:43:07
Enter ".help" for instructions
Enter SQL statements terminated with a ";"
sqlite>.mode csv
sqlite>.output callhistory.csv
sqlite>.headers on
sqlite> SELECT
        rowid, address,
        datetime(date,'unixepoch','localtime') as date,
        duration || " sec" as duration,
        case flags
            when 4 then "Incoming"
            when 5 then "Outgoing"
```

```
                when 8 then "Blocked"
                when 16 then "Facetime"
                else "Dropped"
            end as flags,
            id, country_code, network_code
        FROM call
        ORDER BY rowid ASC;
sqlite>.exit
```

SMS 메시지

단문 메시지 서비스(SMS) 데이터베이스는 장비에서 송수신된 텍스트와 멀티미디어 메시지가 원격지의 전화번호, 날짜와 시간, 기타 통신사 정보를 포함한다. iOS 5부터 iMessage 데이터도 SMS 데이터베이스에 저장된다. iMessage는 사용자가 SMS와 MMS 메시지를 이동통신이나 와이파이 네트워크를 통해 다른 iOS나 OS X 사용자에게 전송할 수 있게 함으로써 SMS의 대체제를 제공한다. SMS 데이터베이스는 HomeDomain 파일로 /private/var/mobile/Library/SMS/sms.db에서 찾을 수 있다.

다음 명령을 실행시켜 SMS 데이터베이스를 sms.csv라는 CSV 파일로 덤프할 수 있다.

```
$sqlite3 sms.db
SQLite version 3.7.12 2012-04-03 19:43:07
Enter ".help" for instructions
Enter SQL statements terminated with a ";"
sqlite>.mode csv
sqlite>.output sms.csv
sqlite>.headers on
sqlite> SELECT
        m.rowid as rowid,
        datetime(date + 978307200, 'unixepoch') as date,
        h.id as "phone number", m.service as service,
        case is_from_me
            when 0 then "Received"
            when 1 then "Sent"
```

```
                else "Unknown"
            end as type,
        case
            when date_read > 0
                then datetime(date_read+978307200,'unixepoch')
            when date_delivered > 0
                then datetime(date_delivered+978307200,'unixepoch')
            else NULL
        end as "Date Read/Sent", text
    FROM message m, handle h
    WHERE h.rowid = m.handle_id
    ORDER BY m.rowid ASC;
sqlite>.exit
```

SMS 스포트라이트 캐시

스포트라이트Spotlight는 장비 전체 범위의 검색 기능으로 사용자가 장비에 설치된 모든 애플리케이션에 대해 검색을 할 수 있게 한다. SMS 데이터는 빠른 검색을 위해 인덱싱되어 데이터베이스에 저장되어 있다. SMS 스포트라이트 캐시 데이터 베이스는 HomeDomain 파일로 /private/var/mobile/Library/Spotlight/com. apple.MobileSMS/SMSSeaerchIndex.sqlite에서 찾을 수 있다. 이 파일은 활성 화된 SMS 메시지와 삭제된 메시지를 모두 포함한다. 다음 스크린샷은 SQLite 브라우저에서 본 SMS 스포트라이트 캐시 데이터베이스 예제다. 이곳은 SMS 데이터 베이스 파일에 더 이상 남아 있지 않은 SMS 메시지를 복구할 수 있는 아주 좋은 장소다. SMS 스포트라이트 캐시 파일 이름은 iOS 장비 버전에 따라 다를 수 있다는 점에 유의하자.

ZSPRECORD (61)	IRL▲	ZCONTENT	ZEXTID
ZSPTOPHIT (0)		Attachment 1 Image	message_guid=AAB17F24-7BE7-47B0-A60A-44B580182FCF
Z_METADATA (1)		Lower unit gone	message_guid=174142BB-7784-4EF5-A6DC-1254E4FA3AE4
Z_PRIMARYKEY (2)		What is the problem	message_guid=C2135048-6332-4CB6-AFEB-99A17E780B87
		Cruisin at 7 knots	message_guid=76351522-9509-4CD2-9C12-9613CF185A6A

▲ SMS 스포트라이트 캐시 파일

SMS Spotlight 캐시 데이터베이스를 smsspotlightcache.csv라는 CSV 파일로
덤프하기 위해서 다음 명령을 실행한다.

```
$sqlite3 smssearchindex.sqlite
SQLite version 3.7.12 2012-04-03 19:43:07
Enter ".help" for instructions
Enter SQL statements terminated with a ";"
sqlite>.mode csv
sqlite>.output smsspotlightcache.csv
sqlite>.headers on
sqlite> SELECT * FROM Content;
sqlite>.exit
```

캘린더 이벤트

캘린더 이벤트는 사용자가 수동으로 생성하거나 메일 애플리케이션이나 다른 서
드파티 애플리케이션을 통해 동기화된 것으로 캘린더 데이터베이스에 저장되
어 있다. 캘린더 데이터베이스는 HomeDomain 파일로 /private/var/mobile/
Library/Calendar/Calendar.sqlitedb에서 찾을 수 있다.

Calendar.sqlitedb 파일 내의 CalenderItem 테이블은 캘린더 이벤트 요약, 설명,
시작 날짜, 종료 날짜 등을 담고 있다. 캘린더 데이터베이스를 caldendar.csv라는
CSV 파일로 덤프하기 위해서 다음 명령어를 실행한다. 미리 알림과 할 일은 보통
Calendar.sqlitedb 파일에 저장됨을 유의하자. 이 파일들은 이벤트에 따라 시작
또는 종료 날짜를 포함하지 않을 수 있다.

```
$ sqlite3 Calendar.sqlitedb
SQLite version 3.7.12 2012-04-03 19:43:07
Enter ".help" for instructions
Enter SQL statements terminated with a ";"
sqlite>.mode csv
sqlite>.output calendar.csv
sqlite>.headers on
sqlite> SELECT
        rowid,summary,description,
        datetime(start_date + 978307200,'unixepoch') as
        start_date,
```

```
              datetime (end_date + 978307200,'unixepoch') as
end_date
         FROM CalendarItem;
sqlite>.exit
```

이메일 데이터베이스

기기의 모든 이메일 또는 메일 애플리케이션은 SQLite 데이터베이스 파일에 저장된다. 이 데이터베이스는 HomeDomain 파일로 /private/var/mobile/Library/Mail/Protected Index에서 찾을 수 있다. 이 데이터베이스 파일은 확장자를 가지고 있지 않고 로컬에 저장된, 송신된, 삭제된 메시지를 가지고 있다.

메일 데이터베이스에 저장된 이메일을 수집하기 위해서 다음 명령을 실행한다.

```
$ sqlite3 Protected\ Index
SQLite version 3.7.12 2012-04-03 19:43:07
Enter ".help" for instructions
Enter SQL statements terminated with a ";"
sqlite>.output Email.csv
sqlite>.headers on
sqlite> SELECT * FROM messages;
sqlite>.exit
```

메시지뿐만 아니라 이메일 첨부파일도 보통 Mail 디렉토리 내의 파일 시스템에 저장된다.

노트

노트 데이터베이스는 사용자가 장비의 내장 노트 애플리케이션을 사용해 생성한 노트들을 보관한다. 노트는 가장 단순한 애플리케이션으로 보통 가장 민감하고 기밀의 정보를 포함한다. 노트 데이터베이스는 HomeDomain 파일로 /private/var/mobile/Library/Notes/notes.sqlite에서 찾을 수 있다.

notes.sqlite 파일 내의 Znote와 Znotebody 테이블은 노트 제목, 내용, 생성 날짜, 수정 날짜 등을 담고 있다. 노트 데이터베이스를 notes.csv라는 CSV 파일로 덤프하기 위해 다음 명령을 실행한다.

```
$sqlite3 notes.sqlite
SQLite version 3.7.12 2012-04-03 19:43:07
Enter ".help" for instructions
Enter SQL statements terminated with a ";"
sqlite>.mode csv
sqlite>.output notes.csv
sqlite>.headers on
sqlite> SELECT
        datetime(zcreationdate+978307200,'unixepoch') as
        zcreationdate,
        datetime(zmodificationdate+978307200,'unixepoch') as
        zmodificationdate,
        ztitle, zsummary, zcontent
    FROM znote, znotebody
    WHERE znotebody.z_pk=znote.z_pk
    ORDER BY znote.z_pk ASC;
sqlite>.exit
```

사파리 북마크

애플 장비의 사파리Safari 브라우저는 사용자가 자주가는 웹사이트를 북마크할 수 있게 한다. 북마크 데이터베이스는 HomeDomain 파일로 /private/var/mobile/ Library/Safari/Bookmarks.db에서 찾을 수 있다.

데이터베이스에 저장된 북마크를 보기 위해서 다음 명령을 실행한다.

```
$sqlite3 bookmarks.db
SQLite version 3.7.12 2012-04-03 19:43:07
Enter ".help" for instructions
Enter SQL statements terminated with a ";"
sqlite>.headers on
sqlite> select title, url from bookmarks;
sqlite>.exit
```

사파리 웹 캐시

사파리 브라우저는 최근에 다운로드하거나 캐시된 데이터를 데이터베이스에 저장한다. 이 데이터베이스는 HomeDomain 파일로 /private/var/mobile/

Library/Caches/com.apple.mobilesafari/Cache.db에서 찾을 수 있다. 이 파일은 캐시된 URL들과 웹 서버의 응답을 타임스탬프와 함께 저장하고 있다.

웹 애플리케이션 캐시

이미지, HTML, 자바스크립트, 스타일시트 등과 같은 웹 애플리케이션이 캐시한 오프라인 데이터는 데이터베이스에 저장된다. 이 데이터베이스는 HomeDomain 파일로 /private/var/mobile/Library/Caches/com.apple.WebAppCache/ApplicationCache.db에서 찾을 수 있다.

웹킷 저장소

사파리는 /private/var/mobile/Library/WebKit/LocalStorage/ 디렉토리에 위치한 WebKitdatabase에 다양한 사이트의 정보를 저장한다. 이 디렉토리는 다음 스크린샷에 나온 것과 같이 각 사이트에 대한 고유 데이터베이스를 가지고 있다.

```
mbp-hmahalik:Webkit hmahalik$ cd /Users/
hmahalik/Desktop/Webkit/LocalStorage
mbp-hmahalik:LocalStorage hmahalik$ ls
StorageTracker.db
http_www.google.com_0.localstorage
http_m.youtube.com_0.localstorage
http_www.youtube.com_0.localstorage
http_www.bing.com_0.localstorage
https_m.facebook.com_0.localstorage
mbp-hmahalik:LocalStorage hmahalik$ ▮
```

▲ LocalStorage 폴더의 콘텐츠

사진 메타데이터

장비의 사진 앨범에 있는 사진의 메니페스트는 private/var/mobile/Media/PhotoData/Photos.sqlite에 위치한 데이터베이스에 저장된다. 사진 메타데이터 데이터베이스 파일은 CameraRollDomain에 속한다.

이 데이터베이스에 저장된 사진을 보려면 다음 명령을 실행한다.

```
$sqlite3 Photos.sqlite
SQLite version 3.7.12 2012-04-03 19:43:07
Enter ".help" for instructions
Enter SQL statements terminated with a ";"
sqlite>.mode csv
sqlite>.output photos.csv
sqlite>.headers on
sqlite> SELECT
            z_pk, ztitle,
            datetime(zdatecreated + 978307200,'unixepoch') as
            zdatecreated,
            datetime(zmodificationdate+ 978307200,'unixepoch') as
            zmodificationdate,
            zfilename, zdirectory, zwidth, zheight
            FROM zgenericasset
            ORDER BY z_pk ASC;
sqlite>.exit
```

통합된 GPS 캐시

기지국과 와이파이의 위치정보 기록은 /private/var/root/Caches/locationd/
에 위치한 두 가지 데이터베이스 중 하나에 저장된다. 이 데이터베이스들은
colsolidated.db나 cache_encryptedA.db다. 두 가지 데이터베이스 파일 모드
RootDomain에 속한다. iOS 버전에 따라 어떤 데이터베이스가 사용될지 결정된
다. 이 데이터베이스는 기기와 가까운 기지국의 위치 정보와 연결 가능한 와이파
이 네트워크 정보를 포함한다. 사용자의 동의 없이 위치 정보가 데이터베이스 파
일에 캐시되어 사용자를 특정 위치 근처와 연계시키는 데 사용된다.

이 예에서 consolidated.db 파일을 살펴볼 것이다. consolidated.db 파일 내
의 CompassCalibration 테이블은 타임스탬프와 함께 위치 정보를 담고 있다.
SQLite Professional로 파일을 열면 다음 스크린샷과 같이 데이터를 보여준다. 사
용자가 아이튠즈와 동기화할 때 cache_encryptedA.db 파일은 더 이상 백업되지
않는다는 것에 유의하자.

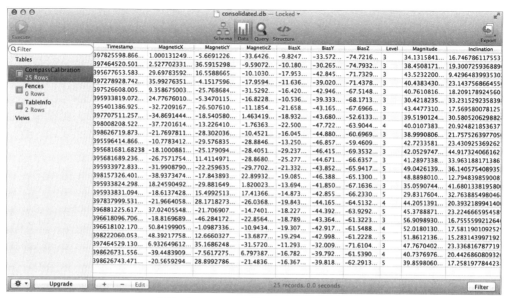

Timestamp	MagneticX	MagneticY	MagneticZ	BiasX	BiasY	BiasZ	Level	Magnitude	Inclination
397825598.866...	1.000131249...	-5.6691226...	-33.6426...	-9.8247...	-33.572...	-74.7216...	3	34.1315841...	16.746786117553
397464520.501...	2.527702331...	36.5915298...	-9.59072...	-10.180...	-30.265...	-74.7932...	3	38.4508171...	19.300725936889
395677653.583...	29.69783592...	16.5588665...	-10.1030...	-17.953...	-42.845...	-71.7329...	3	43.5232200...	9.4296483993530.
397278928.742...	35.99276351...	-4.1517596...	-17.9594...	-11.636...	-39.020...	-71.4378...	3	40.4383430...	23.143756866455
397526608.005...	9.358675003...	-25.768684...	-31.5292...	-16.420...	-42.946...	-67.5148...	3	40.7610816...	18.209178924560
395933819.072...	24.77676010...	-5.3470115...	-16.8228...	-10.536...	-39.333...	-68.1713...	3	30.4218235...	33.231529235839
395401386.925...	-32.7209167...	-26.507610...	-11.1854...	-21.658...	-43.165...	-67.6966...	3	43.4477310...	17.569580078125
397707511.257...	-34.8691444...	-18.540580...	1.463419...	-18.932...	-43.680...	-52.6133...	3	39.5190124...	30.580520629882
398008208.522...	-37.7201614...	-13.226410...	-1.76363...	-22.500...	-47.722...	-63.9044...	4	40.0107383...	20.924821853637
398626719.873...	-21.7697811...	-28.302036...	-10.4521...	-16.045...	-44.880...	-60.6969...	3	38.9990806...	21.757526397705(
395596414.866...	-10.7783412...	-29.576835...	-28.8846...	-13.250...	-46.857...	-59.4609...	3	42.7233581...	23.430925369262
395681681.68238	-18.1000881...	-25.179094...	-28.4051...	-29.237...	-46.415...	-69.3532...	3	42.0529747...	44.917324066162
395681689.236...	-26.7571754...	11.4114971...	-28.8680...	-25.277...	-44.671...	-66.6357...	3	41.2897338...	33.963188171386
395933972.833...	-31.9908790...	-22.259635...	-29.7702...	-21.332...	-43.852...	-65.9417...	5	49.0426139...	36.140575408935
398157326.401...	-38.9373474...	-17.843893...	22.89932...	-19.085...	-46.388...	-65.1300...	3	48.8898010...	12.794839859008
395933824.298...	18.24590492...	-29.881649...	1.820023...	-13.694...	-41.850...	-67.1636...	3	35.0590744...	41.680133819580(
395933831.094...	-18.6137428...	15.4992513...	17.41366...	-14.873...	-42.855...	-66.2330...	5	29.8317604...	32.763885498046.
397837999.531...	-21.9664058...	28.1718273...	-26.0368...	-19.843...	-44.165...	-64.5132...	4	44.2051391...	20.393218994140(
396881225.617...	37.02405548...	-21.706907...	-14.7401...	-18.227...	-44.392...	-63.9292...	5	45.3788871...	23.224666595458(
396618096.706...	-18.8169689...	-46.284172...	-22.8564...	-18.789...	-43.364...	-61.3223...	3	56.9098930...	16.755559921264(
396618102.170...	50.84199905...	-1.0987336...	-10.9434...	-19.307...	-42.917...	-61.5488...	4	52.0180130...	17.581190109252(
398222060.053...	48.39217758...	12.6660327...	-13.6877...	-19.294...	-42.998...	-61.2228...	5	51.8612136...	15.283143997192
397464529.130...	6.932649612...	35.1686248...	-31.5720...	-11.293...	-32.009...	-71.6104...	3	47.7670402...	23.336816787719
398626731.556...	-39.4483909...	-7.5617275...	6.797387...	-16.782...	-39.792...	-61.5390...	4	40.7376976...	20.442686080932(
398626743.471...	-20.5659294...	28.8992786...	-21.4836...	-16.367...	-39.818...	-62.2913...	5	39.8598060...	17.258197784423.

▲ SQLite Professional로 본 Consolidated.db

보이스메일

voicemail 데이터베이스는 장비에 저장된 각 보이스메일을 송신자의 전화번호, 콜백 번호, 타임스탬프, 메시지 길이 등의 정보를 포함한 메타데이터를 가진다. 보이스메일 녹음 파일은 AMR 오디오 파일로 저장되며 AMR 코덱을 지원하는 미디어 플레이어(예를 들어, 퀵타임 플레이어QuickTime Player)로 재생할 수 있다. voicemail 데이터베이스는 HomeDomain 파일로 /private/var/mobile/Library/Voicemail/voicemail.db에서 찾을 수 있고 실제 보이스메일 녹음 파일은 /private/var/mobile/Library/Voicemail/ 디렉토리에 저장된다.

데이터베이스에 저장된 보이스메일의 목록을 보려면 다음 명령을 실행한다.

```
$sqlite3 voicemail.sqlite
SQLite version 3.7.12 2012-04-03 19:43:07
Enter ".help" for instructions
Enter SQL statements terminated with a ";"
sqlite>.headers on
sqlite> SELECT * FROM voicemail;
sqlite> .exit
```

프로퍼티 목록

보통 plist라고 부르는 프로퍼티 목록은 iOS 기기와 맥 OS X 기기에서 다양한 형태의 데이터를 저장, 조직, 접근하는 데 사용되는 조직화된 데이터 포맷이다. Plist는 바이너리 형태의 파일로 Property List Editor를 사용해볼 수 있으며, 이 편집기에서 파일을 읽거나 바이너리 형태를 ASCII 형태로 변환할 수 있다.

Plist 파일은 .plist 파일 확장자를 가지거나 가지고 있지 않을 수 있다. 이 파일에 저장된 데이터에 접근하려면 파일을 읽을 수 있는 도구가 필요하다. 몇 가지 좋은 무료 도구는 다음과 같다.

- **Plist Editor for Windows**: http://www.icopybot.com/plist-editor.htm에서 다운로드할 수 있다.
- 맥 OS X에서 동작하는 plutil 명령행 도구

plist 파일을 엑스코드를 사용해볼 수도 있다. 맥 OS X는 plutil이라는 명령행 유틸리티를 기본으로 내장한다. 이 명령행 유틸리티는 바이너리 형태의 파일을 사람이 읽을 수 있는 파일로 쉽게 변환한다.

다음 예제는 사파리 브라우저의 History.plist 파일을 나타낸다.

```
$sudo plutil -convert xml1 History.plist -o -
<?xml version="1.0" encoding="UTF-8"?>
<!DOCTYPE plist PUBLIC "-//Apple//DTD PLIST 1.0//EN"
"http://www.apple.com/DTDs/PropertyList-1.0.dtd">
<plist version="1.0">
<dict>
  <key>WebHistoryDates</key>
  <array>
    <dict>
      <key></key>
      <string>http://www.securitylearn.net/</string>
      <key>D</key>
      <array>
        <integer>1</integer>
      </array>
```

```
        <key>lastVisitedDate</key>
        <string>411576251.8</string>
        <key>title</key>
        <string>securitylearn/</string>
        <key>visitCount</key>
        <integer>1</integer>
      </dict>
      <dict>
        <key></key>
        <string>http://www.google.com</string>
        <key>D</key>
        <array>
        <integer>1</integer>
        </array>
        <key>lastVisitedDate</key>
        <string>411571510.5</string>
        <key>title</key>
        <string>Google</string>
        <key>visitCount</key>
        <integer>1</integer>
      </dict>
      </array>
      <key>WebHistoryFileVersion</key>
      <integer>1</integer>
  </dict>
</plist>
```

중요한 plist 파일

3장과 4장에서 데이터 수집에서 추출한 미가공 디스크 이미지나 백업은 조사에서
중요한 다음의 plist 파일을 담고 있다. 다음 파일은 iOS 6 기기에서 추출된 것이
다. iOS 버전에 따라 파일의 위치가 다를 수 있다.

HomeDomain plist 파일

다음은 HomeDomain plist 파일들로 조사와 관련된 데이터를 가지고 있을 수 있다.

- /private/var/mobile/Library/Preferences/com.apple.mobilephone.plist: 전화를 건 여부와 관계없이 가장 최근에 입력된 전화번호를 담고 있다.

- /private/var/mobile/Library/Preferences/com.apple.mobilephone.speeddial.plist: 폰의 즐겨찾기 목록에 추가된 연락처의 목록을 담고 있다.

- /private/var/mobile/Library/Preferences/com.apple.accountsettings.plist: 기기에 설정된 이메일 계정의 목록을 담고 있다.

- /private/var/mobile/Library/Preferences/com.apple.AppSupport.plist: 기기의 앱스 토어가 사용하는 지역 코드를 담고 있다.

- /private/var/mobile/Library/Preferences/com.apple.Maps.plist: 지도 애플리케이 션에서 가장 최근에 표시된 위도, 경도, 주소를 담고 있다.

- /private/var/mobile/Library/Preferences/com.apple.mobilemail.plist: 이메일 수신 날짜와 사용한 이메일 서명을 담고 있다.

- /private/var/mobile/Library/Preferences/com.apple.mobiletimer.plist: 사용된 세계 시간의 목록을 담고 있다.

- /private/var/mobile/Library/Preferences/com.apple.Preferences.plist: 기기에서 가 장 최근에 사용된 키보드 언어를 담고 있다.

- /private/var/mobile/Library/Preferences/com.apple.mobilesafari.plist: 사파리를 통 해 최근에 검색된 목록을 담고 있다.

- /private/var/mobile/Library/Preferences/Com.apple.springboard.plist: 인터페이스 에 나타나 있는 애플리케이션의 목록과 iOS 버전을 담고 있다.

- /private/var/mobile/Library/Preferences/com.apple.mobiletimer.plist: 현재 시간대, 타이머, 알람, 스탑워치에 대한 정보를 담고 있다.

- /private/var/mobile/Library/Preferences/com.apple.weather.plist: 날씨 정보를 받 는 도시, 날짜, 마지막 업데이트 시간을 담고 있다.

- /private/var/mobile/Library/Preferences/com.apple.stocks.plist: 추적 중인 주식의 목록을 담고 있다.

- /private/var/mobile/Library/Preferences/com.apple.preferences.network.plist: 블루투스와 와이파이 네트워크의 상태를 담고 있다.

- /private/var/mobile/Library/Preferences/com.apple.conference.history.plist: 페이스타임을 사용해 통화된 전화번호나 기타 계정의 기록을 담고 있다.

- /private/var/mobile/Library/Preferences/com.apple.locationd.plist: 기기에서 위치 서비스를 사용하는 애플리케이션 식별자의 목록을 담고 있다.

- /private/var/mobile/Library/Safari/History.plist: 사파리의 웹 브라우징 기록을 담고 있다.

- /private/var/mobile/Library/Safari/SuspendState.plist: 사파리에서 서스펜드 중인 모든 웹 페이지 제목과 URL을 담고 있다.

- /private/var/mobile/Library/Maps/Bookmarks.plist: 지도 애플리케이션에서 북마크 된 위치를 담고 있다.

- /private/var/mobile/Library/Caches/com.apple.mobile.installation.plist: 기기에 로드된 모든 시스템과 사용자 애플리케이션의 목록과 디스크 경로를 담고 있다.

- /private/var/mobile/Library/Caches/com.apple.UIKit.pboard/pasteboard: 클립보드에 저장된 데이터의 캐시된 복사본을 담고 있다.

RootDomain plist 파일

다음의 RootDomain 파일도 조사와 관련되어 반드시 검토되어야 한다.

- /private/var/root/Library/Preferences/com.apple.preferences.network.plist: 기기의 비행기 모드가 활성화되어 있는지에 대한 정보를 담고 있다.

- /private/var/root/Library/Lockdown/pair_records: 이 디렉토리는 기기를 컴퓨터에 페어링할 때 사용한 비밀키에 대한 프로퍼티 리스트를 담고 있다.

- /private/var/root/Library/Caches/locationd/clients.plist: 애플리케이션과 시스템 서비스들의 위치 환경설정을 담고 있다.

WirelessDomain plist 파일

다음의 WirelessDomain 파일은 기기에서 가장 최근에 사용한 SIM 카드를 식별하기 위한 유용한 정보를 담고 있다.

- /private/wireless/Library/Preferences/com.apple.commcenter.plist

SystemPreferencesDomain plist 파일

다음은 SystemPreferencesDomain 파일에서 증거가 될만한 데이터를 담고 있는 두 가지 plist 파일이다.

- /private/var/preferences/SystemConfiguration/com.apple.network.identification.plist: 캐시된 IP의 네트워킹 정보를 담고 있다.
- /private/var/preferences/SystemConfiguration/com.apple.wifi.plist: 이전에 알려진 와이파이 네트워크의 목록과 각 네트워크에 마지막으로 접속된 시간을 담고 있다.

기타 중요한 파일

SQLite와 plist 파일과는 별개로 조사에 유용한 정보를 제공할 수 있는 몇 가지 다른 위치들이 있다.

이러한 자료에는 다음의 것들이 포함된다.

- 쿠키
- 키보드 캐시
- 사진
- 배경화면
- 스냅샷
- 녹화
- 다운로드한 애플리케이션

쿠키

쿠키는 /private/var/mobile/Library/Cookies/Cookies.binarycookies에서 복구될 수 있다. 이 파일은 표준 바이너리 파일로 웹 페이지에 접속할 때 저장된 쿠키를 담고 있다. 이는 사용자가 어떤 사이트를 주로 방문하는지를 나타내는 정보가 될 수 있다.

바이너리 쿠키를 사람이 읽을 수 있는 형태로 변환하려면, 다음 명령행에 나타난 것처럼 쿠키 파일에 대해 BinaryCookieReader.py 파이썬 스크립트를 실행한다. 파이썬 스크립트 소스 코드는 이 책의 코드 번들에서 찾을 수 있다.

```
$python BinaryCookieReader.py Cookies.binarycookies

Cookie :
__utma=167051323.813879307.1359034257.1367989551.1386632713.9;
domain=.testflightapp.com; path=/; expires=Wed, 09 Dec 2015;

Cookie : __utmb=167051323.24.8.1386633092975;
domain=.testflightapp.com; path=/; expires=Tue, 10 Dec 2013;

Cookie :
__utmz=167051323.1386632713.9.1.utmcsr=(direct)|utmccn=(direct)|utmcm
d=(none); domain=.testflightapp.com; path=/; expires=Tue, 10 Jun
2014;

Cookie : tfapp=1d29da4a798a90186f1d4bfce3ce2f23;
domain=.testflightapp.com; path=/; expires=Thu, 09 Feb 2017;

Cookie : user_segment=Prospect; domain=.testflightapp.com; path=/;
expires=Wed, 08 Jan 2014;
[...]
```

키보드 캐시

키보드 캐시는 dynamic-text.dat 파일에 저장된다. 이 파일은 /private/var/mobile/Library/Keyboard/dynamic-text.dat에 위치하며 사용자가 입력한 텍스트로 이뤄진다. 이 텍스트는 장비의 자동수정 기능의 일부로 캐시되며 예측 가능한 단어의 자동완성을 위해 설계되었다. 파일은 기기에서 사용되는 언어당 약 600개의 단어의 목록을 유지한다.

이 파일은 바이너리 파일이며 다음 스크린샷에 나와 있는 것처럼 헥스 편집기를 사용해볼 수 있다. 이 파일에는 iOS 기기가 캐시한 패스워드를 담고 있을 수 있고 기기나 백업에 대한 브루트포스 공격을 수행할 때 사용될 수 있다.

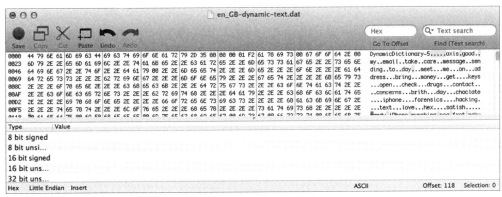

▲ 헥스 에디터에 나타난 키보드 캐시

사진

사진은 /private/var/mobile/Media/DCIM/에 저장되며 여기에는 내장 카메라로 찍은 사진, 스크린샷 등이 연계된 썸네일과 함께 저장된다. 일부 서드파티 애플리케이션에서 찍은 사진도 이 디렉토리에 저장된다. DCIM 폴더에 저장된 모든 사진은 EXIFExchangeable Image File Format 데이터를 가지고 있다. 사진에 저장된 EXIF 데이터는 exiftool로 추출할 수 있는데, 이 도구는 http://www.sno.phy.queensu.ca/~phil/exiftool/에서 다운로드할 수 있다. iOS 기기의 위치 퍼미션을 사용자가 활성화 시켰고 사진이 사용자의 위치를 태그했을 때 EXIF 데이터는 위치 정보도 가지고 있을 수 있다.

```
$exiftool IMG_0107.JPG
ExifTool Version Number      : 9.50
File Name                    : IMG_0107.JPG
Directory                    : .
```

```
File Size                    : 73 kB
File Modification Date/Time  : 2014:01:07 17:43:05+05:30
File Access Date/Time        : 2014:02:09 17:26:40+05:30
File Inode Change Date/Time  : 2014:02:09 17:26:40+05:30
File Permissions             : rw-r--r--
[...]
```

배경화면

iOS 기기의 현재 배경화면들은 /private/var/mobile/Library/SpringBoard/
LockBackground.cpbitmap에서 찾을 수 있는 LockBackgroundThumnail.jpg
파일에서 복구할 수 있다. 이 파일은 같은 디렉토리 내의 썸네일과 연관이 있다.
배경화면 그림은 사용자에 대한 식별 정보를 담고 있을 수도 있어 실종자를 찾거
나 도난 사고에서 복구된 iOS 장비에 대해 도움이 될 수 있다.

스냅샷

스냅샷 디렉토리에는 내장 애플리케이션이 서스펜드될 당시의 가장 최신 상태
의 스크린샷이 저장되어 있다. 이 디렉토리는 /private/var/mobile/Library/
Caches/Snapshots/에 위치한다. 홈 버튼을 눌러 애플리케이션이 서스펜드될 때
마다 보기 좋은 줄어들기 효과를 만들어내기 위해 스냅샷이 찍힌다. 서드파티 애
플리케이션 또한 자신의 애플리케이션 폴더에 스냅샷 캐시를 저장한다.

녹음

사용자는 아이폰을 사용해서 음성 메모를 매우 쉽게 남길 수 있다. 녹음된 음성 메
모는 /private/var/mobile/Media/Recordings/ 디렉토리에 저장된다. 이 녹음
파일은 음성으로 사람을 식별하는 데 사용되거나 음성 미리알림과 같이 캘린더 데
이터베이스에 저장되지 않는 정보를 가지고 있을 수 있다. 녹음 파일은 사용자가
생성하고 잘 지우지 않기 때문에 조사관에게 많은 정보를 제공한다.

다운로드한 애플리케이션

앱스토어에서 다운로드하고 설치한 페이스북Facebook, 왓츠앱WhatsApp, 바이버Viber, 위커Wickr, 스카이프Skype, 지메일Gmail 등의 서드파티 애플리케이션은 조사에 도움이 되는 풍부한 자료를 담고 있다. 어떤 서드파티 애플리케이션은 암호화뿐만 아니라 Base64 인코딩을 사용하기 때문에 자료를 보기 위해서는 변환이 필요하다. 데이터베이스 파일을 암호화하는 애플리케이션은 테이블에 위치한 데이터에 접근하는 것을 막는다. 애플리케이션과 iOS 버전에 따라 암호화 방법은 다양하다.

장비에 설치된 각 애플리케이션에 대해 고유한 서브디렉토리 GUI가 /private/var/mobile/Applications/ 디렉토리에 다음 예제와 같이 생성된다. 또한, 애플리케이션 디렉토리의 계층적 구조에 나타나 있다. 애플리케이션의 디렉토리에 저장된 대부분의 파일은 SQLite와 plist 포맷으로 되어 있다.

```
$tree -L 2 /var/mobile/Applications/
/var/mobile/Applications/
|-- 08E03CB2-26A5-4DAF-9843-3893AF4EDDF0
|   |-- Documents
|   |-- Library
|   |-- WordPress.app
|   |-- iTunesArtwork
|   |-- iTunesMetadata.plist
|   |-- tmp
|-- 0922F95C-7E40-4075-BC5A-06CE829BDD9E
|   |-- Documents
|   |-- Library
|   |-- Wickr.app
|   |-- iTunesArtwork
|   |-- iTunesMetadata.plist
|   |-- tmp
|-- 11C7F3E9-A10E-405D-B6BB-2F86B1B2400F
|   |-- Documents
|   |-- Library
|   |-- photovault.app
|   |-- tmp
```

삭제된 SQLite 레코드 복구

3장에서 다룬 복구 기법에 더해서 SQLite 데이터베이스에서 삭제된 레코드를 복구할 수 있다. SQLite 데이터베이스는 데이터베이스 내에 삭제된 레코드를 저장한다. 따라서 주소록, SMS, 캘린더, 노트, 이메일, 보이스메일 등 삭제된 데이터를 연관된 SQLite 데이터베이스를 파싱함으로써 복구할 수 있다. SQLite 데이터베이스가 삭제되었거나 파편화되었다면 삭제된 데이터를 복구할 가능성은 낮다. 이 데이터베이스들을 정리하는 양은 iOS 버전, 기기, 사용자의 설정에 따라 다르다.

SQLite 데이터베이스 파일은 하나 이상의 고정된 크기 페이지로 이루어져 있고 한 번만 사용된다. SQLite는 인덱스와 테이블 콘텐츠를 저장하기 위해 b-tree 레이아웃을 사용한다. b-tree 레이아웃에 대한 자세한 정보는 http://sandbox. dfrws.org/2011/ fox-it/DFRWS2011_results/Report/Sqlite_carving_ extractAndroidData.pdf에 설명되어 있다.

SQLite 데이터베이스를 다루기 위해, 데이터를 미가공 헥스 파일 또는 마리 데그라지아Mari DeGrazia가 개발한 파이썬 스크립트인 sqliteparse.py를 사용해 조사할 수 있다. 이 파이썬 스크립트는 http://www.arizona4n6.com/download/ SQLite-Parser.zip에서 다운로드할 수 있다.

다음 예제는 notes.sqlitedb 파일로부터 삭제된 레코드를 복구하고 output.txt 파일에 덤프하는 것을 보여준다. 스크립트를 통해 얻은 정보를 검증하기 위해 데이터베이스를 헥스 뷰어로 검사해서 빠진 부분이 없는 것을 확인한다.

```
$python sqliteparse.py -f notes.sqlitedb -r -o output.txt
```

위와 더불어, 데이터베이스 파일에 대해 다음 명령과 같이 스트링 덤프를 해서 놓칠 수 있는 삭제된 레코드를 찾을 수도 있다.

```
$strings notes.sqlitedb
```

정리

이 장에서는 다양한 데이터 분석 기법과 iOS 기기의 파일 시스템의 특정 위치에 있는 데이터에 대해 다뤘다. 또한 아이폰에서 사용되는 파일 포맷의 대부분을 설명했고 가능한 많은 데이터를 복구하기 위해 중요한 파일들을 살펴봤다. 많은 오픈소스와 상용 도구들은 삭제된 데이터를 주소록, 통화, SMS 등의 공통 데이터베이스에서 뽑아낼 수 있지만, 이 도구들은 보통 서드파티 애플리케이션 데이터베이스를 간과한다. 우리는 대부분의 iOS 기기 조사에서 유용하다고 여겨지는 삭제된 SQLite 레코드를 복구하는 기법을 다뤘다. 수집 방법, 인코딩, 암호화 방법은 여러분의 조사 과정에서 복구할 수 있는 데이터의 양에 영향을 줄 수 있다. 다음 장에서는 데이터를 수집하고 분석하는 데 도움을 주는 iOS 포렌식 도구에 대해 알아본다.

6

iOS 포렌식 도구

수집 방법과 기법에 대해 이해하는 것이 도움이 되지만, 포렌식 조사관은 주어진 시간에 작업을 마치기 위해 도구의 도움을 받을 필요가 있다. 포렌식 도구는 시간을 줄여줄 뿐만 아니라 과정을 더 쉽게 만든다. 현재, 엘콤소프트 iOS 포렌식 툴킷Elcomsoft iOS Forensic Toolkit, 셀레브라이트Cellebrite UFED, 블랙라이트BlackLight, 옥시즌 포렌식 수트Oxygen Forensic Suite, 액세스데이터AccessData MPE+, iXAM, 랜턴Lantern, XRY, 시큐어뷰SecureView, 파라벤 아이리커버리 스틱Paraben iRecovery Stick 등 iOS 기기의 포렌식 수집과 분석을 위한 다양한 상용 도구들이 있다. 이 도구들과 친숙해지기 위해, 이 장에서는 몇 가지 상용 도구와 오픈소스 도구에 대해 살펴보고 iOS 기기에서 수집을 수행하기 위한 자세한 과정을 알아본다.

엘콤소프트 iOS 포렌식 툴킷

엘콤소프트 iOS 포렌식 툴킷EIFT, Elcomsoft iOS Forensic Toolkit은 iOS 기기에서 수집 과정을 쉽게 하기 위한 도구 모음이다. EIFT는 소프트웨어의 조합으로 어떤 버전의 iOS를 구동하는 iOS 기기에 대해 포렌식 수집을 할 수 있게 한다(참고: 몇몇 버전의 iOS에서는 탈옥이 필요하다). EIFT는 비트 단위로 기기의 파일 시스템 수집, 기기의 비밀키(패스코드, 패스워드, 암호화 키) 추출, 파일 시스템 이미지 복호화 등을 수행한다. http://www.elcomsoft.com/eift.html에 방문하여 EIFT에 대한 자세한 정보를 얻을 수 있다.

이 툴킷은 초기에 사법기관에만 제공되었으나 현재는 모든 사람이 사용할 수 있다. 이 툴킷은 iTunes 10.6이나 그 이후 버전이 설치된 맥 OS X와 윈도우 플랫폼 둘 다 지원한다.

EIFT의 기능

EIFT의 기능은 다음과 같다.

- 물리적, 논리적 수집 지원
- 완전한 비트 단위의 기기 이미지 수집
- **빠른 파일 시스템 수집**: 32GB 모델에서 20-40분
- 패스코드 복구 공격 지원
- 키체인 아이템과 미가공 디스크 이미지를 복호화하는 데 필요한 디바이스 키 추출
- 미가공 디스크 이미지와 키체인 아이템 복호화
- **Zero-footprint**: 기기 콘텐츠가 변경되지 않고 자취를 남기지 않음
- **완전한 책임**: 조사의 모든 과정은 로그되고 기록됨

EIFT 사용법

엘콤소프트 iOS 포렌식 툴킷은 가이드 모드와 수동 모드 두 가지 모드에서 동작한다. 툴킷이 실행되는 동안 툴킷에 동봉된 USB 동글이 컴퓨터에 반드시 연결되어 있어야 한다.

가이드 모드

가이드 모드 기능은 메뉴 기반의 사용자 인터페이스로 일반적인 작업을 그와 관련된 메뉴 아이템을 선택함으로써 수행 가능한 모드다. 툴킷 파일들을 복사해 놓은 디렉토리에서 Toolkit.cmd(윈도우) 또는 Toolkit.command(맥 OS X) 파일을 더블 클릭해서 가이드 모드를 실행할 수 있다. 터미널 창이 열리고 다음 스크린샷과 같은 텍스트 기반의 메뉴가 보일 것이다.

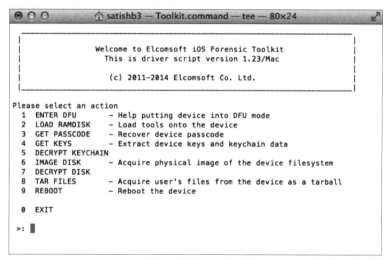

▲ 엘콤소프트 iOS 포렌식 툴킷

가이드 모드로 실행될 때, 툴킷은 모든 행위를 텍스트 파일에 기록한다. 툴킷이 시작될 때마다, 사용자의 홈 디렉토리에 새로운 로그 파일이 생성되고 실행된 명령의 결과값과 사용자의 선택이 파일에 기록된다.

아이폰 4와 그 이전 버전의 기기에 대해 EIFT를 사용해 물리적 수집을 수행하기 위해 다음 과정을 따른다.

1. 기기를 DFU 모드로 둔다. 이를 위해 메뉴 아이템 1을 선택하고 화면에 나타난 설명을 따른다.

2. 기기가 DFU 모드에 들어간 이후, 메뉴 아이템 2를 선택하거나 DFU 설명 이후에 나오는 물음에 y로 답하여 수집 도구가 담긴 램 디스크를 로드한다. 툴킷은 기기의 종류를 자동으로 감지해서 호환되는 램 디스크를 로드한다. 램디스크가 성공적으로 로드 되면 기기 화면에 엘콤소프트 로고가 표시된다.

3. 메뉴 아이템 3을 선택해서 기기 패스코드를 복구한다. 툴킷은 20분 이내에 단순한 네자리 숫자 패스코드를 복구할 수 있다. 또한 다음 스크린샷에 나와 있는 것처럼 딕셔너리(단어 목록)와 브루트포스 공격을 수행하는 옵션을 제공한다.

▲ EIFT 패스코드 복구 옵션

4. 파일과 키체인 아이템을 보호화할 때 필요한 암호화 키를 추출하기 위해 메뉴 아이템 4를 선택한다. 호스트 컴퓨터에 대한 접근 권한이 있고 에스크로 파일의 기기 패스코드를 알고 있다면 패스코드를 입력하고 키를 저장할 파일 이름을 입력한다. 파일 이름이 입력되지 않으면 툴킷은 키를 추출해서 사용자의 홈 디렉토리의 keys.plist 파일에 저장한다.

5. 키를 추출한 이후에 키체인 아이템을 복호화하기 위해 메뉴 아이템 5를 선택한다. 툴킷은 keys.plist 파일에 저장된 키를 사용해서 키체인 아이템을 복호화하고 keychain.txt 파일을 사용자의 홈 디렉토리에 저장한다.

6. 기기 파일 시스템의 물리적 이미지를 수집하기 위해 메뉴 아이템 6을 선택한다. 이미지를 얻을 기기 파티션(system과 user data)을 다음 스크린샷과 같이 선택해야 한다.

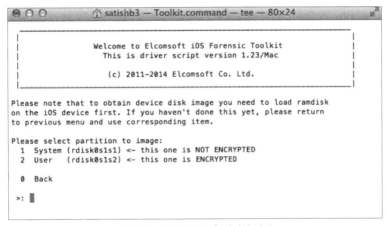

▲ EIFT - 이미지를 얻을 파티션 선택

파티션을 선택한 이후, 저장할 이미지의 파일 이름을 같은 창에서 입력한다. 파일 이름이 입력되지 않으면 툴킷은 미가공 파일 시스템을 기기로부터 추출해서 사용자의 홈 디렉토리에 user.dmg 파일로 저장한다. 사용자의 시스템 파티션을 모두 수집하는 것이 모범 관례다.

7. 수집 이후에 메뉴 아이템 9를 선택해서 기기를 일반 모드로 재부팅한다.

8. 수집한 이미지를 복호화하기 위해 메뉴 아이템 7을 선택한다. 여러분은 암호화된 이미지의 파일 이름, 기기 키, 복호화된 이미지가 저장될 파일 이름을 입력해야 한다. 파일이름이 입력되지 않으면 툴킷은 이미지를 복호화하고 사용자의 홈 디렉터리에 user-decrypted.dmg 파일로 저장한다. 툴킷은 또한 복호화된 이미지 파일의 SHA1 해시를 계산한다. EIFT는 iOS 5/6/7이 동작 중인

탈옥된 아이폰 4S와 그 이후에 출시된 기기에 대해 물리적 수집을 수행할 수 있다. 이 책을 쓸 시점에서 EIFT는 iOS 7이 설치된 아이폰 4S와 그 이후에 출시된 기기에 대한 물리적 수집을 지원하는 유일한 도구다. EIFT는 최신 기기에 대해 수집을 수행하기 위해 기기에 OpenSSH 패키지를 설치하는 것을 요구한다. OpenSSH는 기기에서 SSH 서버를 실행시키며 수집 도구를 복사하고 실행하는 것을 가능하게 한다. SSH 서버가 기기에서 실행되고 있으면, 3단계부터 8단계를 통해 아이폰 4S와 그 이후 출시 기기에서 미가공 디스크 이미지를 수집할 수 있다.

수동 모드

수동 모드는 명령행 인터페이스를 사용해 도구를 직접 제어할 수 있게 한다. 이 모드는 큰 유연성을 제공하며 명령행 도구를 사용하는 것에 익숙할 때 추천된다. 전형적인 작업을 수동 모드에서 완수하기 위해 필요한 명령어에 대해서는 툴킷에 동봉된 기술 가이드에 잘 문서화되어 있다.

툴킷은 기기의 파일 시스템에 대해 물리적, 논리적 수집을 수행할 수 있다. 하지만 수집된 데이터를 분석하고 삭제된 데이터를 복구하는 기능은 제공하지 않는다. 하지만, EIFT로 수집한 .dmg 파일을 옥시즌 포렌식 수트Oxygen Forensic Suite, 셀레브라이트 UFED 피지컬 애널라이저Cellebrite UFED Physical Analyzer 등의 데이터 분석과 복구 도구에 제공할 수 있다.

EIFT 지원 기기

엘콤소프트 iOS 포렌식 툴킷 버전 1.23은 대부분의 iOS 기기를 지원하지만 일부에 대해서 탈옥을 요구한다. 다음 그림은 툴킷에 동봉된 도움말 문서에서 가져온 것이다.

		Physical imaging	Logical imaging	Passcode recovery	Keychain decryption	Disk decryption
iPhone iPhone 3G iPod Touch 1 iPod Touch 2	iOS 1/2/3	+	+	instant [2]	+	not encrypted [3]
	iOS 4	+	+	+	+	not encrypted [3]
iPhone 3GS iPod Touch 3 iPad 1	iOS 3	+	+	instant [2]	+	not encrypted [3]
	iOS 4/5	+	+	+	+	+ [4]
iPhone 4 iPod Touch 4	iOS 4/5/6/7	+	+	+	+	+
iPhone 4S iPhone 5 iPhone 5C iPad 2-4 iPad Mini iPod Touch 5	iOS 5/6/7	+	+	+	+	+

▲ EIFT이 지원하는 기기들

호환성 노트

EIFT 지원 기기들에 대한 호환성은 다음과 같다.

- 아이폰 4S/5/5S/5C, 아이패드 2와 그 이후 버전, 아이팟 터치 5세대 기기들은 탈옥된 상태에서 지원한다.

- 3.x 이전의 iOS는 키체인 기기 패스코드를 저장한다. 이 기기에서는 암호화 키와 키체인 데이터 복구 과정에서 패스코드가 즉시 복구된다.

- 3.x 이전의 iOS를 구동 중인 기기는 활성화된 데이터 보호 기능이 없고 사용자 파티션은 암호화되어 있지 않다.

- iOS 3.x가 설치되어 출시된 기기를 초기화(모든 콘텐츠와 환경설정 삭제) 없이 iOS 4.x으로 업데이트했다면(아이튠즈에서 Restore 대신 Update 옵션을 사용했을 경우), 데이터 보호가 활성화되어 있지 않고 사용자 파티션이 암호화되어 있지 않다.

옥시즌 포렌식 수트 2014

옥시즌 포렌식 수트 2014 Oxygen Forensic Suite 2014는 이동전화, 스마트폰, PDA와 기타 모바일 장치에서 데이터를 추출하고 분석하는 고급 포렌식 소프트웨어다. 이 소프트웨어는 가장 넓은 범위의 모바일 기기를 지원하며 수집과 분석 과정의 완전한 자동화를 지원한다. 현재 옥시즌 포렌식 수트 2014 버전 6.1에서는 7,700개 이상의 모바일 기기 모델을 지원한다.

옥시즌 포렌식 수트 2014는 스마트폰에서 데이터를 추출하기 위해 공개되지 않은 자체 저 수준 프로토콜을 사용한다. 데이터 추출 이외에 옥시즌 포렌식 수트는 데이터 분석을 위해 셀레브라이트, 엘콤소프트, XRY, 아이튠즈, 랜턴 라이트 등의 다른 포렌식 도구를 사용해 얻은 백업/이미지 파일을 가져오는 기능을 제공한다. 분석된 모든 기기의 데이터베이스를 저장하기 때문에 이전에 추출했던 데이터를 항상 볼 수 있고 뛰어난 다중 기기 기능을 사용해 필요한 자세한 사항을 찾을 수 있다.

옥시즌 포렌식 수트 2014는 윈도우 플랫폼에서만 사용 가능하며 아이튠즈가 컴퓨터에 설치되어 있어야 한다. 소프트웨어 가격은 풀 버전이 2,999달러이며 제한된 기능을 가진 무료 버전도 있다. 이 소프트웨어는 정품 또는 탈옥된 기기에 대해 동작하며 연결된 사진을 포함한 전화번호부, 캘린더 이벤트와 노트, 통화 기록, 메시지, 카메라 스냅샷, 비디오와 음악, 보이스 메일, 패스워드, 사전, 위치정보 데이터, 와이파이 지점에 대한 패스워드와 위치, IP 연결, 위치, 내비게이션 애플리케이션, 기기 데이터, 공장 설치본, 서드파티 애플리케이션 데이터 등의 데이터를 추출한다. 또한 SQLite 데이터베이스에서 삭제된 데이터를 복구할 수 있고 통화, 메시지, 이메일 메시지, 이메일 계정, 사진 썸네일, 주소록 사진 등을 복구할 수 있다. 이 도구는 물리적 수집은 지원하지 않기 때문에 완전한 포렌식 이미지를 얻을 수 없다. http://www.oxygen-forensic.com/de/compare/devices/software-for-iphone에 더 많은 정보가 있다.

옥시즌 포렌식 수트의 기능

옥시즌 포렌식 수트의 기능은 다음과 같다.

- 논리적 수집 지원을 지원. 논리적 수집은 기기에 활성화된 파일들을 복구한다. SQLite 데이터베이스가 복구되면 삭제된 데이터도 수집할 수 있다. 물리적 수집과 파일 시스템 수집은 이 도구가 지원하지 않는다. 이 두 가지 수집 방법은 iOS 기기의 미가공 파일 시스템 데이터에 접근을 가능하게 한다.

- 키체인으로부터 패스워드 복구

- 다른 포렌식 도구가 추출한 백업/이미지 읽기

- **타임라인**: 시간과 날짜로 정렬된 모든 사용자의 행동과 움직임에 접근할 수 있는 기능을 제공

- **Zero-footprint 구동**: 이 도구는 어떤 자취도 남기지 않고 기기의 콘텐츠를 변경하지 않는다.

- 연락처 통합 제공. 여러 소스의 계정을 하나의 메타주소록에 통합한다(주의: 데이터가 어디에서 나온 건지 확인해야 한다! 각 파일을 자세히 조사하여 검토되지 않은 것이 없고 데이터가 정확히 보고되었는지 확인해야 한다).

- 삭제된 데이터를 자동으로 복구

- 수동 분석을 위해 미가공 파일에 대한 접근 제공(참고: 미가공 데이터베이스 파일들은 미가공 파일 시스템이 아닌 각 애플리케이션과 연계되어 있다)

- 추출된 데이터를 검색하기 위한 직관적이고 사용자 친화적인 UI를 제공

- 검색을 위해 키워드 목록과 정규 표현식 제공

- 여러 가지 유명한 포맷에 대한 보고서 생성 – 마이크로소프트 엑셀, PDF, HTML 등

옥시즌 포렌식 수트 사용법

옥시즌 포렌식 수트 2014를 사용한 iOS 기기에서의 수집은 단순 명료하다. 이 소프트웨어는 몇 번의 마우스 클릭을 통해 기기에 연결하게 해주며 단 몇 분 안에 모든 가능한 기기 정보를 다운로드한다.

옥시즌 포렌식 수트 2014를 사용하여 iOS 기기에서 수집을 수행하려면 다음 단계를 따른다.

1. 옥시즌 포렌식 수트 2014를 실행하고 Connect new device 버튼을 클릭한다. 다음 스크린샷과 같이 연결 모드를 선택하는 창이 뜬다.

▲ 옥시즌 포렌식 수트 – 연결 모드 화면

2. USB 케이블을 사용하여 컴퓨터에 iOS 기기를 연결하고 Auto device connection 모드를 선택한다. 프로그램은 연결된 기기를 감지하여 다음 스크린샷과 같이 기기 정보를 표시한다. 여러분의 기기를 수동으로 선택할 수도 있다.

▲ 옥시즌 포렌식 수트 – 기기 정보 화면

3. Next를 클릭한다. 다음 화면에서 기기와 사건에 대한 정보를 입력한다. 그 다음 과정에서 다음 스크린샷과 같이 기기에서 추출한 데이터 종류를 선택한다.

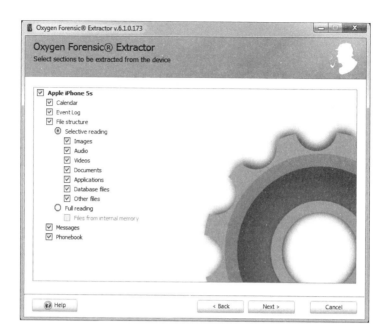

4. Next를 클릭한다. 기기에서 데이터를 추출하기 시작하며 기기에 저장된 데이터의 양에 따라 몇 분이 걸린다. 이 과정이 완료되면 소프트웨어는 다음 스크린샷과 같이 추출한 데이터의 요약 정보를 보여준다.

▲ 옥시즌 포렌식 수트 – 추출된 데이터 정보 요약 화면

5. 다운로드 과정이 완료된 이후에 자동 포렌식 보고서 생성 기능을 사용할 수 있고 추출한 데이터를 PDF 파일로 내보낼 수 있다. 기기 데이터 보고서는 다음 화면과 같이 보여진다. 또한 옥시즌에서 기기 이미지를 열어 데이터를 수동으로 살펴볼 수 있다.

옥시즌 포렌식 수트 2014 지원 기기

옥시즌 포렌식 수트 2014 버전 6.1은 모든 iOS 기기의 논리적 수집을 지원한다. 새로운 버전의 기기는 언락이나 탈옥이 필요할 수 있다는 점을 명심하자.

셀레브라이트 UFED 피지컬 애널라이저

셀레브라이트 UFED 피지컬 애널라이저Cellebrite UFED Physical Analyzer, 즉 셀레브라이트 UFEDUniversal Forensic Extraction Device는 사법 당국, 테러방지, 보안 조직이 최신 모델에 대한 업데이트를 포함한 모바일 폰, 스마트 폰, PDA, 이동식 핸드셋 등에서 중요한 포렌식 증거를 수집할 수 있게 한다. 이 도구는 포렌식적으로 타당한 데이터 추출, 디코딩, 여러 모바일 기기로부터 존재하거나 삭제된 데이터 수집을 위한 분석 기법을 제공한다. 2014년 2월 현재, UFED는 5,320개 이상의 모바일 기기를 대상으로 데이터 추출을 지원한다.

셀레브라이트 UFED 피지컬 애널라이저 애플리케이션은 iOS 기기에 대한 물리적 수집과 고급 논리적 수집을 수행하는 데 사용될 수 있다. 고급 논리적 수집은 파일 시스템 데이터에 대한 접근이 제공되는 파일 시스템 수집과 같다. A5-A7 칩을 사용하는 iOS 기기(아이폰 4s와 그 이후 버전)에 대한 물리적 수집은 불가능하다. 따라서 고급 논리적 수집이 최선의 방법이며 기기가 언락되어 있지 않아도 (심지어 탈옥되어 있지 않더라도) 기기에서 대부분의 데이터를 뽑아낼 수 있다. 이 애플리케이션은 윈도우 플랫폼에서만 사용 가능하다. 셀레브라이트는 30일 무료 사용을 제공한다. 더 자세한 정보는 http://www.cellebrite.com/mobile-forensics/products/applications/ufed-physical-analyzer에 나와 있다.

셀레브라이트 UFED 피지컬 애널라이저의 기능

다음은 셀레브라이트 UFED 피지컬 애널라이저의 기능들이다.

- 물리적 수집과 고급 논리적 수집(파일 시스템 수집) 지원
- 키체인 아이템과 미가공 디스크 이미지 복호화를 위한 디바이스 키 추출
- 미가공 디스크 이미지와 키체인 아이템 복호화
- 기기 패스워드 추출(잠긴 기기에서는 불가)
- 알려진 패스워드로 암호화된 미가공 디스크 이미지 파일 열기 제공
- 패스코드 복구 공격 제공
- 추출된 애플리케이션 데이터에 대한 고급 분석과 디코딩
- 여러 가지 유명한 포맷에 대한 보고서 생성 – 마이크로소프트 엑셀, PDF, HTML 등

- 미가공 시스템 파티션 덤프 기능을 통한 내보내기와 다른 포렌식 도구에서 해당 덤프 분석

셀레브라이트 UFED 피지컬 애널라이저 사용법

셀레브라이트 UFED 피지컬 애널라이저를 사용해서 아이폰 4와 그 이전 버전에 대한 물리적 수집을 하기 위해서 다음 단계를 따른다. 참고로, 최신 iOS 기기(아이폰 4S와 그 이후에 출시된)에서는 물리적 수집이 지원되지 않는다.

1. UFED 피지컬 애널라이저를 실행시키고 Extract > iOS Device Extraction 메뉴로 이동한다. iOS 기기 데이터 추출 마법사가 다음 스크린샷과 같이 보여진다.

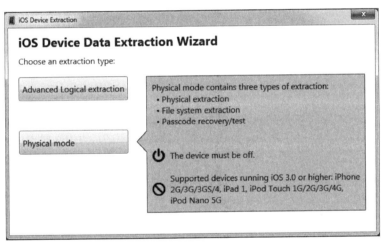

▲ UFED 피지컬 애널라이저 – iOS Device Data Extraction Wizard 화면

2. Physical mode를 클릭한다. iOS 기기 추출을 처음 실행할 때 iOS 지원 패키지를 다운로드하고 설치한다는 메시지가 뜬다.

3. 기기의 전원을 끄고 복구 모드로 들어가기 위해 화면에 나타난 지시를 따른다. 도구가 복구 모드에 들어간 기기를 탐지하면 다음 그림과 같이 기기 정보를 보여준다.

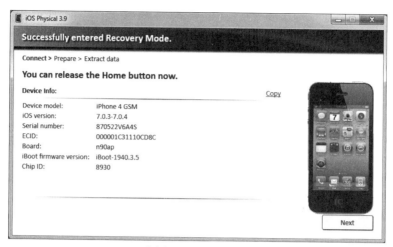

▲ UFED 피지컬 애널라이저 – 기기 정보 화면

4. Next를 클릭하고 기기를 DFU 모드로 둔다. 기기가 DFU 모드에서 탐지되면 소프트웨어는 기기에 수집 도구를 로드한다.

5. 추출을 위해 기기가 준비되면 원하는 추출 모드를 선택한다. Physical Extraction을 클릭하고 추출하고자 하는 파티션과 추출 결과를 저장할 위치를 선택한다.

6. 다음 화면에서 Recover the passcode for me를 클릭하여 추출 전에 패스코드를 복구한다.

7. Continue를 클릭한다. 도구가 파일 시스템 이미지를 추출하고 복호화한다.

셀레브라이트 UFED 애널라이저 지원 기기

UFED 피지컬 애널라이저 버전 3.9가 지원하는 iOS 기기가 다음 표에 나와 있다.

모델	iOS 버전	물리적 수집	논리적 수집
아이폰, 아이폰 3G, 아이팟 터치 1, 2	iOS 1/2/3/4	지원	지원
아이폰 3GS, 아이팟 터치 3, 아이패드 1	iOS 3/4/5	지원	지원
아이폰 4, 아이팟 터치 4	iOS 4/5/6/7	지원	지원
아이폰 4S, 5, 5C, 5S 아이패드 2, 3, 4, iPad 미니, 아이팟 터치 5	iOS 5/6/7	지원 안 함	지원

파라벤 아이리커버리 스틱

파라벤 아이리커버리 스틱Paraben iRecovery Stick은 특화된 조사 소프트웨어를 USB 드라이브에 담아 아이폰, 아이패드, 아이팟 터치와 같은 애플 iOS 기기의 데이터를 조사할 수 있게 한다. 아이리커버리 스틱은 기기나 아이튠즈 백업 파일에서 사용자의 데이터를 수집할 수 있다. 아이리커버리 스틱은 또한 SQLite 데이터베이스에서 삭제된 파일을 복구하고 메시지, 주소록, 통화 기록, 인터넷 기록, 캘린더 이벤트 등의 데이터도 복구할 수 있다. 참고로, 이것은 물리적 수집은 아니며 미가공 데이터베이스 파일을 논리적으로 파싱하여 수집하는 것이다. 아이리커버리 스틱의 가격은 129달러이며 윈도우 플랫폼에서 동작한다. 좀 더 나은 복구를 위해 아이리커버리 스틱은 컴퓨터에서 실행 중인 안티바이러스 소프트웨어를 끄는 것을 추천한다. 더 많은 정보는 http://www.paraben.com/ irecovery-stick.html을 방문하여 볼 수 있다.

파라벤 아이리커버리 스틱의 기능

파라벤 아이리커버리 스틱의 기능은 다음과 같다.

- 논리적 수집 지원
- 삭제된 파일을 SQLite 파일에서 복구
- 쉬운 사용과 이동성
- 눈에 잘 띄지 않음. 일반적으로 사용되는 USB 드라이브와 비슷하기 때문에 스파이 기기로 사용될 수 있으며 이 기기가 아이폰에서 데이터 복구에 사용되는 것을 알지 못한다.
- 플러그인 행위와 통신 포트의 트래픽을 기반으로 복구 과정을 기록
- 엑셀과 PDF와 같이 다양한 포맷으로 데이터 분석과 보고서를 제공

파라벤 아이리커버리 스틱 사용법

아이리커버리 스틱은 USB 플래시 드라이브로 복구 소프트웨어인 iRecoveryStick. exe를 담고 있다.

아이리커버리 스틱을 사용해서 iOS 기기에서 수집을 수행하기 위해 다음 단계를 따른다.

1. USB 케이블을 사용해 iOS 기기를 컴퓨터에 연결한다. 아이리커버리 스틱 소 프트웨어를 실행시키고 **Start Recovery** 버튼을 클릭한다. 다음 스크린샷과 같이 연결된 기기를 선택하는 화면이 나타난다.

▲ 아이리커버리 스틱 – Choose connected device 화면

2. 기기 아이콘을 클릭하면 해당 기기로부터 추출을 시작한다. 기기에 저장된 데 이터의 양에 따라 데이터 추출 과정이 몇 분 걸린다.

3. 이 과정이 완료되면 소프트웨어는 추출된 데이터의 요약을 다음 스크린샷과 같이 보여준다.

▲ 아이리커버리 스틱 – 추출된 데이터 요약

파라벤 아이리커버리 스틱 지원 기기

파라벤 아이리커버리 스틱 버전 3.5는 모든 iOS 기기에 대한 논리적 수집을 지원한다. iOS기기에 저장된 데이터의 양, 기기의 락 여부, 기기의 탈옥 여부에 따라 수집할 수 있는 데이터의 양이 결정된다.

오픈소스와 기타 무료 도구

iOS 기기에서 데이터를 수집하고 분석하기 위해 무료로 사용할 수 있는 여러 방법이 있다. 이 도구의 대부분은 상용 도구와 같은 양의 데이터를 얻을 수 있는 저렴한 솔루션의 필요성을 느낀 모바일 포렌식 전문가에 의해 만들어졌다. 존 즈지아스키 Jon Zdziarski는 iOS 기기에서 데이터를 얻기 위한 다양한 스크립트, 도구, 방법을 개발했다. 물리적 수집 스크립트와 같은 그의 도구들 중 일부는 사법 당국에 의해 사용이 제한되어 있다. 즈지아스키는 iOS 기기에서 데이터를 수집하는 방법을 공개했으며 http://www.zdziarski.com/blog/wp-content/ uploads/2013/05/iOS-Forensic-Investigative-Methods.pdf에서 읽을 수 있다.

iOS 기기 이미지와 백업 파일을 논리적으로 수집하고 분석할 수 있는 다른 도구도 있다. iFunBox, iExplorer, iBackupBot 등이 여기에 해당된다. 이 도구들을 포렌식 조사에 사용하기 전에 도구를 반드시 테스트해봐야 한다. 이 도구들을 무료 또는 기부를 통해 사용할 수 있다. 이 도구들은 커뮤니티에서 조사관을 위해 개발했다. 보통 이 도구들에 대한 철저한 테스트와 검증이 이뤄지지 않았으며 조사관이 수동으로 추출할 수 있는 데이터를 놓칠 수 있다. 도구의 사용법을 익히고, 테스트하며, 결함을 아는 것은 가능한 모든 데이터를 복구하기 위한 조사관의 책임이다.

정리

포렌식 도구는 조사관의 시간을 줄여줄 뿐만 아니라 과정을 더 단순화시키는 데 도움을 준다. 이 장에서는 여러 가지 iOS 포렌식 도구와 iOS 기기에서 데이터 수집을 수행하기 위한 과정을 소개했다. 조사관은 각 도구를 검증하고 이해하기 위한 추가적인 과정을 조사의 일부로 삼아야 한다. 다음 장에서는 안드로이드 포렌식을 소개하고, 안드로이드가 무엇인지, 기기가 데이터를 어떻게 저장하는지, 포렌식 조사에 필요한 파일과 애플리케이션에 어떻게 접근하는지에 대해 배운다.

7 안드로이드의 이해

안드로이드의 세계로 뛰어들기 전에 안드로이드의 발전 과정, 즉 안드로이드의 역사에 대해서 먼저 알아보자. 2005년부터 구글은 미래에 수익성이 있다고 생각되는 스타트업 회사에 투자하기 시작했다. 앤디 루빈Andy Rubin, 리치 마이너Rich Miner, 크리스 화이트Chris White가 2003년에 설립한 안드로이드 주식회사는 구글에 인수된 회사 중 가장 성공적인 사례 중 하나로 알려져 있다. 첫 2년간 안드로이드 주식회사는 비밀리에 운영되었다. "모바일 폰을 위한 소프트웨어를 제조"하는 곳으로 회사를 설명했다. 이후 루빈은 구글에 있으면서 모바일 핸드셋의 운영에 혁신을 가져온 안드로이드를 이끌었다. 이 인수를 통해 구글이 모바일 폰 시장을 바라보고 있음이 명확해졌다. 루빈과 그의 팀은 구글에서 리눅스 커널을 기반으로 한 강력하고 유연한 운영체제를 개발했다. 구글이 무엇을 하려는지에 대한 여러 추측이 있었다. 어떤 곳에서는 구글이 검색과 다른 애플리케이션을 모바일 핸드셋에 통합하려 한다고 보고했다. 일부에서는 구글이 자신만의 모바일 핸드셋을 개발하고 있다고 말했다. 2007년 마침내 기술 회사, 기기 제조사, 칩셋 제조사, 이동 통신사의 그룹이 모바일 플랫폼에 대한 개방 표준을 제안하기 위해 조직되었다. 그들은 리눅스 커널 2.6을 기반으로 한 첫 오픈소스 무료 모바일 플랫폼인 안드로이드를 함께 개발했다. 그 이후 2008년에 안드로이드 운영체제로 동작하는 첫 폰인 HTC 드림Dream이 출시되었다. 이후 몇 년간 시장에서의 폭발적인 성장과 함께 안드로이드의 고공행진이 이어졌다. 안드로이드 역사에 대한 자세한 내용은 http://www.xcubelabs.com/the-android-story.php에서 찾을 수 있다. 다양한 버전의 리눅스 기반 운영체제가 알파벳 이름 순으로 출시되었다.

안드로이드 버전의 역사는 http://faqoid.com/advisor/android-versions.php에서 찾을 수 있고 개략적인 것은 다음 표에 나와 있다.

버전	버전 이름	출시연도
Android 1.0	Apple pie	2008
Android 1.1	Banana bread	2009
Android 1.5	Cupcake	2009
Android 1.6	Donut	2009
Android 2.0	Eclair	2009
Android 2.2	Froyo	2010
Android 2.3	Gingerbread	2010
Android 3.0	Honeycomb	2011
Android 4.0	Ice Cream Sandwich	2011
Android 4.1	Jelly Bean	2012
Android 4.4	KitKat	2013

안드로이드 모델

안드로이드에서의 포렌식 개념을 효과적으로 이해하기 위해서, 안드로이드 구조를 이해하는 것이 도움이 된다. 컴퓨터와 같이 사용자와 소통하고 복잡한 작업을 수행하는 컴퓨팅 시스템은 작업들을 효과적으로 다루기 위해 운영체제가 필요하다. 운영체제(데스크탑 운영체제나 모바일 폰 운영체제이든 관계없이)는 시스템의 자원을 관리하고 애플리케이션이 하드웨어나 물리적 구성요소에 접근하여 특정 작업을 수행할 수 있도록 방법을 제공해야 한다. 안드로이드는 모바일 기기를 구동하기 위해 설계된 가장 대중적인 모바일 운영체제다. 이 부분에 대해 더 자세한 정보는 http://developer.android.com/about/index.html에서 찾을 수 있다. 안드로이드는 오픈소스로 아파치 라이선스 하에 코드가 공개되어 있다. 실질적으로 모든 사람(특히 장비 제조사)이 코드에 접근할 수 있고 무료로 수정하며 기기의 요구사항에 따른 소프트웨어를 사용할 수 있음을 의미한다. 이것이 안드로이드가 널리 채용된 중요한 이유 중의 하나다. 안드로이드를 사용하는 주요 제조사에는 삼성, HTC, 소니, LG 등이 있다.

다른 플랫폼과 마찬가지로 안드로이드는 많은 계층으로 이루어져 있다. 안드로이드의 생태계를 이해하기 위해, 각 계층이 무엇이며 어떤 일을 하는지 이해하는 것이 필수다. 다음 그림은 안드로이드 소프트웨어 스택에 포함된 여러 계층을 요약한다(https://viaforensics.com/wp-content/uploads/2009/08/Android-Forensics-Andrew-Hoog-viaForensics.pdf).

각 계층은 운영체제의 특정 기능을 제공하기 위해 여러 가지 동작을 수행한다(http://www.android-app-market.com/android-architecture.html). 각 계층은 자신보다 상위에 있는 계층에 서비스를 제공한다.

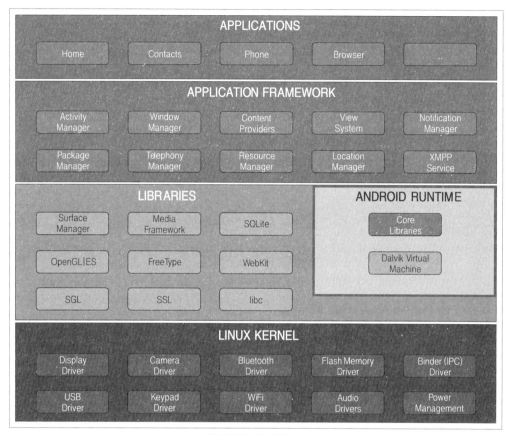

APPLICATIONS

| Home | Contacts | Phone | Browser | ... |

APPLICATION FRAMEWORK

| Activity Manager | Window Manager | Content Providers | View System | Notification Manager |
| Package Manager | Telephony Manager | Resource Manager | Location Manager | XMPP Service |

LIBRARIES

Surface Manager	Media Framework	SQLite
OpenGL|ES	FreeType	WebKit
SGL	SSL	libc

ANDROID RUNTIME

Core Libraries

Dalvik Virtual Machine

LINUX KERNEL

| Display Driver | Camera Driver | Bluetooth Driver | Flash Memory Driver | Binder (IPC) Driver |
| USB Driver | Keypad Driver | WiFi Driver | Audio Drivers | Power Management |

▲ 안드로이드 아키텍처

리눅스 커널 계층

안드로이드 OS는 리눅스 커널을 기반으로 구글이 구조적 수정을 통해 만들어졌다. 리눅스 커널을 선택한 몇 가지 이유가 있다. 가장 중요한 점은 리눅스는 여러 가지 다른 하드웨어 상에서 쉽게 컴파일되고 이동성 있는 플랫폼이라는 점이다. 커널은 기기의 소프트웨어와 하드웨어 사이의 추상화 계층으로 동작한다. 카메라 클릭의 예를 생각해보자. 여러분이 기기의 카메라 버튼을 클릭하면 어떤 일이 발생하는가? 하드웨어 명령(버튼 누르기)이 어떤 지점에서 소프트웨어 명령(사진을 찍고 갤러리에 저장하기)으로 변환된다. 커널은 이 과정을 수행하기 위한 드라이버를 포함한다. 사용자가 버튼을 클릭하면, 카메라 하드웨어에 필요한 명령을 전달하는 해당 카메라 드라이버로 명령이 전달되며, 키보드의 키가 눌러졌을 때도 비슷한 일이 일어난다. 단순히 말해, 커널의 드라이버가 하드웨어를 제어한다. 다음 그림에 나와있는 것처럼, 커널은 와이파이, 블루투스, USB, 오디오, 디스플레이 등과 관련된 드라이버를 포함한다.

리눅스 커널은 프로세스 관리, 메모리 관리, 보안, 네트워킹과 같은 안드로이드의 핵심 기능을 관리한다. 리눅스는 보안과 프로세스 관리에 있어서 검증된 플랫폼이다. 안드로이드는 자신의 단단한 생태계를 구축하기 위해 기존의 오픈소스 리눅스 OS를 활용했다. 각 안드로이드 버전은 다른 버전의 리눅스 커널을 사용한다. 현재의 KitKat 안드로이드 버전은 리눅스 커널 3.8을 사용하고 있다고 알려져 있다(http://www.phonearena.com/news/Android-4.4-KitKat-update-release-date-features-and-rumors_id47661).

라이브러리

다음 계층은 안드로이드의 네이티브 라이브러리들로 이루어진다. 라이브러리는 C 또는 C++ 언어로 작성되어 있고 기기가 다양한 종류의 데이터를 다룰 수 있게 도와준다. 예를 들어, SQLite 라이브러리는 데이터베이스에 자료를 저장하고 불러오는 데 유용하다. Media Framework, WebKit, Surface Manager, SSL 등의 라이브러리가 있다. Media Framework 라이브러리는 다른 라이브러리들에 서비스를 제공하는 주요 인터페이스로 동작한다. WebKit 라이브러리는 웹 브라우저에 웹 페이지를 전달하고 surface manager는 그래픽을 담당한다. 같은 계층에 안드로이드 런타임이 존재하는데 여기에는 달빅 가상 머신DVM, Dalvik Virtual Machine과 핵심 라이브러리가 포함된다. 안드로이드 런타임은 안드로이드 기기에서 애플리케이션을 실행시키는 역할을 한다. "런타임"이라는 용어는 애플리케이션이 시작되고 종료될 때까지의 시간을 의미한다.

달빅 가상 머신

안드로이드 기기에 설치한 모든 애플리케이션은 자바 프로그래밍 언어로 작성된다. 자바 프로그램이 컴파일될 때, 바이트코드가 생성된다. JVM은 바이트코드를 실행하는 가상 머신(가상 머신은 운영체제와 같이 동작하는 애플리케이션으로 가상 머신을 사용해 윈도우 OS를 맥에서 구동하거나 그 반대 경우를 수행할 수 있다)이다.

DVM은 Dex 컴파일러라 변환한 자바 바이트코드인 달빅 바이트코드를 실행한다(http://markfaction.wordpress.com/2012/07/15/stack-based-vs-register-based-virtual-machine-architecture-and-the-dalvik-vm/). 따라서 dx 도구를 사용해 .class 파일들이 dex 파일로 변환된다. 자바 바이트코드와 비교해 달빅 바이트코드는 낮은 메모리와 낮은 처리 환경에 더 적합하다. 또한, JVM의 바이트코드는 애플리케이션에 존재하는 .java 파일의 개수에 따라 하나 이상의 .class 파일을 포함하지만 Dalvik 바이트코드는 오직 하나의 dex 파일로 구성된다. 각 안드로이드 애플리케이션은 자신만의 달빅 가상 머신을 실행한다. 이는 안드로이드 보안의 가장 중요한 부분이며 8장에서 자세히 다룬다. 다음 그림은 안드로이드의 DVM이 자바의 JVM과 어떻게 다른지에 대해 보여준다.

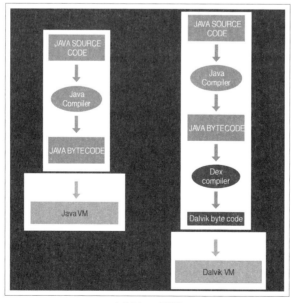

▲ JVM vs. DVM

애플리케이션 프레임워크 계층

애플리케이션 프레임워크는 자원 관리, 통화 관리 등 폰의 기본적인 기능을 다루는 계층이다. 이 계층은 기기에 설치된 애플리케이션이 직접 통신하는 블록이다. 다음 목록은 애플리케이션 계층의 주요 블록을 보여준다.

- Telephony Manager: 이 블록은 모든 음성 통화를 관리한다.
- Content Provider: 이 블록은 다른 애플리케이션 간의 데이터 공유를 관리한다.
- Resource Manager: 이 블록은 애플리케이션이 사용하는 다양한 자원을 관리한다.

애플리케이션 계층

최상위의 계층으로 사용자가 기기와 직접 상호작용하는 부분이다. 애플리케이션에는 미리 설치된 애플리케이션과 사용자가 설치한 애플리케이션 두 종류가 있다. 전화 걸기, 웹 브라우저, 주소록 등 미리 설치된 애플리케이션은 기기와 함께 제공된다. 사용자가 설치한 애플리케이션은 구글 플레이 스토어, 아마존 마켓플레이스 등 여러 곳에서 다운로드할 수 있다. 기기에서 볼 수 있는 모든 것(주소록, 메일, 카메라 등)은 애플리케이션이다.

안드로이드 보안

안드로이드는 보안에 대해 특히 집중하여 설계되었다. 플랫폼으로써의 안드로이드는 다계층 보안을 통해 기기에 존재하는 사용자 데이터에 대한 보안을 제공한다. 사용자를 보호하기 위한 보안 기본 설정과 안전한 애플리케이션을 개발하기 위해 개발자 커뮤니티에서 활용되는 기능들이 있다. 안드로이드의 보안 제어와 관련되어 다음 사항에 대해 주의해야 한다.

- 사용자 관련 데이터 보호
- 시스템 자원 보호
- 애플리케이션 간 서로의 데이터 접근 금지

다음 몇 가지 개념은 안드로이드의 보안 기능에 대한 이해를 도와준다. 안드로이드 보안에 대한 자세한 사항은 http://source.android.com/devices/tech/security/에서 찾을 수 있다.

안전한 커널

수 년에 걸쳐 리눅스는 안전한 플랫폼으로 진화되어 왔고, 안드로이드는 리눅스를 커널로 사용해 이 안전성을 활용했다. 리눅스의 사용자 기반 퍼미션 모델은 사실 안드로이드에서도 잘 동작한다. 이전에 언급했듯이 수많은 특정 코드가 리눅스 커널 상에 개발되었다. 출시된 안드로이드 버전별로 커널 버전도 변화되었다. 다음 표는 안드로이드 버전과 그에 해당하는 커널 버전을 보여준다.

안드로이드 버전	리눅스 커널 버전
1	2.6.25
1.5	2.6.27
1.6	2.6.29
2.2	2.6.32
2.3	2.6.35
3	2.6.36
4	3.0.1
4.1	3.0.31
4.2	3.4.0
4.2	3.4.39
4.4	3.8

▲ 안드로이드에 사용된 리눅스 커널 버전

퍼미션 모델

다음 스크린샷에 나타난 것과 같이 애플리케이션이 인터넷, 전화 걸기 등 민감한 기능에 접근하기 위해서는 사용자로부터 퍼미션을 받아야 한다. 이를 통해 사용자는 애플리케이션이 기기의 어떤 기능에 접근하려는지 미리 알 수 있다. 간단히 말해서, 어떤 종류의 악성 행위(데이터 훔치기, 시스템 감염 등)를 수행하기 위해 사용자의 허락을 요구한다.

이 모델은 사용자가 공격을 방지할 수 있도록 돕지만, 사용자가 인지하지 못하고 많은 퍼미션을 허락한다면, 문제가 발생하게 된다(기기에 멀웨어를 설치하는 것에서 가장 취약한 부분은 항상 사용자에 있음을 기억하자).

▲ 안드로이드의 퍼미션 모델

애플리케이션 샌드박스

리눅스 시스템에서 각 사용자는 고유한 사용자 ID(UID)를 할당받고, 사용자들은 분리되어 서로의 데이터에 접근하지 못한다. 하지만, 특정 사용자가 실행한 모든 애플리케이션은 같은 권한으로 동작한다. 안드로이드에서도 비슷하게 각 애플리케이션이 고유 사용자처럼 실행된다. 다시 말해, 각 애플리케이션에 UID가 할당되고 분리된 프로세스로 실행된다. 이 개념은 커널 레벨에서의 애플리케이션 샌드박스를 가능하게 한다. 커널은 애플리케이션 간의 보안 제약을 UID나 GID와 같은 기존의 리눅스에서의 개념을 사용해서 관리한다. 만약 애플리케이션이 다른 애플리케이션의 데이터를 읽으려는 것과 같이 악성 행위를 시도하더라도 애플리케이션이 해당 사용자 권한을 가지고 있지 않기 때문이 행위가 허락되지 않는다. 따라서, 애플리케이션이 다른 애플리케이션의 데이터에 접근하는 것을 운영체제가 보호한다.

안전한 프로세스 간 통신

안드로이드는 같은 애플리케이션 내의 한 액티비티에서 다른 액티비티로 메시지를 보내거나 다른 애플리케이션의 액티비티로 메시지를 보내는 것을 통해 안전한 프로세스간 통신을 제공한다. 이를 위해, 안드로이드는 인텐트, 서비스, content provider 등 interprocess communication(IPC) 메커니즘을 제공한다.

애플리케이션 서명

설치된 모든 애플리케이션이 디지털적으로 서명되어야 하는 것을 필수사항이다. 개발자는 자신의 애플리케이션에 서명을 해야지만 구글의 플레이 스토어에 등록할 수 있다. 애플리케이션에 서명된 개인키는 개발자가 가지고 있다. 같은 키를 사용해 개발자는 애플리케이션의 업데이트 제공과 애플리케이션 간의 데이터 공유 등을 수행한다.

안드로이드 파일 계층

어떤 시스템(데스크탑 또는 모바일)에서 포렌식 분석을 수행하기 위해서 내부의 파일 계층을 이해하는 것이 중요하다. 안드로이드가 파일과 폴더에 자료를 어떻게 구성하는지에 대한 기본적인 이해는 포렌식 분석가가 작업을 특정 문제로 축소하는 데 도움을 준다. 다른 운영체제와 마찬가지로 안드로이드도 여러 파티션을 사용한다. 이 장에서는 가장 중요한 파티션의 일부와 그 안에 저장된 콘텐츠에 대해 알아본다.

안드로이드가 리눅스 커널을 사용하고 있음을 상기하자. 따라서 유닉스 계열 시스템과 친숙하다면 안드로이드의 파일 계층을 매우 잘 이해할 수 있을 것이다. 리눅스 모델과 친숙하지 않은 독자를 위한 몇 가지 기본 정보는 다음과 같다. 리눅스에서 파일 계층은 단일 트리구조로 최상위 부분은 /("루트"라고 부른다)로 표기된다. 이는(윈도우에서와 같이) 드라이브에 파일을 구성하는 개념과 다르다. 파일 시스템이 로컬이나 원격에 있는지 관계없이 루트 하위에 존재한다. 안드로이드 파일 계층은 기존의 리눅스 계층을 수정한 버전이다. 기기 제조사와 기반 리눅스 버전에 따라, 계층 구조는 조금씩 다를 수 있다. 다음 목록은 대부분의 안드로이드 기기에 존재하는 중요한 폴더들이다. 이 중 어떤 폴더는 루트 권한을 가질 때만 보인다.

- **/boot**: 이름에서 알 수 있듯이, 이 파티션은 폰이 부팅하는 데 필요한 정보와 파일을 가지고 있다. 여기에는 커널과 램디스크가 있어서 이 파티션 없이는 폰이 작동하지 않는다. 램 내부의 데이터는 매우 중요하기 때문에 포렌식 과정에서 반드시 수집되어야 한다.

- **/system**: 이 파티션은 커널과 램디스크 이외의 시스템 관련 파일을 포함한다. 이 폴더가 없으면 기기가 부팅되지 않기 때문에 절대로 삭제돼서는 안 된다. 이 파티션의 콘텐츠는 다음 명령어로 볼 수 있다.

```
shell@Android:/ $ cd /system
cd /system
shell@Android:/system $ ls
ls
CSCVersion.txt
SW_Configuration.xml
```

```
app
bin
build.prop
cameradata
csc
csc_contents
etc
fonts
framework
hdic
lib
media
recovery-from-boot.p
sipdb
tts
usr
vendor
voicebargeindata
vsc
wakeupdata
wallpaper
xbi
```

- **/recovery**: 이 파티션은 백업 목적으로 설계되었고 기기가 복구 모드로 부팅하는 것을 가능하게 한다. 복구 모드에서 폰 설치를 복구할 수 있는 도구를 찾을 수 있다.

- **/data**: 이 파티션은 각 애플리케이션의 데이터를 포함한다. 주소록, SMS, 통화한 전화번호 등 사용자와 관련된 대부분의 데이터가 이 폴더에 저장된다. 이 폴더는 중요한 데이터를 담고 있기 때문에 포렌식 관점에서 높은 중요성을 가진다. 데이터 폴더의 콘텐츠는 다음의 명령어로 볼 수 있다.

```
C:\Android-sdk-windows\platform-tools>adb.exe shell
root@Android:/ # cd /data
cd /data
root@Android:/data # ls
ls
anr
app
```

```
app-private
backup
camera
dalvik-cache
data
dontpanic
drm
local
lost+found
misc
property
resource-cache
system
system.notfirstrun
user
```

- **/cache**: 이 폴더는 빠른 데이터 읽기를 위해 자주 접근되는 데이터와 몇 가지 로그를 저장한다. 캐시 파티션에 존재하는 데이터가 /data 파티션에 더 이상 존재하지 않을 수 있기 때문에 이 파티션도 포렌식 조사에서 중요성을 지닌다.
- **/misc**: 이름에서 알 수 있듯이 이 폴더에는 기타 설정 정보를 담고 있다. 이 설정들은 켜고 꺼짐 등의 대부분 기기의 상태를 정의한다. 하드웨어 설정, USB 설정 등도 이 폴더에서 접근 가능하다.

안드로이드 파일 시스템

파일 시스템을 이해하는 것은 포렌식 과정에서 필수적인 과정이다. 파일 시스템의 속성과 구조에 대한 지식이 포렌식 분석 과정에서 유용하다는 것은 증명되어 왔다. 파일 시스템은 데이터가 저장, 구성되고 볼륨에서 검색되는 방법을 의미한다. 기본적인 설치는 여러 파티션으로 쪼개진 하나의 볼륨을 기반으로 한다. 각 파티션은 다른 파일 시스템이 관리한다. 리눅스에서와 같이 안드로이드도 (C: 또는 E:와 같은) 드라이브가 아닌 마운트 지점을 활용한다. 각 파일 시스템은 볼륨에 존재하는 파일을 관리하기 위해 자신만의 규칙을 정의한다. 이 규칙에 따라 각 파일 시스템은 다른 검색 속도, 보안, 크기 등을 제공한다. 리눅스와 같이 안드로이드도 여러 가지 파일 시스템을 사용한다. 포렌식 관점에서 안드로이드가 어떤 파일 시스템을 사용하는 것을 이해하고 조사에서 파일 시스템의 중요도를 인지하는 것은 중요하다. 예를 들어 사용자의 데이터를 저장하는 파일 시스템이 기기를 부팅하는 데 사용되는 파일 시스템보다 더 높은 중요도를 가진다.

안드로이드 기기의 파일 시스템 보기

안드로이드 커널이 지원하는 파일 시스템은 proc 폴더에 있는 filesystems 파일의 내용을 확인하여 알 수 있다. 이 파일의 콘텐츠는 다음 명령을 사용해 볼 수 있다.

```
shell@Android:/ $ cat /proc/filesystems
cat /proc/filesystems
nodev    sysfs
nodev    rootfs
nodev    bdev
nodev    proc
nodev    cgroup
nodev    tmpfs
nodev    binfmt_misc
nodev    debugfs
nodev    sockfs
nodev    usbfs
nodev    pipefs
nodev    anon_inodefs
nodev    devpts
         ext2
         ext3
         ext4
nodev    ramfs
         vfat
         msdos
nodev    ecryptfs
nodev    fuse
         fuseblk
nodev    fusectl
         exfat
```

앞의 출력에서 첫 번째 열은 파일 시스템이 기기에 마운트되어 있는지 여부를 알려준다. nodev로 나와 있는 기기에 마운트되지 않은 것이다. 두 번째 열은 기기에 존재하는 모든 파일 시스템을 나타낸다. 다음과 같이 간단한 mount 명령을 통해 기기에 존재하는 파티션들을 나타낼 수 있다.

```
shell@Android:/ $ mount
mount
rootfs / rootfs ro,relatime 0 0
tmpfs /dev tmpfs rw,nosuid,relatime,mode=755 0 0
devpts /dev/pts devpts rw,relatime,mode=600 0 0
proc /proc proc rw,relatime 0 0
sysfs /sys sysfs rw,relatime 0 0
none /acct cgroup rw,relatime,cpuacct 0 0
tmpfs /mnt/asec tmpfs rw,relatime,mode=755,gid=1000 0 0
tmpfs /mnt/obb tmpfs rw,relatime,mode=755,gid=1000 0 0
none /dev/cpuctl cgroup rw,relatime,cpu 0 0
/dev/block/mmcblk0p9 /system ext4 ro,noatime,barrier=1,data=ordered 0
0
/dev/block/mmcblk0p3 /efs ext4
rw,nosuid,nodev,noatime,barrier=1,journal_async_commit,data=ordered 0 0 /
dev/block/mmcblk0p8 /cache ext4
rw,nosuid,nodev,noatime,barrier=1,journal_async
_commit,data=ordered 0 0 /dev/block/mmcblk0p12 /data ext4 rw,nosuid,nodev
,noatime,barrier=1,journal_async
  _commit,data=ordered,noauto_da_alloc,discard 0 0
/sys/kernel/debug /sys/kernel/debug debugfs rw,relatime 0 0
/dev/fuse /storage/sdcard0 fuse
rw,nosuid,nodev,noexec,relatime,user_id=1023,group_id=1023,default_
permissions,allow_other 0 0
```

다음 절에서 중요한 파일 시스템들에 대해 간략히 소개할 것이다.

root 파일 시스템rootfs는 안드로이드의 주요 구성요소 중 하나로 기기를 부팅하는 데 필요한 모든 정보를 담고 있다. 기기가 부팅 과정을 시작하면, 기기는 많은 핵심 파일에 접근해야 하기 때문에 root 파일 시스템을 마운트한다. 앞의 mount 명령의 결과에서 볼 수 있듯이 이 파일 시스템은 /(root 폴더)에 마운트되어 있다.

따라서 이 파일 시스템 위에 다른 파일 시스템들이 나중에 마운트된다. 이 파일 시스템에 오류가 생기면, 기기가 부팅되지 않는다.

sysfs 파일 시스템은 기기의 환경설정에 대한 정보를 담고 있으며 /sys 폴더에 마운트된다. 다음 출력 값은 안드로이드 기기의 sys 디렉토리 내부의 여러 폴더를 보여준다.

```
shell@Android:/ $ cd /sys
cd /sys
shell@Android:/sys $ ls
ls
block
bus
class
dev
devices
firmware
fs
kernel
module
power
```

이 폴더들에 존재하는 데이터 대부분이 환경설정과 연관되어 있기 때문에 포렌식 조사관에게 큰 중요성을 주진 않는다. 하지만, 특정 설정이 폰에 활성화되어 있는지 확인할 필요가 있는 경우에 이 폴더를 조사하는 것이 도움이 된다. 각 폴더는 많은 수의 파일을 포함하는 것에 주목하자. 포렌식 수집에서 이 데이터를 가져오는 것은 조사 과정에서 데이터가 변경되지 않음을 보장하는 가장 좋은 방법이다.

devpts 파일 시스템은 안드로이드 기기의 터미널 세션과의 인터페이스를 나타낸다. 이 파일 시스템은 /dev/pts에 마운트되어 있다. 예를 들어, adb 셸이 안드로이드에 접속하는 것과 같이 터미널 연결이 성립되면, /dev/pts 밑에 새로운 노드가 생성된다. 다음은 adb 셸이 기기에 접속했을 때의 출력값이다.

```
shell@Android:/ $ ls -l /dev/pts
ls -l /dev/pts
crw------- shell    shell    136,   0 2013-10-26 16:56 0
```

cgroup 파일 시스템은 control groups의 약어다. 안드로이드 기기는 작업을 추적하기 위해 이 파일 시스템을 사용한다. 기기는 작업을 모으고 계속해서 추적할 필요가 있다. 이 데이터는 대체로 포렌식 조사 과정에서 유용하지 않다.

proc 파일 시스템은 커널 데이터 구조, 프로세스와 다른 시스템과 관련된 정보를 /proc 디렉토리에 저장한다. 예를 들어, /sys 디렉토리는 커널 파라미터와 관련된 파일을 포함한다. 비슷하게 /proc/ 파일 시스템은 기기의 모든 사용 가능한 파일 시스템 목록을 나타낸다. 다음 명령은 기기의 CPU에 대한 정보를 보여준다.

```
shell@Android:/ $ cat /proc/cpuinfo
cat /proc/cpuinfo
Processor        : ARMv7 Processor rev 0 (v7l)
processor        : 0
BogoMIPS         : 1592.52
processor        : 3
BogoMIPS         : 2786.91
Features         : swp half thumb fastmult vfp edsp neon vfpv3 tls
CPU implementer  : 0x41
CPU architecture : 7
CPU variant      : 0x3
CPU part         : 0xc09
CPU revision     : 0
Chip revision    : 0011
Hardware         : SMDK4x12
Revision         : 000c
Serial           : ****************
```

비슷하게, 조사할 때 값진 정보를 제공하는 기타 파일 시스템이 존재한다.

tmpfs 파일 시스템은 램(휘발성 메모리)에 파일을 저장할 때 사용되는 임시 저장소다. 램을 사용하는 주요 장점은 빠른 접근과 검색이다. 하지만 기기가 재시작되거나 전원이 꺼지면 이 데이터에 더 이상 접근할 수 없다. 따라서 기기가 재시작되기 전에 데이터를 조사하거나 램 수집 방법을 통해 데이터를 추출하는 것이 중요하다.

EXT

1992년에 리눅스 커널에 특화되어 출시된 EXT~Extended File System~는 첫 번째 파일 시스템 중의 하나였으며 가상 파일 시스템을 사용했다. EXT2, EXT3, EXT4는 그 이후 출시된 버전이다. 저널링~Journaling~은 EXT3가 EXT2와 비교했을 때 가진 주요 장점이다. EXT3 상에서는 예상치 못한 전원 꺼짐에도 파일 시스템을 검증할 필요 가 없다. EXT4 파일 시스템은 네 번째 확장 파일 시스템으로 듀얼 코어 프로세서 를 장착한 모바일 기기와 함께 주목 받아왔다. YAFFS2 파일 시스템은 듀얼 코어 시스템의 병목으로 알려져 왔다. 안드로이드의 Gingerbread 버전에서 YAFFS 파 일 시스템이 EXT4로 대체되었다. 다음은 삼성 갤럭시 S3 폰에서 EXT4를 사용하 는 마운트 지점을 보여준다.

```
/dev/block/mmcblk0p9 /system ext4 ro,noatime,barrier=1,data=ordered 0 0
/dev/block/mmcblk0p3 /efs ext4 rw,nosuid,nodev,noatime,barrier=1,journal_
async_commit,data=ordered 0 0
/dev/block/mmcblk0p8 /cache ext4 rw,nosuid,nodev,noatime,barrier=1,journ
al_async_commit,data=ordered 0 0
/dev/block/mmcblk0p12 /data ext4 rw,nosuid,nodev,noatime,barrier=1,journ
al_async_commit,data=ordered,n oauto_da_alloc,discard 0 0
```

VFAT는 FAT16과 FAT32 파일 시스템의 확장 버전이다. 마이크로소프트의 FAT32 파일 시스템은 대부분의 안드로이드 기기가 지원한다. 이 시스템은 윈도 우, 리눅스, 맥 OS를 포함한 대부분의 주요 운영체제에서 지원한다. 이 시스템은 시스템이 안드로이드 기기의 FAT32 영역에 있는 파일을 쉽게 읽고, 수정하고, 삭 제할 수 있게 한다. 대부분의 외부 SD 카드는 FAT32 파일 시스템을 사용해 포맷 된다. 다음 출력 값은 마운트 지점 /sdcard와 /secure/asec이 VFAT 파일 시스템 을 사용한다는 것을 보여준다.

```
shell@Android:/sdcard $ mount
mount
rootfs / rootfs rw 0 0
tmpfs /dev tmpfs rw,nosuid,relatime,mode=755 0 0
devpts /dev/pts devpts rw,relatime,mode=600,ptmxmode=000 0 0
proc /proc proc rw,relatime 0 0
```

```
sysfs /sys sysfs rw,relatime 0 0
tmpfs /mnt/asec tmpfs rw,relatime,mode=755,gid=1000 0 0
tmpfs /mnt/obb tmpfs rw,relatime,mode=755,gid=1000 0 0
/dev/block/nandd /system ext4
rw,nodev,noatime,user_xattr,barrier=0,data=ordered 0 0
/dev/block/nande /data ext4
rw,nosuid,nodev,noatime,user_xattr,barrier=0,journal_checksum,data=or
dered,noauto_da_alloc 0 0
/dev/block/nandh /cache ext4
rw,nosuid,nodev,noatime,user_xattr,barrier=0,journal_checksum,data=or
dered,noauto_da_alloc 0 0
/dev/block/vold/93:64 /mnt/sdcard vfat
rw,dirsync,nosuid,nodev,noexec,relatime,uid=1000,gid=1015,fmask=0702,
dmask=0702,allow_utime=0020,codepage=cp437,iocharset=ascii,shortname=
mixed,utf8,errors=remount-ro 0 0
/dev/block/vold/93:64 /mnt/secure/asec vfat
rw,dirsync,nosuid,nodev,noexec,relatime,uid=1000,gid=1015,fmask=0702,
dmask=0702,allow_utime=0020,codepage=cp437,iocharset=ascii,shortname=
mixed,utf8,errors=remount-ro 0 0
tmpfs /mnt/sdcard/.Android_secure tmpfs ro,relatime,size=0k,mode=000
0 0
/dev/block/dm-0 /mnt/asec/com.kiloo.subwaysurf-1 vfat
ro,dirsync,nosuid,nodev,relatime,uid=1000,fmask=0222,dmask=0222,codep
age=cp437,iocharset=ascii,
shortname=mixed,utf8,errors=remount-ro 0 0
```

YAFFS2Yet Another Flash File System 2는 2002년에 출시된 오픈소스, 단일 스레드 파일 시스템이다. 이 시스템은 NAND 플래시를 다룰 때 빠르도록 설계되었다. YAFFS2은 포렌식 과정에서 제대로 수집되지 않는 OOBOut Of Band를 활용하기 때문에 분석을 힘들게 한다. 이 점에 대해서는 9장에서 자세히 다룬다. YAFFS2는 가장 대중적인 시스템이었으며 여전히 안드로이드 기기에서 널리 사용되고 있다. YAFFS2는 로그 구조의 파일 시스템이다. 갑작스러운 정전에도 데이터 무결성이 보장된다. Gingerbread 이후 버전에서는 YAFFS2를 EXT4로 대체한다는 발표가 2010년에 있었다. 현재 새로운 커널 버전에서는 YAFFS2가 지원되지 않지만 특정 모바일 제조사는 여전히 지원한다.

F2FS Flash Friendly File System는 2013년 2월에 리눅스 3.8 커널을 운영하는 삼성 기기를 지원하기 위해 출시되었다(http://www.linux.org/threads/flash-friendly-file-system-f2fs.4477/). F2FS는 NANA 플래시 메모리를 최적화하는 로그 구조 기반의 방법을 사용한다. 오프라인 지원 기능은 이 파일 시스템의 주요 장점이다. 하지만, 이 파일 시스템은 아직 대중적이지 않으며 업데이트가 되고 있다.

RFS Robust File System는 삼성 기기에서 NAND 플래시 메모리를 지원한다. RFS는 저널링이 트랜젝션 로그를 통해 지원되는 FAT16(또는 FAT32) 파일 시스템이라고 요약할 수 있다. 많은 사용자들은 삼성이 EXT4를 지원해야 한다고 불평한다. RFS는 지연 시간을 가지며 안드로이드 기능의 속도를 느리게 한다고 알려져 있다.

정리

안드로이드 기기의 기능, 파일 시스템을 이해하는 것은 포렌식 조사 과정에서 유용하다. iOS와 달리 여러 기기가 안드로이드 운영체제를 사용하고 각각이 다른 파일 시스템을 사용하거나 고유한 기능을 가질 수 있어 여러 가지 변수가 존재한다. 안드로이드가 오픈소스이고 커스터마이징할 수 있다는 점이 디지털 포렌식 분야에 변화를 주었다. 포렌식 조사관은 안드로이드 기기를 다룰 때 예상치 못한 점이 발생할 수 있다는 점에 대비해야 한다. 다음 장에서는 안드로이드 기기에 저장된 데이터에 접근하는 방법에 대해 알아본다.

8

안드로이드 포렌식 셋업과 데이터 사전 추출 기법

조사를 시작하기 전에 인정된 포렌식 환경을 갖추는 것이 중요한데, 이는 조사관이 워크스테이션을 제어하고 있는 동안 데이터가 보호되어야 하기 때문이다. 이 장에서는 디지털 포렌식 조사 환경을 구축할 때의 과정과 고려해야 할 사항에 대해 설명한다. 조사관이 포렌식 환경의 제어권을 항상 지니고 있다는 것은 매우 중요하다. 이는 포렌식 조사에 영향을 줄 수 있는 상호 오염을 방지한다. 이 장은 안드로이드 모바일 기기의 포렌식 조사를 시작하기 위해 갖춰야 할 최소한의 기본 요구사항을 다루는 데 초점을 둔다.

포렌식 환경 구축

포렌식 과정에서 올바른 실험 환경을 구축하는 것은 필수 사항이다. 안드로이드 포렌식 환경 구축은 보통 다음을 포함한다.

- 새롭거나 포렌식적으로 깨끗한 컴퓨터 환경에서 시작한다. 이는 다른 데이터가 시스템에 존재하지 않거나 데이터가 존재하더라도 진행 중인 조사를 오염시키지 않는 환경을 의미한다.

- 기기에 접속할 때 필요한 기본적인 소프트웨어를 설치한다. 안드로이드 포렌식 도구와 방법은 윈도우, 리눅스, OS X 플랫폼에서 동작한다.

- 기기에 대한 권한을 얻는다. 조사관은 안드로이드 기기에서 데이터를 추출하기 위해 설정에 접근하거나 우회할 수 있어야 한다.

- 이 장과 9장에서 다룰 방법을 통해 기기에 명령을 내린다.

다음 절에서는 기본적인 안드로이드 포렌식 워크스테이션 환경을 구축하는 가이드를 제시한다.

안드로이드 소프트웨어 개발 킷

안드로이드 소프트웨어 개발 킷SDK은 개발자가 안드로이드에서 동작하는 애플리케이션을 빌드, 테스트, 디버그할 수 있도록 도와준다. 이는 애플리케이션을 생성할 수 있는 도구를 제공한다. 또한 안드로이드 기기의 조사 과정에서 큰 도움을 될 수 있는 유용한 문서와 다른 도구를 함께 제공한다. 안드로이드 SDK에 대한 이해는 특정 기기와 그 기기에 존재하는 데이터를 다루는 데 도움을 줄 것이다.

안드로이드 SDK는 소프트웨어 라이브러리, API, 도구, 에뮬레이터, 기타 참고 자료로 이뤄져 있다. 이는 http://developer.android.com/에서 무료로 다운로드할 수 있다. 포렌식 조사 과정에서 SDK는 안드로이드 기기에 있는 데이터에 연결하고 접근하는 데 도움을 준다. 안드로이드 SDK는 매우 빠르게 업데이트되기 때문에 작업하는 워크스테이션에서도 업데이트를 하는 것이 중요하다. 안드로이드 SDK는 윈도우, 리눅스, OS X에서 동작한다.

안드로이드 SDK 설치

제대로 동작하는 안드로이드 SDK 설치는 포렌식 기기를 조사하는 과정에서 필수 요소다. 대부분의 웹사이트는 컴퓨터의 운영체제를 인식하여 올바른 안드로이드 SDK를 다운로드한다. 다음은 윈도우 7 컴퓨터에 안드로이드 SDK를 설치하는 과정을 단계별로 보여준다.

1. 안드로이드 SDK는 JDK~Java SE Development Kit~에 의존적이기 때문에 안드로이드 SDK를 설치하기 전에 JDK가 설치되어 있는지 확인해야 한다. JDK는 http://www.oracle.com/technetwork/java/javase/downloads/index.html에서 다운로드할 수 있다.

2. http://developer.android.com/에서 최신의 안드로이드 SDK를 다운로드한다. 여기서는 SDK의 설치 버전을 권장한다.

3. 과정 2에서 다운로드한 설치 파일을 실행한다. 다음 스크린샷과 같이 마법사 화면이 나타날 것이다. 이후 다음 단계로 진행한다.

▲ 안드로이드 SDK 도구 설치 마법사

4. 설치될 위치는 사용자가 정할 수 있으며 추후 접근을 위해 반드시 기억한다. 이 예제에서는 C:\ 폴더에 설치했다. Install 버튼을 클릭하고 위치를 선택한다 (예, C:\android-sdk). 필요한 파일들이 이 폴더에 추출될 것이다.

5. 디렉토리(C:\android-sdk)를 열어 **SDK Manager.exe**를 더블 클릭하여 업데이트 과정을 시작한다. 다음 스크린샷과 같이 안드로이드 SDK 플랫폼 도구Platform tools와 출시된 안드로이드 플랫폼 버전 중 하나를 반드시 선택한다. 이 목록의 일부 아이템은 기본적으로 선택되어 있다. 예를 들어, 윈도우에서 안드로이드 기기에 작업을 하려면 USB 드라이버가 설치되어 있어야 한다. 이 예제에서 구글 USB 드라이버가 선택되었다. 비슷하게, Extras 부분에서 다른 아이템을 찾을 수 있다. 다음 스크린샷과 같이 라이선스에 동의하고 설치한다.

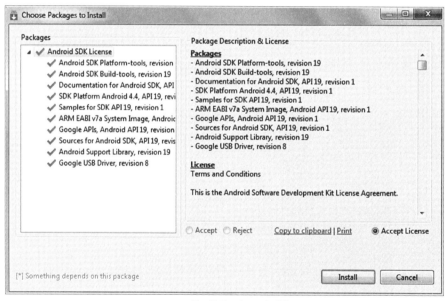

▲ 안드로이드 SDK 라이센스

이를 통해 안드로이드 SDK 설치가 완료되었고 실행 파일 경로에 대한 시스템 환경 변수Path를 설정할 수 있다. OS X와 리눅스에서의 안드로이드 SDK 설치는 약간 다를 수 있다. 모든 기능을 사용하기 위해 SDK와 함께 제공되는 과정을 반드시 따라야 한다.

안드로이드 가상 기기

안드로이드 SDK가 플랫폼과 함께 설치되면, 에뮬레이터로 불리기도 하는 안드로이드 가상 기기AVD, Android Virtual Device를 생성할 수 있다. AVD는 보통 개발자들이 새로운 애플리케이션을 생성할 때 사용한다. 하지만, 에뮬레이터는 포렌식적으로도 중요성을 가진다. 에뮬레이터는 애플리케이션이 기기에서 어떻게 동작하고 실행되는지 이해하는 데 도움을 준다. 이는 포렌식 조사 과정에서 발견한 것을 확인하는 데 도움을 줄 수 있다. 또한, 구 버전의 플랫폼에서 동작하는 기기에서 작업을 하면서 같은 플랫폼을 운영하는 에뮬레이터를 설계할 수 있다. 또한, 실제 기기에 포렌식 도구를 설치하기 전에 에뮬레이터를 사용해서 포렌식 도구가 어떻게 동작하고 기기의 내용을 바꾸는지 확인할 수 있다. 새로운 AVD(윈도우 워크스테이션에서)를 생성하기 위해서 다음 과정을 수행한다.

1. 명령 프롬프트(cmd.exe)를 연다. 명령행에서 AVD 매니저manager를 시작하기 위해 SDK가 설치된 곳으로 이동하여 다음 명령행에 나와 있는 것과 같이 안드로이드 툴을 avd 옵션과 함께 호출한다. 이 명령은 AVD 매니저를 자동으로 열 것이다.

```
C:\android-sdk\tools>android avd
```

 또 다른 방법으로, AVD 매니저는 GUI 환경에서의 AVD 매니저를 사용해 시작될 수 있다. 이렇게 시작하기 위해서 예제에서 SDK가 설치된 경로(C:\android-sdk)로 이동하여 AVD 매니저를 더블 클릭한다.

다음 스크린샷은 안드로이드 가상 기기 매니저 화면을 나타낸다.

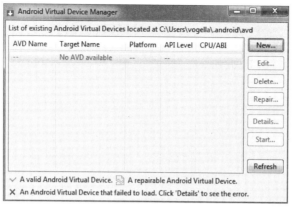

▲ 안드로이드 가상 기기 매니저

2. AVD 매니저 창에서 New를 클릭하여 새로운 가상 기기를 생성한다. 다음 스크
   린샷과 같이 Edit를 클릭해서 기존의 가상 기기의 환경설정을 변경할 수 있다.

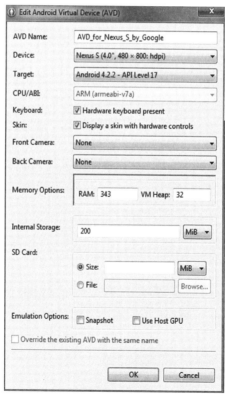

▲ 가상 기기 환경설정

3. 다음의 정보를 입력한다.

- ○ AVD Name: 가상 기기에 ForensicsAVD와 같은 이름을 부여할 때 사용된다.

- ○ Device: 화면 크기에 기반해 사용 가능한 기기들 중 하나를 선택한다.

- ○ Target: 기기의 플랫폼을 선택할 때 사용된다. SDK 설치 과정에서 선택되고 설치된 버전들만 목록에 표시된다. 이 예제에서는 안드로이드Android 4.4 플랫폼이 선택되었다.

- ○ 내부 저장소 공간, SD 카드의 크기 등 에뮬레이터를 커스터마이즈하기 위한 하드웨어 기능을 선택할 수 있다.

4. 기기가 성공적으로 생성되면 확인 메시지가 나타난다. AVD를 선택하고 Start를 클릭하자. 실행 옵션이 나타날 것이다. 옵션을 선택하고 Launch를 클릭한다.

5. 에뮬레이터가 실행될 것이다. 워크스테이션의 CPU와 RAM에 따라 몇 분에서 그 이상으로 시간이 걸릴 수 있다. 에뮬레이터는 상당량의 시스템 자원을 소모한다. 성공적으로 실행되면 다음 스크린샷과 같이 AVD가 동작한다.

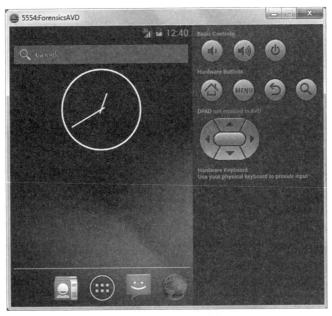

▲ 안드로이드 에뮬레이터

에뮬레이터를 사용해 이메일 계정 설정, 애플리케이션 설치, 인터넷 검색, 문자 메시지를 전송 등의 작업을 할 수 있다. 포렌식 관점에서 분석가와 보안 연구자들은 파일 시스템, 데이터 저장소 등을 이해하기 위해 에뮬레이터의 기능을 활용할 수 있다. 에뮬레이터에서 작업을 하면서 생성된 데이터는 홈 디렉토리의 .android 폴더에 저장된다. 예를 들어, 이 예제에서 생성한 ForensicsAVD에 대한 자세한 정보는 C:\Users\Rohit\.android\avd\ForensicsAVD.avd에 저장된다. 이 디렉토리 내의 다양한 파일 중에 포렌식 분석가가 관심 있게 봐야 하는 파일은 다음과 같다.

- cache.img: /cache 파티션의 디스크 이미지다(7장에서 /cache 파티션에 대해 다뤘다).
- sdcard.img: SD 카드 파티션의 디스크 이미지다.
- Userdata-qemu.img: /data 파티션의 디스크 이미지다. /data 파티션은 기기 사용자에 대한 유용한 정보를 담고 있다.

안드로이드 기기를 워크스테이션에 연결

오픈소스 도구를 사용한 안드로이드 기기의 포렌식 수집을 위해 기기를 포렌식 워크스테이션에 연결해야 한다. 모든 기기의 포렌식 수집은 포렌식적으로 깨끗한 워크스테이션에서 수행되어야 한다. 이는 워크스테이션이 포렌식 용도로만 사용되며 개인적인 용도로는 사용되지 않아야 됨을 의미한다. 또한, 기기가 컴퓨터에 연결되어 있을 때 기기에 변경사항이 생길 수 있음을 명심하자. 조사관은 안드로이드 기기와 일어나는 모든 상호작용을 통제해야 한다. 기기를 워크스테이션에 성공적으로 연결하기 위해서 조사관은 다음 과정을 따라야 한다. 정보를 빼내기 위해서 명령어가 기기로 입력되어야 하는데 쓰기 방지 기능에 의해 성공적인 기기 수집이 어려워질 수 있다. 다음 모든 과정은 실제 증거에 적용되기 전에 테스트 기기에서 검증되어야 한다.

기기 케이블 확인

안드로이드 기기의 물리적인 USB 인터페이스는 기기를 컴퓨터에 연결시켜 음악, 비디오, 사진과 같은 데이터를 공유할 수 있게 한다. 이 USB 인터페이스는 제조사와 기기에 따라 다를 수 있다. 예를 들어, 어떤 기기에서는 mini-USB를 사용하지만 다른 기기에서는 micro-USB를 사용한다. 이와 별개로 어떤 제조사는 EXT-USB, EXT micro-USB 등 자체 형식을 사용한다. 안드로이드 기기 조사의 첫 번째 단계는 어떤 케이블이 필요한지 알아내는 것이다.

기기 드라이버 설치

기기를 인식하기 위해서 컴퓨터에 특정 드라이버를 설치해야 할 수도 있다. 필요한 드라이버 없이 컴퓨터에 연결된 기기를 인식하고 작동시키지 못할 수 있다. 하지만 문제는 제조사에 의해 안드로이드가 수정되고 커스터마이즈되기 때문에 모든 안드로이드 기기에 대해 동작하는 일반 드라이버가 없다는 것이다. 각 제조사는 자체적인 드라이버를 만들어 폰과 함께 배포한다. 따라서 설치해야 할 특정 장치 드라이버를 아는 것이 중요하다. 물론, (다음 장에서 설명할) 안드로이드 포렌식 툴킷은 일반 드라이버나 많이 사용되는 드라이버들을 함께 제공하기도 한다. 이들이 모든 안드로이드 폰 모델에 적용되는 것은 아니다. 몇몇 윈도우 운영체제는 기기가 연결되면 자동으로 탐지하여 드라이버를 설치하지만 많은 경우에 그렇지 않다. 각 제조사의 드라이버는 제조사의 웹사이트에서 찾을 수 있다.

연결된 기기에 접근

이미 기기를 컴퓨터에 연결하지 않았다면, USB 케이블을 사용해 안드로이드 기기를 컴퓨터에 연결하자. 안드로이드 기기가 새 드라이브로 나타나며 외장 저장소에 있는 파일에 접근할 수 있을 것이다. 몇몇 구형 안드로이드 기기에서는 다음 스크린샷과 같이 폰에서 USB 저장소 옵션을 켜지 않으면 접근하지 못할 수 있다.

▲ USB 대용량 저장소

몇몇 안드로이드 폰(특히 HTC폰)은 USB 케이블로 연결되었을 때 하나 이상의 기능을 보여줄 수도 있다. 예를 들어, 다음 스크린샷에 나와 있는 것처럼 HTC 기기가 연결되었을 때 네 가지 옵션 메뉴가 나타난다. 기본 선택은 Charge only이다. Disk drive 옵션이 선택되면 기기가 디스크 드라이브로 마운트된다.

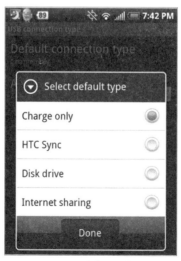

▲ HTC 모바일 USB 옵션

기기가 디스크 드라이브로 마운트되면, 기기에 있는 SD 카드에 접근할 수 있다. 조사 과정에서 중요한 정보가 SD 카드에 담겨 있을 수 있기 때문에 포렌식 관점에서 SD 카드는 매우 높은 가치를 지닌다. 하지만, /data/data 아래에 저장된 핵심 애플리케이션 데이터는 기기에 그대로 남아 있고 앞의 방법으로는 접근할 수 없다.

안드로이드 디버그 브릿지

안드로이드 디버그 브릿지adb, Android Debug Bridge는 안드로이드 포렌식에서 중요한 요소 중 하나이다. adb에 대해 다음 절에서 더 자세히 다루겠지만 여기서는 adb의 기본에 대해 설명한다. adb는 명령행 도구로 안드로이드 기기와 통신하고 기기를 제어할 수 있게 한다. adb 도구는 〈sdk〉/platform-tools/에서 사용할 수 있다. adb에 대해 자세히 설명하기 전에 USB 디버깅 옵션에 대해 이해해야 한다. 이 옵션의 주된 기능은 안드로이드 기기와 안드로이드 SDK가 설치된 워크스테이션 사이에 통신이 가능하게 해주는 것이다.

삼성 폰에서는 뒷 페이지의 스크린샷과 같이 **설정**(Settings) ➤ **개발자 옵션**(Developer Options)에서 이 옵션에 접근할 수 있다. 다른 안드로이드 폰은 다른 환경설정 기능을 가지고 있을 수 있다. 조사관은 빌드 모드에 접근해서 개발자 옵션을 강제로 켜야 할 수 있다. 이 과정들은 모두 기기 특성에 따르며 기기를 분석하거나 선택된 포렌식 툴과 함께 제공되는 설명서를 통해 알 수 있다.

USB 디버깅 옵션이 선택되면, 기기는 adb 데몬(adbd)를 백그라운드로 실행하고 USB 연결을 지속적으로 확인한다. 데몬은 비특권 셸 유저 계정으로 실행되기 때문에 전체 데이터를 제공하지 않는다. 하지만, 루팅된 폰에서는 adbd가 루트 계정으로 실행되며 모든 데이터에 대한 접근을 제공한다. 다른 모든 포렌식 방법이 실패 하지 않은 상태에서 전체 데이터 접근을 위해 기기를 루팅하는 것은 추천되지 않는다. 조사관이 안드로이드 기기를 루팅해야만 할 경우에, 그 과정이 반드시 문서화되어야 하며 실제 기기에 시도되기 전에 테스트되어야 한다. 루팅에 대해서는 이 장의 뒷부분에서 다룬다.

▲ 삼성 모바일 폰에서의 USB 디버깅 옵션

안드로이드 SDK가 설치된 워크스테이션에서 adbd는 백그라운드 프로세스로 동작한다. 또한 같은 워크스테이션의 셸에서 adb 명령어를 사용해 클라이언트 프로그램을 호출할 수 있다. adb 클라이언트가 실행될 때, adb는 adb 데몬이 이미 동작 중인지 확인한다. 만약 동작 중이지 않다면 adb 데몬을 시작하기 위한 새로운 프로세스를 초기화한다. adb 클라이언트 프로그램은 로컬 adbd와 5037 포트로 통신한다.

adb를 사용하여 기기에 접근

환경설정이 완료되고 안드로이드 기기가 USB 디버깅 모드로 들어가면 올바른 USB 케이블을 사용해 안드로이드 기기를 포렌식 워크스테이션에 연결하고 adb를 시작한다.

연결된 기기 탐지

다음의 adb 명령어는 포렌식 워크스테이션에 연결된 모든 기기의 목록을 보여준다. 이 명령어가 실행되는 시점에 에뮬레이터가 동작 중이라면 에뮬레이터도 목록이 나타난다. 만약 필요한 드라이버가 설치되지 않았다면 다음 명령어는 아무런 결과도 보여주지 않는다. 만약 이런 현상이 일어난다면 필요한 드라이버를 제조사 홈페이지에서 다운로드해 설치한다.

```
C:\android-sdk\platform-tools>adb.exe devices
List of devices attached
4df16ac8115e5f06          device
```

로컬 adb 서버 종료

다음 명령어는 로컬 adb 서비스를 종료한다.

```
C:\android-sdk\platform-tools>adb.exe kill-server
```

다음 명령행에 나와 있는 것처럼, 로컬 adb 서비스를 종료한 이후, adb devices 명령어를 실행해서 서버가 시작되는지 확인한다.

```
C:\android-sdk\platform-tools>adb.exe devices
* daemon not running. starting it now on port 5037 *
* daemon started successfully *
List of devices attached
4df16ac8115e5f06          device
```

adb 셸에 접속

이 명령어는 포렌식 조사관이 안드로이드 기기의 셸에 접근하여 기기와 통신할 수 있게 한다. 다음 명령어는 adb 셸에 접근하여 기본적인 ls 명령어를 사용해 현재 디렉토리의 내용을 보여준다.

```
rm-tools>adb.exe shell
shell@android:/ $ ls
ls
acct
cache
```

```
config
d
data
default.prop
dev
efs
etc
factory
fstab.smdk4x12
init
init.bt.rc
init.goldfish.rc
init.rc
init.smdk4x12.rc
init.smdk4x12.usb.rc
....
```

포렌식 조사관은 사용해 adb 명령어를 실제 기기에 사용하기 전에 안드로이드 에뮬레이터를 사용해서 명령어를 실행해보고 이해할 수 있다. 9장에서 애플리케이션을 실행하고, 기기에서 파일과 폴더를 복사하고 기기 로그를 보는 등의 작업을 할 때 adb를 활용하는 것에 대해 알아본다.

안드로이드 기기 제어

포렌식 조사에 앞서 안드로이드 기기를 올바르게 제어하는 것은 매우 중요한 작업이다. 의도하지 않은 행동이 데이터 변경이나 다른 원치 않은 결과를 만들 수 있기 때문에 주의해야 한다. 다음 절에서는 포렌식 조사의 초기 단계에서 기기를 다룰 때 주의해야 할 문제에 대해 알아본다.

기술의 발전과 함께 기기 잠금의 개념도 지난 몇 년간 변화되어 왔다. 일반적인 보안 의식의 증가와 함께 대부분의 사용자들이 기기에 잠금 기능을 활성화시키고 있다. 잠긴 안드로이드 기기를 우회하기 위한 몇 가지 기법을 살펴보기 전에, 패스코드를 비활성화시킬 수 있는 기회가 있으면 그것을 놓치지 않는 것이 중요하다.

분석할 안드로이드 기기에 처음 접속했을 때, 기기가 여전히 활성화(잠금 해제 상태)인지 확인한다. 만약 그렇다면, 기기에 더 많은 접근을 하기 위해 설정을 변경한다. 따라서 기기가 활성화 상태에 있을 때, 다음 과정을 수행한다.

- **USB 디버깅 활성화**: USB 디버깅 옵션이 활성화되면, adb 연결을 통해 기기에 대한 더 많은 접근을 제공한다. 이는 기기에서 데이터를 추출할 때 큰 중요성을 가진다. USB 디버깅을 활성화하는 옵션의 위치는 기기마다 다를 수 있지만 대부분 **설정**(Settings)의 **개발자 옵션**(Developer Options)에 위치한다. 안드로이드 기기에서 물리적 수집을 위한 대부분의 방법은 USB 디버깅 활성화를 요구한다.

- **"켜진 상태로 유지(Stay awake)" 설정 활성화**: 켜진 상태로 유지 옵션이 선택되고 기기가 충전을 위해 연결되어 있으면, 기기는 절대 잠기지 않는다. 다시 강조하면, 기기가 잠겨 있으면 수집이 불가능하다.

- **화면 타임아웃 늘이기**: 이 시간은 기기의 잠금이 풀렸을 때 기기가 활성화되는 시간을 의미한다. 이 설정은 기기의 모델마다 다르다. 삼성 갤럭시 S3 폰에서는 **설정**(Settings) ➤ **디스플레이**(Display) ➤ **화면 자동 꺼짐**(Screen Timeout)에 위치하고 있다.

위와 별개로, 1장에서 언급했듯이 기기는 네트워크와 분리되어 원격 삭제 옵션이 기기에서 동작하지 않도록 해야 한다. 안드로이드 기기 매니저Android Device Managers는 폰을 원격으로 삭제하거나 잠그는 것을 가능하게 한다. 이는 폰에 설정된 구글 계정으로 로그인하여 가능하다. 이에 대한 더 자세한 내용은 다음 절에서 다룬다. 안드로이드 디바이스의 원격 삭제 기능이 활성화되어 있지 않다면, 기기는 안드로이드 기기 매니저를 통해서만 잠길 수 있다. 또한, 다양한 모바일 기기 관리MDM, Mobile Device Management 소프트웨어가 시장에 나와 있어 이들을 통해 안드로이드 기기를 원격으로 잠그거나 삭제할 수 있다. 이들 중 일부는 기기에서 특별한 설정을 하지 않아도 사용 가능하다.

이러한 원격 삭제 소프트웨어를 사용하여 이메일, 애플리케이션, 사진, 주소록과 SD 카드에서 찾을 수 있는 다른 파일들을 삭제할 수 있다. 네트워크로부터 기기를 격리시키기 위해서 추가 조치로 기기를 비행기 모드로 두거나 와이파이를 비활성화시킨다. 비행기 모드를 활성화시키고 와이파이를 비활성화시키는 것은 기기를 셀룰러 네트워크를 통한 통신을 못하게 하고 와이파이에 접근하지 못하게 하기 때문에 기기를 네트워크로부터 격리시키는 데 효과적이다. 폰에서 SIM 카드를 제거하는 것은 선택적이지만 기기를 와이파이나 일부 셀룰러 네트워크를 통해 통신하는 것을 효과적으로 막지 못한다. 기기를 비행기 모드로 두기 위해 전원 버튼을 누르고 비행기 모드를 선택한다.

이 모든 과정은 안드로이드 기기가 잠겨 있지 않을 때 가능한 방법들이다. 하지만, 조사 과정에서 보통 잠겨 있는 기기와 마주친다. 따라서, 잠김 코드가 활성화된 안드로이드 기기에서 잠금 코드를 우회하는 방법을 이해하는 것이 중요하다.

화면 잠금 우회 기법

사용자 인식 증가와 기능의 편리함 때문에 안드로이드 기기를 잠그기 위한 패스코드 옵션의 사용이 기하급수적으로 늘어났다. 따라서 포렌식 조사에서 기기의 스크린 잠금을 우회하는 것은 중요해졌다. 여기서 다뤄지는 화면 잠금 우회 기법은 상황에 따라 적용 가능성이 결정된다. 이들 중 일부 방법은 기기에 변화를 주는 데 사용됨을 기억하자. 여기서 다루는 모든 방법을 반드시 증거가 아닌 안드로이드 기기에서 테스트하고 검증해야 한다. 조사관은 필요한 변경을 기기에 적용하기 위한 권한을 반드시 가지고 있어야 하며 수행한 모든 과정을 문서화하며, 법정에서 증언이 필요한 경우 그 과정을 설명할 수 있어야 한다.

현재, 안드로이드는 세 가지 종류의 화면 잠금 방법을 제공한다. 몇몇 기기는 음성 잠금과 얼굴 잠금 기능을 제공하지만, 여기서는 모든 안드로이드 기기에서 널리 사용되는 다음의 세 가지 옵션을 다룬다.

- **패턴 잠금**: 사용자는 폰에 패턴이나 디자인을 설정하고 기기를 잠금 해제하기 위해 같은 패턴을 그려야 한다. 안드로이드는 패턴 잠금을 도입한 첫 번째 스마트폰이다.

- **PIN 코드**: 이는 가장 일반적인 잠금 옵션으로 많은 모바일 폰에서 찾을 수 있다. PIN 코드는 네 자리 숫자로 기기를 잠금 해제하기 위해 입력된다.

- **패스코드(알파벳과 숫자)**: 이는 알파벳과 숫자로 이뤄진 패스코드다. 네 자리 숫자인 PIN과 달리 알파벳과 숫자로 된 패스코드는 숫자 이외의 문자도 포함한다.

다음 절에서는 안드로이드 잠금 기법을 우회하는 몇 가지 기법을 자세히 다룬다. 상황에 따라 이 방법들이 스크린 잠금을 우회하는 데 도움이 될 수 있다.

adb를 사용한 스크린 잠금 우회

안드로이드 기기에서 USB 디버깅 옵션이 활성화되어 있다면, 이전 절에서 설명했듯이 USB를 사용하여 adb로 기기를 연결하는 것이 좋다. 조사관은 기기를 포렌식 워크스테이션에 연결하여 `adb devices` 명령을 내려야 한다. 기기가 나타나면, USB 디버깅이 활성화되어 있다는 것을 의미한다. 안드로이드 기기가 잠겨 있다면 조사관은 스크린 잠금을 우회하는 시도를 반드시 해야 한다. 다음은 USB 디버깅이 활성화되어 있을 때 스크린 잠금을 우회하는 두 가지 방법을 나타낸다.

gesture.key 파일 삭제

다음은 삭제 과정이 어떻게 수행되는지 보여준다.

1. 기기를 포렌식 워크스테이션(이 예제에서는 윈도우 환경)에 USB 케이블을 사용하여 연결한다.

2. 명령 프롬프트를 열어 다음 명령을 실행한다.

```
adb.exe shell
cd /data/system
rm gesture.key
```

3. 기기를 재부팅한다. 만약 패턴 락이 여전히 나타난다면, 랜덤한 패턴을 그려 기기가 문제없이 잠금 해제되는지 관찰한다.

이 방법은 기기가 루팅된 경우 동작한다. 루팅되지 않은 기기에서는 동작하지 않을 수 있다. 올바른 승인 없이 안드로이드 기기를 루팅하는 것은 기기에 변화를 줄 수 있기 때문에 시도해서는 안 된다.

settings.db 파일 업데이트

settings.db 파일을 업데이트하기 위해 다음 과정을 따른다.

1. USB 케이블을 사용해 기기를 포렌식 워크스테이션에 연결한다.

2. 명령 프롬프트를 열어 다음 명령을 실행한다.

```
adb.exe shell
cd /data/data/com.android.providers.settings/databases
sqlite settings.db
sqlite>update system set value=0 where
name='lock_pattern_autolock';

sqlite>update system set value=0 where name=
'lockscreen.lockedoutpermenantly';
```

3. 종료하고 기기를 재부팅한다.

4. 안드로이드 기기가 잠금 해제되었을 것이다. 그렇지 않다면 앞서 설명한 것처럼 gesture.key 파일을 삭제한다.

수정된 복구 모드와 adb 연결 확인

안드로이드에서 복구recovery는 복구 콘솔이 존재하는 전용 파티션을 의미한다. 복구의 두 가지 주요 기능은 모든 사용자 데이터 삭제와 업데이트 설치다. 예를 들어, 폰을 공장 초기화할 때, 복구 모드에서 모든 데이터를 삭제한다. 비슷하게 업데이트가 폰에 설치될 때도 복구 모드가 실행된다. 많은 열광적인 안드로이드 사용자들은 수정된 복구 모드를 통해 커스텀 롬을 설치한다. 수정된 복구 모드는 커스텀 롬의 설치 과정을 쉽게 만들어 준다. 복구 모드에는 기기의 제조사에 따라 다른 방법으로 접근 가능하며 이 방법에 대해서는 인터넷을 통해 쉽게 알 수 있다.

보통 볼륨 버튼과 전원 버튼과 같은 다른 키들을 함께 눌러 복구 모드에 진입한다. 복구 모드에 들어가면 기기를 워크스테이션에 연결하고 adb 접속을 시도한다. 만약 기기의 복구 모드가 수정되지 않았다면, adb에 접속하지 못할 것이다. 기기의 수정된 복구 모드 버전은 사용자에게 여러 옵션들을 보여주며 수정된 버전임을 쉽게 알 수 있다.

새로운 복구 파티션 플래싱

수정된 이미지로 안드로이드 기기의 복구 파티션을 플래싱하는 방법이 나와 있다. Fastboot 유틸리티가 이 과정을 가능하게 한다. Fastboot은 SDK 패키지에 포함된 진단 프로토콜로 컴퓨터와의 USB 연결을 통해 플래시 파일 시스템을 수정하는데 사용된다. 이를 위해 기본적인 하드웨어 초기화 과정만 수행되는 부트로더 모드로 기기를 시작한다. 기기에 프로토콜이 활성화되면, USB 케이블을 통해 전송되는 특정 명령어를 받아들인다. 컴퓨터에 저장된 바이너리 이미지로 파티션을 플래싱 또는 다시 쓰는 것이 허용되는 명령어에 속한다. 복구 모드가 플래시되면, 기기를 복구 모드로 부팅시키고 /data와 /system 파티션을 마운트하고 adb를 사용해 gesture.key 파일을 삭제한다. 폰을 재부팅시키면 화면 잠금을 우회할 수 있다.

스머지 공격

드물게 터치스크린 모바일 기기에서 패스워드를 추론하기 위해 스머지smudge 공격이 사용될 수도 있다. 이 공격은 사용자의 손가락이 남긴 자국을 알아내는 것이 요구된다. 이것이 패스워드 우회 방법이 될 수 있지만, 안드로이드 기기는 터치스크린으로 이뤄져 있고 기기 사용으로 인한 흔적도 함께 남기 때문에 스머지 공격은 일어나기 힘들다. 하지만, 다음 스크린샷에 보이는 것처럼 적절한 조명 아래에서 보면 남아 있는 자국을 쉽게 발견할 수 있다(http://www.securitylearn.net/tag/ android-passcode-bypass/). 자국을 분석하여 잠금 해제하는 데 사용한 패턴을 구분할 수 있다. 이 공격은 안드로이드 기기의 패턴 락을 구분할 때 더 잘 동작할 수 있다. 어떤 경우에는 화면의 깨끗한 정도에 따라 PIN 코드도 알아낼 수 있다. 따라서 포렌식 조사 과정에서 기기를 처음 만질 때 화면은 건드리지 않도록 주의해야 한다.

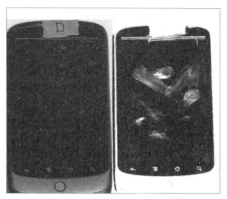

▲ 적절한 조명 아래에서 보이는 기기 화면 위의 자국

(출처: https://viaforensics.com/wpinstall/wp-content/uploads/smudge.png)

기본 지메일 계정 사용

기기에 설정된 기본 지메일Gmail 주소의 아이디와 패스워드를 안다면, 기기에서 PIN, 패스워드, 스와이프를 변경할 수 있다. 몇 번의 잠금 해제 실패 이후에 아래 스크린샷과 같이 안드로이드는 패턴 분실Forgot Pattern 또는 패스워드 분실Forgot Password이라는 옵션을 제공한다. 나타난 링크를 누르고 지메일 사용자 이름과 패스워드를 사용하여 로그인하면 새로운 패턴 락이나 패스코드를 설정할 수 있다.

▲ 안드로이드 기기에서의 패턴 분실(Forgot pattern) 옵션

다른 기법들

앞서 언급한 기법들과 상용 도구들은 포렌식 조사관이 안드로이드 기기에 있는 데이터가 접근하는 데 도움을 준다. 하지만, 이 모든 방법들이 동작하지 않는 경우가 있을 수 있다. 기기의 완전한 물리 이미지를 얻고자 하는데 상용 도구와 오픈소스 솔루션이 동작하지 않을 때는 칩 오프chip-off나 JTAG 같은 기법의 사용이 필요할 수 있다. 이 기법들에 대한 간략하게 설명하겠다.

칩 오프 기법은 회로에서 메모리 칩을 분리하여 읽는 시도를 한다면, JTAG 기법은 JTAG Test Access Ports(TAPs)를 찾아 커넥터를 JTAG 포트에 연결시켜 기기 메모리로부터 데이터를 읽는다. 기기로부터 칩이 제거되면 기기를 원래 상태로 복구시키는 것이 어렵기 때문에 칩 오프 기법이 더 파괴적이다. 또한, 전문가는 회로 보드의 땜납을 제거하여 기기로부터 조심스럽게 분리해야 한다. 칩을 제거하는 데 필요한 열이 칩에 저장된 데이터에 손상을 줄 수 있다. 따라서 오픈소스나 상용 도구로 데이터를 추출하지 못하거나 수리가 불가능할 정도로 기기가 손상되었을 때만 칩 오프 기법이 고려되어야 한다. JTAG 기법이 사용될 때 JTAG 포트는 조사관이 칩을 제거하지 않고 데이터의 물리적 이미지를 메모리 칩으로부터 얻을 수 있게 도와준다. 기기의 화면 잠금을 끄기 위해, 조사관은 잠금 코드가 저장된 물리 메모리 덤프 내의 위치를 확인하고, 잠금을 끈 다음, 해당 데이터를 기기에 복사한다. 셀레브라이트Cellebrite와 같은 상용 도구들은 칩 오프와 JTAG 수집에서 얻은 .bin 파일을 받아들여 잠금 코드를 해제할 수 있다. 코드가 수동으로 삭제되거나 깨지면, 조사관은 일반적인 기법들을 사용해 기기를 분석할 수 있다.

칩 오프와 JTAG 기법 모두 실제 기기에서 활용하기 위해 많은 양의 연구와 경험을 요구한다. JTAG와 칩 오프에 대한 훌륭한 자료를 http://www.forensicswiki.org/wiki에서 찾을 수 있다.

루트 권한 얻기

모바일 기기 포렌식 조사관으로써 기기를 수정하는 데 관련된 모든 것을 아는 것은 필수다. 이것은 기기의 자세한 내부 동작과 조사 중에 마주할 여러 문제를 이해하는데 도움을 준다. 안드로이드 폰을 루팅하는 것은 일반적인 현상이며 포렌식 조사 과정에서 루팅된 폰을 다룰 수 있다. 가능한 환경에서 조사관은 포렌식 조사를 위한 데이터를 수집하기 위해 기기를 루팅해야 할 수도 있다. 따라서 루팅된 기기에 대해 잘 알고 다른 폰들과 어떻게 다른지를 아는 것은 중요하다. 다음 절에서는 안드로이드 루팅과 기타 관련된 개념에 대해 다룬다.

루팅의 의미

유닉스 기반의 운영체제에서 기본 관리자 계정이 "루트root"라고 불린다. 따라서 리눅스에서는 루트 사용자가 모든 시스템 서비스를 시작/중지하고 모든 파일을 수정하고 삭제하며, 다른 사용자의 권한을 변경하는 등의 작업을 수행할 수 있다. 앞서 배웠듯이 안드로이드가 리눅스 커널을 사용하기 때문에 리눅스에서의 대부분의 개념이 안드로이드에도 적용된다. 하지만, 안드로이드 폰을 구입하면, 기본적으로 루트 사용자로 로그인하지 못하게 되어 있다. 안드로이드 폰을 루팅하는 것은 일반적으로 허용되지 않은 행위를 기기 상에 수행할 수 있는 권한을 획득하는 것을 의미한다. 제조사들은 일반 사용자들에게 기기가 특정한 방식으로 동작하길 원한다. 기기를 루팅하게 되면 시스템을 취약점에 노출시킬 수 있고 사용자에게 슈퍼유저 기능을 부여하기 때문에 더 이상 보증을 받지 못할 수 있다. 악성 애플리케이션이 루트 권한을 가지고 안드로이드 시스템 전체에 대한 권한을 가진다고 생각해보자. 안드로이드에서는 각 애플리케이션이 별개의 사용자로 여겨져서 UID가 부여된다. 따라서 애플리케이션은 제한된 자원에 접근할 수 있고 애플리케이션 격리 개념이 적용된다. 근본적으로 안드로이드 기기를 루팅하는 것은 슈퍼유저 기능을 허용하고 안드로이드 기기에 대한 열린 접근open access을 제공한다.

안드로이드 기기 루팅

하드웨어 제조사가 루트에 대한 접근을 제한하기 위해 충분한 제약을 가한다고 해도, 해커들은 항상 루트를 얻기 위한 다른 방법을 찾아낸다. 기기 제조사에 따라서 루팅을 하는 과정은 다양하다. 하지만, 모든 기기에 대한 루팅은 기기 펌웨어의 보안 허점을 공격하여 su superuser 바이너리를 현재 프로세스의 경로(/system/xbin/su)에 복사하고 chmod 명령어를 사용해 실행 권한을 부여하는 것으로 이뤄진다.

간단하게 설명하기 위해, 안드로이드 기기가 세, 네 개의 파티션으로 이뤄져 있고 안드로이드와 전적으로 연관되어 있지 않은 프로그램을 실행한다고 가정하자(안드로이드가 그런 프로그램 중에 하나가 될 것이다).

부트로더는 첫 번째 파일 시스템에 존재하며 폰이 켜질 때 첫 번째로 실행되는 프로그램이다. 부트로더의 주요 역할은 다른 파티션을 부팅시키고 기본적으로 ROM이라고 보통 여겨지는 안드로이드 파티션을 읽어들인다. 부트로더 메뉴를 보기 위해서는 파워 버튼과 볼륨 업 버튼을 동시에 누르는 등의 특별한 키 조합을 사용해야 한다. 이 메뉴는 복구 파티션과 같은 다른 파티션으로 부팅하는 옵션을 제공한다.

복구 파티션은 폰에 업그레이드를 설치하는 것을 다루며 업그레이드는 안드로이드 ROM 파티션에 직접 기록된다. 기기의 공식 업데이트를 설치할 때 사용되는 것이 이 모드이다. 기기 제조사는 공식 업데이트면 복구 파티션을 통해 설치되도록 한다. 따라서, 이 제약을 우회하는 것을 통해 모든 언락된 안드로이드 ROM을 설치/플래시할 수 있다. 수정된 복구 프로그램은 루팅 과정을 쉽게 만들어줄 뿐만 아니라 일반 복구 모드에서는 볼 수 없는 다양한 옵션을 제공한다. 다음 스크린샷은 일반 복구 모드의 화면을 나타낸다.

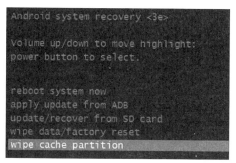

▲ 일반 안드로이드 시스템 복구 모드

다음 스크린샷은 수정된 복구 모드를 나타낸다.

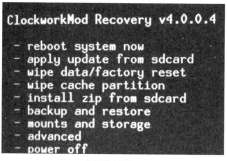

▲ 수정된 복구 모드

안드로이드 세계에서 가장 많이 사용되는 복구 프로그램은 Clockwork recovery 며 ClockworkMod로도 불린다. 따라서, 대부분의 루팅 방법은 수정된 복구 프로그램을 복구 파티션에 플래시하는 것으로 시작한다. 이후에 업데이트 명령을 수행하여 기기를 루팅한다. 하지만, 대부분의 모델에 대해 한 번의 클릭으로 폰을 루팅할 수 있는 소프트웨어가 있어 모든 과정을 수동으로 수행할 필요가 없다.

기기를 루팅하는 것에는 장단점이 있다.

다음과 같은 장점이 있다.

● 루팅을 하게 되면 기기에 존재하는 소프트웨어를 가장 깊숙한 수준까지 수정할 수 있다. 예를 들어 기기 CPU를 오버/언더클락할 수 있다(http://techbeasts.

com/2014/01/17/what-is-cpu-underclocking-overclocking-and-how-to-underclock-overclock/).

- 통신사, 제조자 등이 걸어 놓은 제약을 우회할 수 있다.
- 새롭게 커스터마이즈된 ROM을 다운로드해 설치할 수 있다.

다음과 같은 단점이 있다.

- 루팅 과정에서 발생한 오류로 고칠 수 없는 손상을 폰에 입혀 기기를 쓸모없는 벽돌로 만들 수 있기 때문에 기기를 루팅할 때는 극도의 주의를 기울여야 한다.
- 루팅으로 인해 기기에 대한 보증을 받지 못할 수 있다.
- 루팅을 하기 되면 멀웨어와 다른 공격에 대한 노출이 높아진다. 안드로이드 시스템에 대한 전체 권한을 가진 멀웨어는 큰 피해를 만들어낼 수 있다.

기기가 루팅되면 Superuser 앱과 같은 애플리케이션이 루트 권한을 제공하거나 거부할 수 있다. 이 앱은 다음 스크린샷에 나오는 것처럼 기기에 슈퍼유저 권한을 부여하고 관리하는 데 도움을 준다.

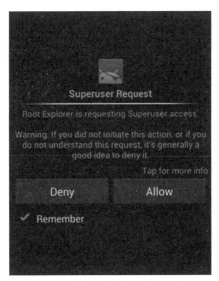

▲ 루트 권한을 요청하는 애플리케이션

루트 권한: adb 셸

일반적인 안드로이드 폰은 특정 파일과 디렉토리에 대한 접근을 허용하지 않는다.
예를 들어 루팅되지 않은 안드로이드 기기에서 /data/data 폴더를 접근해보자. 다
음과 같은 메시지를 보게 될 것이다.

```
C:\android-sdk\platform-tools>adb.exe shell
shell@android:/ $ cd /data/data
cd /data/data
shell@android:/data/data $ ls
ls
opendir failed, Permission denied
255|shell@android:/data/data $
```

루팅된 폰에서 다음 커맨드를 사용해 루트 권한으로 adb 셸을 실행할 수 있다.

```
C:\android-sdk\platform-tools>adb.exe root
restarting adbd as root

C:\android-sdk\platform-tools>adb.exe shell
root@android:/ # cd /data/data
cd /data/data
root@android:/data/data # ls
ls
com.adobe.flashplayer
com.adobe.reader
com.aldiko.android
com.android.backupconfirm
com.android.browser
```

따라서 폰을 루팅하면 기존에는 접근하지 못했던 폴더와 데이터에 접근할 수 있게
된다. 또한, 위의 명령행에서 나타났듯이, #은 슈퍼유저나 루트를 나타내고, $는 일
반 사용자를 나타냄을 알아두자.

정리

안드로이드 기기에 대해 조사를 수행하기 위해 적절한 포렌식 워크스테이션 환경을 구성해야 한다. 안드로이드 기기를 수집하고 분석하기 위한 오픈소스 기술을 사용하기 위해 포렌식 워크스테이션에 특정 소프트웨어를 설치해야 한다. 포렌식 수집 기술이 안드로이드 기기의 언락을 요구한다면, 조사관은 기기에 대한 접근을 얻기 위한 가장 좋은 방법을 결정해야 한다. 이 장에서 설명된 다양한 잠금 화면 우회 기법은 여러 환경에서 패스코드를 우회하는 데 도움을 준다. 포렌식 수집 방법과 조사의 범위에 따라, 기기를 루팅하는 것이 기기에 존재하는 파일에 대한 완전한 접근을 제공한다. Micro Systemation XRY와 같은 상용 도구들은 기기의 메모리 내 특정 영역에 접근하기 위해 반드시 필요한 루트 권한을 제공한다. 안드로이드 기기에서 권한을 얻기 위한 기본적인 개념을 정리하였다. 9장에서는 수집 기법과 각 방법을 사용해 데이터를 어떻게 추출하는지에 대해 다룰 것이다.

9
안드로이드 데이터 추출 기법

8장에서 설명한 모든 패스코드 우회기법을 사용하여 조사관은 잠긴 기기에 접근하는 것을 시도한다. 기기에 접근을 얻은 후, 다음 작업은 기기에 존재하는 정보를 추출하는 것이다. 이것은 안드로이드 기기에 여러 가지 데이터 추출 기법을 적용하여 수행할 수 있다. 이 장에서는 여러분이 안드로이드 기기에서 민감한 위치를 구분하는 데 도움을 주며 필요한 정보를 추출할 때 기기에 적용할 수 있는 논리적, 물리적 기법을 설명한다.

안드로이드 폰 이미징

기기를 이미징하는 것은 모바일 기기 포렌식에서 가장 중요한 과정 중 하나다. 포렌식 조사에서 기기에 존재하는 데이터가 어떤 방법으로도 변경되지 않도록 하는 것이 일반적이다. 1장에서 설명했듯이 테스트와 검증 과정에서 발생한 모든 변경은 잘 문서화되어야 한다. 기기에서 데이터를 직접 추출하는 기법을 사용하기 전에 안드로이드 기기의 물리 이미지를 받아야 한다. 포렌식에서 이런 물리 또는 논리적 수집 과정을 기기 이미징이라고 부른다. 물리적 이미지는 안드로이드 기기 메모리의 비트 단위 복사본이라고 여겨진다.

비트 단위 이미지는 기기 상의 콘텐츠를 복사해서 붙여넣는 것과 다르다는 점을 이해해야 한다. 만약 기기의 콘텐츠를 복사해서 붙여넣으면 사용 가능한 보이는 파일, 숨겨진 파일, 시스템 관련 파일들만 복사될 것이다. 이 방법은 논리적 이미지라고 여겨진다. 이 방법으로는 삭제된 파일과 접근 불가능한 파일들은 복사되지 않는다. 환경에 따라 특정 기법을 사용하여 삭제된 파일을 복구 가능하며 이에 대해서는 다음 장에서 살펴볼 것이다. 따라서 여러분은 모든 데이터를 얻기 위해 기기 메모리를 비트 단위로 이미징해야 한다. 안드로이드 기기에서 이미징하는 것과 관련된 문제를 이해하기 위해 먼저 데스크탑 컴퓨터에서 이미징을 어떻게 하는지 살펴보자.

전원이 켜지지 않는 데스크탑 컴퓨터를 압수해서 포렌식 조사를 위해 보냈다고 가정하자. 이 경우에 보통의 포렌식 조사관은 하드 드라이브를 제거하여 write blocker에 연결하여 비트 단위 포렌식 이미지를 도구를 사용해서 얻어낸다. 그러면 원본 하드디스크는 데이터의 포렌식 이미징 과정 동안 안전하게 보호된다. 안드로이드 기기에서는 데이터를 담고 있는 모든 영역을 쉽게 분리할 수 없다. 또한, 모든 상호 작용이 기기의 상태에 변화를 만들기 때문에, 기기가 켜진 상태로 조사를 위해 수집되면 기기에 변화를 주지 않고 분석하는 것을 불가능하다.

안드로이드 기기는 내부와 외부 저장소라는 두 가지 파일 저장 공간을 가진다. 내부 저장소Internal storage는 내장된 비휘발성 메모리를 의미한다. 외부 저장소External storage는 micro SD 카드와 같은 분리 가능한 저장 공간을 의미한다. 하지만, 어떤 기기는 SD 카드와 같은 제거 가능한 공간을 가지지 않는 대신 가용한 저장 공간을 내부와 외부 저장소로 나누기도 하는 점에 유의하자. 따라서 외부 저장소를 항상 분리할 수 있진 않다. 분리 가능한 SD 카드가 존재할 때, 메모리 카드의 포렌식 이미지가 수집되어야 한다. 7장에서 다뤘듯이 이 제거 가능 카드들은 일반적으로

FAT32 파일 시스템으로 포맷되어 있다. 어떤 모바일 기기 수집 방법은 안드로이드 기기를 통해 SD 카드를 수집한다. 이 과정은 유용한 반면 USB 폰 케이블 속도의 한계 때문에 느리다.

데이터 추출 기법

안드로이드 기기에 존재하는 데이터는 민사 조사, 범죄 조사 또는 회사 내 조사의 일부로 수행된 내부 조사의 중요한 부분이 될 수 있다. 안드로이드 기기가 포함된 조사를 수행할 때, 포렌식 조사관은 포렌식 조사 과정에서 유의해야 할 필요가 있는 문제들에 대해 염두해야 한다. 여기에는 루트 권한을 가질 수 있는지(동의 또는 법적 권한으로), 조사에서 어떤 데이터가 추출되고 분석될 수 있는지가 포함된다. 예를 들어, 스토킹과 관련된 범죄의 경우 법원은 용의자의 SMS, 통화 기록, 사진만 추출하여 분석할 수 있도록 허용한다. 이 경 우에는 해당 아이템들을 논리적으로 수집하는 것이 타당하다. 하지만, 기기 전체의 물리 데이터 수집을 하고 법원이 허용하는 영역만 조사하는 것이 가장 좋다. 조사가 어떻게 진행될지 모르기 때문에 동의 범위가 변경되길 기다리는 것보다 기기에서 가능한 많은 데이터를 즉시 수집하는 것이 좋다.

안드로이드 기기에서의 데이터 수집 기법은 세 가지 유형으로 나눌 수 있다.

- 수동 데이터 추출
- 논리적 데이터 추출
- 물리적 데이터 추출

각 유형의 추출 방법은 다음 절에서 자세히 다룬다. 어떤 방법은 전체 데이터에 접근하기 위해 기기의 루팅을 요구할 수 있다. 각 방법은 각기 다른 영향을 초래할 수 있고 사용되는 도구와 방법, 기기 제조사와 모델에 따라 성공률이 달라진다.

수동 데이터 추출

이 추출 방법은 조사관이 메모리에 존재하는 데이터에 접근하기 위해 모바일 기기의 일반적인 유저 인터페이스를 사용하는 것으로 이뤄진다. 조사관은 통화 기록, 텍스트 메시지, IM 채팅과 같은 정보를 보기 위해 여러 메뉴에 접근하여 조사한다. 각 화면의 내용은 사진을 캡처되어 증거로 제출될 수 있다. 이 조사 형태의 가장 큰 단점은 운영체제(UI 모드)가 접근 가능한 파일들만 조사할 수 있다는 점이다. 기기를 수동으로 조사할 때는 잘못된 버튼을 누르거나 데이터를 추가 또는 삭제할 수 있기 때문에 주의를 기울여야 한다. 수동 추출은 다른 방법들 중 하나로 추출된 발견을 검토하기 위한 마지막 수단으로 사용되어야 한다. 특정 상황에서는 수동 조사를 조사의 첫 번째 단계로 수행해야 한다. 생사가 걸린 상황이나 실종 사건에서는 기기를 빠르게 검사하는 것이 경찰이 관련된 사람들을 찾게 할 수 있다.

안드로이드 기기 수집을 위해 루트 권한 사용

기본적으로 안드로이드는 내부 디렉토리와 시스템 관련 파일들에 대한 접근을 허용하지 않는다. 이런 제한된 접근은 기기의 보안을 보장한다. 예를 들어, /data/data 폴더는 루팅되지 않은 기기에서 접근할 수 없다. 사용자가 생성한 데이터와 많은 애플리케이션이 이 폴더에 가치 있는 자료를 기록하기 때문에 특히 흥미롭다. 따라서 기기의 이미지를 얻기 위해, 안드로이드 기기를 루팅해야 한다. 기기를 루팅하게 되면 슈퍼유저 권한을 가지게 되고 모든 데이터에 접근이 가능하게 된다. 수행되는 모든 과정이 포렌식적으로 타당하고 가능한 기기에 변화를 주지 않아야 함을 이 책에서는 강조하고 있다. 안드로이드 기기를 루팅하는 것은 기기에 변화를 주며 이전에 조사하지 않는 기기에 대해서는 반드시 테스트를 거쳐야 한다. 안드로이드 기기를 루팅하는 것은 일반적이지만, 루트 권한을 가지는 것은 데이터를 변경하거나 더 나쁘게는 삭제하는 식으로 기기에 변화를 줄 수 있다. 넥서스Nexus 4나 5와 같은 어떤 안드로이드에서는 루트 접근을 허용하기 전에 데이터 파티션을 강제로 삭제하기도 한다. 이를 통해 모든 유저 데이터가 삭제되기 때문에 권한을 얻기 위해 기기를 루팅하는 것의 필요성을 없앤다. 루팅이 더 많은 데이터로의 접근을 제공하는 동시에 데이터를 삭제하거나 폰을 망가뜨릴 수 있다는 점을 기억하자. 따라서 루팅을 하기 전에 해당 안드로이드 기기를 조작하기 위한 동의나 법적 권한이 있는지 반드시 확인해야 한다. 8장에서 루팅 기법들을 다뤘기 때문에, 지금부터는 기기가 루팅되었다는 가정 하에서 예제들을 다룬다. 다음은 루팅된 안드로이드 기기에서 포렌식 이미지를 얻는 단계별 과정이다.

안드로이드 터미널 에뮬레이터Android Terminal Emulator 애플리케이션을 설치한다. 안드로이드 터미널 에뮬레이터 애플리케이션은 리눅스 명령어 셸에 접근할 수 있도록 도와준다. 안드로이드 터미널 에뮬레이터는 https://github.com/jackpal/Android-Terminal-Emulator/wiki에서 다운로드할 수 있다. 설치가 되면, 리눅스 명령어 대부분을 기기에서 실행할 수 있다. 안드로이드 터미널 에뮬레이터를 구글 플레이 스토어에서 설치하는 것보다 adb를 통해 설치하는 것을 추천한다. 다음 스크린샷은 안드로이드 터미널 에뮬레이터 애플리케이션을 맥 OS X에서 설치하는 것을 보여준다.

안드로이드 터미널 에뮬레이터가 설치되면, 다음 과정을 통해 파티션을 수집할 수 있다.

● **dd 명령어 사용**: dd 명령어는 기기의 미가공 이미지를 생성하는 데 사용될 수 있다. 이 명령어는 저수준 데이터를 복사하여 안드로이드 기기의 비트 단위 이미지를 생성하는 것을 도와준다.

● **새로운 SD 카드 삽입**: 이미지 파일을 카드에 복사하기 위해 새로운 SD 카드를 기기에 삽입한다. 이 SD 카드의 내부가 삭제되었고 다른 데이터를 담고 있지 않음을 확인해야 한다.

- **명령어 실행**: 안드로이드 기기의 파일 시스템은 /dev 파티션 내의 다른 위치에 저장되어 있다. 삼성 갤럭시 S3 폰에서 간단한 mount 명령어를 입력하면 다음 결과값이 출력된다.

```
shell@Android:/ $ mount
mount
rootfs / rootfs ro,relatime 0 0
tmpfs /dev tmpfs rw,nosuid,relatime,mode=755 0 0
devpts /dev/pts devpts rw,relatime,mode=600 0 0
proc /proc proc rw,relatime 0 0
sysfs /sys sysfs rw,relatime 0 0
none /acct cgroup rw,relatime,cpuacct 0 0
tmpfs /mnt/asec tmpfs rw,relatime,mode=755,gid=1000 0 0
tmpfs /mnt/obb tmpfs rw,relatime,mode=755,gid=1000 0 0
none /dev/cpuctl cgroup rw,relatime,cpu 0 0
/dev/block/mmcblk0p9 /system ext4 ro,noatime,barrier=1,data=order
ed 0 0
/dev/block/mmcblk0p3 /efs ext4 rw,nosuid,nodev,noatime,barrier=1,j
ournal_async_c
ommit,data=ordered 0 0
/dev/block/mmcblk0p8 /cache ext4 rw,nosuid,nodev,noatime,barrier=1
,journal_async
_commit,data=ordered 0 0
/dev/block/mmcblk0p12 /data ext4 rw,nosuid,nodev,noatime,barrier=1
,journal_async
_commit,data=ordered,noauto_da_alloc,discard 0 0
/sys/kernel/debug /sys/kernel/debug debugfs rw,relatime 0 0
/dev/fuse /storage/sdcard0 fuse rw,nosuid,nodev,noexec,relatime,us
er_id=1023,group_id=1023,def
ault_permissions,allow_other 0 0
```

위의 출력 값에서 /system, /data, /cache 파티션이 마운트된 블록을 확인할 수 있다. 모든 파일을 이미징하는 것이 중요하지만, 대부분의 데이터가 /data와 /system 파티션에 존재한다. 시간이 허락되면 완벽함을 위해 모든 파티션이 수집되어야 한다. 이 과정이 완료되면 다음 명령어를 실행해서 기기를 이미징한다.

```
dd if=/dev/block/mmcblk0p12 of=/sdcard/tmp.image
```

앞의 예제에서 삼성 갤럭시 S3의 데이터 파티션이 사용되었다(if가 입력 파일이며, of 가 출력 파일을 나타낸다).

앞의 명령어는 mmcblk0p12 파일(데이터 파티션)의 비트 단위 이미지를 만들어 이 미지 파일을 SD 카드에 복사한다. 이 과정이 완료되면 dd 이미지 파일은 가용한 포렌식 소프트웨어를 사용해 분석될 수 있다.

 조사관은 데이터 파티션 이미지를 담을 만큼의 충분한 저장 공간이 SD 카드에 있는지 확인 해야 한다. 루팅된 기기에서 데이터를 얻을 수 있는 다른 방법들도 존재한다.

논리적 데이터 추출

논리적 데이터 추출 기법은 파일 시스템에 접근하는 것을 통해 기기에 존재하는 데이터를 추출한다. 이 기법들은 값진 데이터를 제공하고, 대부분의 기기에서 동 작하며, 사용하기 쉽기 때문에 중요하다. 다시 강조하면, 데이터를 추출하는 동안 루팅이 되어 있어야 한다. 사실 논리적 기법은 데이터 추출을 위해 루트 권한을 요 구하지 않는다. 하지만, 루트 권한을 가지고 있으면 기기에 존재하는 전체 파일에 접근할 수 있다. 이는 루팅되지 않은 기기에서도 일부 데이터를 추출할 수 있지만 루트 권한은 기기 상의 모든 파일에 대한 접근을 제공한다. 따라서, 기기에 대한 루트 권한을 가지는 것은 논리적 기법으로 추출 할 수 있는 데이터의 양과 종류에 큰 영향을 미친다. 논리적 추출은 두 가지 방법으로 수행될 수 있다.

- adb pull 명령어 사용
- content provider 사용

다음 절에서는 이 옵션들을 통해 어떻게 데이터를 추출하는지에 대해 설명한다.

adb pull 명령어 사용

앞서 봤듯이 adb는 명령행 도구로 정보를 추출하기 위해 기기와 통신하는 것을 돕는다. adb를 사용해서 기기의 모든 데이터를 추출하거나 관심 있는 파일들만 추출할 수 있다. adb를 통해 안드로이드 기기에 접근하기 위해서 USB 디버깅 옵션이 켜져 있어야 한다. 기기가 잠겨 있고 USB 디버깅이 활성화되어 있지 않다면, 8장에서 설명한 기법을 사용해 화면 잠금 우회를 시도해야 한다.

포렌식 조사관으로써 데이터를 추출하기 위해 안드로이드 기기에 데이터가 저장된 방법과 민감하고 중요한 정보가 저장된 위치를 이해하는 것이 중요하다. 애플리케이션 데이터는 보통 조사와 연관된 풍부한 사용자 데이터를 포함한다. 관심 대상인 애플리케이션과 연관된 모든 파일들은 연관성을 위해 반드시 검사해야 하며 이에 대해서는 10장에서 설명할 것이다. 애플리케이션 데이터는 다음 위치 중 하나에 저장된다.

- **Shared preferences**: key-value 쌍으로 이뤄진 데이터가 경량의 XML 포맷으로 저장된다. Shared preference 파일은 애플리케이션 /dat 디렉토리의 shared_pref 폴더에 저장된다.

- **내부 저장소**: 이곳에 저장되는 데이터는 개인 소유$_{private}$이며 기기의 내부 메모리에 위치한다. 내부 저장소에 저장되는 파일은 개인 소유로 다른 애플리케이션이 접근하지 못한다.

- **외부 저장소**: 이 저장소는 공개된 데이터를 일반적으로 보안 메커니즘의 적용을 받지 않는 기기의 외부 메모리에 저장한다. 이 데이터는 /sdcard 디렉토리에서 찾을 수 있다.

- **SQLite 데이터베이스**: 이 데이터는 /data/data/PackageName/ 데이터베이스에서 찾을 수 있다. 이들은 보통 .db 파일 확장자로 저장된다. SQLite 파일에 존재하는 데이터는 SQLite 브라우저(http://sourceforge.net/projects/SQLitebrowser/)를 사용하거나 필요한 SQLite 명령어를 해당 파일에 실행시켜 볼 수 있다.

모든 안드로이드 애플리케이션은 위의 저장 옵션을 사용해 기기에 데이터를 저장한다. 따라서 연락처 애플리케이션은 모든 자세한 연락처 정보를 /data/data 폴더의 패키지 이름 아래에 저장한다. /data/data는 모든 앱들이 일반적인 환경에서 설치된 기기의 내부 저장소의 일부임을 명심하자. 어떤 애플리케이션 데이터는 SD 카드와 /data/data파티션에 존재한다. 분석을 위해 이 파티션에 있는 데이터를 adb pull 명령어를 사용하여 뽑아낼 수 있다. 다시 한 번 말하면, 이 디렉토리는 루팅된 폰에서만 접근할 수 있다.

루팅된 폰에서 /data 디렉토리 추출

루팅된 폰에서 /data에 대한 pull 명령어는 다음과 같이 실행된다.

```
C:\android-sdk-windows\platform-tools>adb.exe pull /data C:\temp
pull:
/data/data/com.kiloo.subwaysurf/app_sslcache/www.chartboost.com.443 -
>
C:\temp/data/com.kiloo.subwaysurf/app_sslcache/www.chartboost.com.443
pull: /data/data/com.mymobiler.android/lib/libpng2.so -> C:\temp/data/
com.mymobiler.android/lib/libpng2.so

pull: /data/system.notfirstrun -> C:\temp/system.notfirstrun
732 files pulled. 0 files skipped.
2436 KB/s (242711369 bytes in 97.267s)
```

다음 스크린샷에 보이는 것과 같이, 안드로이드 기기의 /data 디렉토리 전체가 워크스테이션의 로컬 디렉토리에 복사된다. 데이터 디렉토리 전체가 97초만에 추출되었다. 추출 시간은 /data에 존재하는 데이터의 양에 따라 상이하다.

▲ 포렌식 워크스테이션에 추출된 /data 디렉토리

루팅되지 않은 기기에서 /data 디렉토리에 대한 pull 명령어는 다음 출력 값에서 나온 것처럼 파일을 추출하지 못하는데, 이는 셸 사용자가 이 파일들에 대한 접근 권한이 없기 때문이다.

```
C:\android-sdk-windows\platform-tools>adb.exe pull /data C:\temp
pull: building file list...
0 files pulled. 0 files skipped.
```

위의 과정을 통해 루팅된 폰으로부터 복사된 데이터는 디렉토리 구조를 보존하고 있기 때문에 조사관이 정보를 얻기 위해 필요한 파일들을 검색하는 것이 가능하다. 관련된 애플리케이션의 데이터를 분석해서 포렌식 전문가는 조사 결과에 영향을 줄 수 있는 중요한 정보를 수집할 수 있다. 포렌식 워크스테이션에서 직접 폴더를 조사하는 것은 콘텐츠의 날짜와 시간을 변경할 수 있음에 유의하자. 조사관은 날짜/시간 비교를 위해 사본을 만들어야 한다.

SQLite 브라우저 사용

SQL 브라우저SQL Browser는 추출된 데이터를 분석하는 과정을 돕는 도구다. SQLite 브라우저는 .sqlite, .sqlite3, .sqlitedb, .db, .db3 확장자를 가진 데이터베이스 파일을 탐색할 수 있게 해준다. SQLite 브라우저를 사용하는 주요 장점은 표 형태로 데이터를 보여준다는 것이다. File > Open Database 메뉴로 이동해서 .db 파일을 SQLite 브라우저로 열어보자. 다음 스크린샷에서 보이듯이 세 가지 탭이 존재한다. Database Structure, Browse Data, Execute SQL. Browse Data 탭은 해당 .db 파일 내의 다른 테이블들에 존재하는 정보를 보여준다. 우리의 분석에서 대부분 이 탭을 사용할 것이다. 이외에 옥시즌 포렌식 SQLite 데이터베이스 뷰어Oxygen Forensic SQLite Database Viewer도 같은 목적으로 사용될 수 있다. 데이터베이스 파일에서 삭제된 데이터를 복구하는 것이 가능하며 이에 대해서는 10장에서 설명한다.

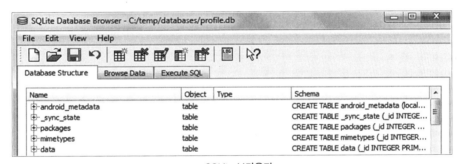

▲ SQLite 브라우저

다음 절에서는 중요한 데이터를 식별하는 것과 안드로이드 폰에서 다양한 자세한 정보를 추출하는 것에 대해 알아본다.

기기 정보 추출

안드로이드 기기의 모델, 버전과 같은 자세한 사항을 아는 것은 조사에 도움이 된다. 예를 들어, 기기가 물리적으로 손상을 입어 기기 정보를 조사하는 것이 어려울 때, 다음과 같이 /system 폴더에 있는 build.prop 파일을 보고 기기에 대한 자세한 사항을 알 수 있다.

```
shell@android:/system $ cat build.prop
cat build.prop
# begin build properties
# autogenerated by buildinfo.sh
ro.build.id=JZO54K
ro.build.display.id=JZO54K.I9300XXEMH4
ro.build.version.incremental=I9300XXEMH4
ro.build.version.sdk=16
ro.build.version.codename=REL
ro.build.version.release=4.1.2
ro.build.date=Tue Sep 17 17:26:31 KST 2013
ro.build.date.utc=1379406391
.. .. ..
ro.product.model=GT-I9300
ro.product.brand=samsung
ro.product.name=m0xx
ro.product.device=m0
ro.product.board=smdk4x12
ro.product.cpu.abi=armeabi-v7a
ro.product.cpu.abi2=armeabi
ro.product_ship=true
ro.product.manufacturer=samsung
.. .. ..
ro.build.description=m0xx-user 4.1.2 JZO54K I9300XXEMH4 rel
ro.build.fingerprint=samsung/m0xx/m0:4.1.2/JZO54K/I9300XXEM
.. .. ..
ro.build.PDA=I9300XXEMH4
ro.build.hidden_ver=I9300XXEMH4
.. .. ..
ro.sec.fle.encryption=true
.. .. ..
ro.com.google.gmsversion=4.1_r6
dalvik.vm.dexopt-flags=m=y
net.bt.name=Android
dalvik.vm.stack-trace-file=/data/anr/traces.txt
```

통화 기록 추출

특정 이벤트를 입증하기 위한 조사에서 보통 폰의 통화 기록에 대한 접근이 요구된다. 통화 기록에 대한 정보는 /data/data/com.android.providers.contacts/databases/에 위치한 contacts2.db 파일에 저장된다. 앞서 언급했듯이 이 파일을 포렌식 워크스테이션에 추출한 이후 파일 내부의 데이터를 보기 위해 SQLite 브라우저를 사용할 수 있다. 다음 스크린샷에 나와 있는 것처럼, `adb pull` 명령어를 사용해서 포렌식 워크스테이션의 폴더에 .db 파일을 추출할 수 있다.

▲ 로컬 폴더에 복사된 contact2.db 파일

전화를 거는 애플리케이션은 자세한 통화 기록을 애플리케이션 자체 폴더에 저장할 수 있다. 자세한 통화 기록을 위해 모든 통화 기록을 얻기 위해 모든 통신 애플리케이션을 다음과 같이 조사해야 한다.

```
C:\android-sdk-windows\platform-tools>adb.exe pull
/data/data/com.android.providers.contacts C:\temp
pull: building file list...
.. .. .. ..
pull:
/data/data/com.android.providers.contacts/databases/contacts2.db ->
C:\temp/databases/contacts2.db
pull: /data/data/com.android.providers.contacts/databases/profile.db
-> C:\temp/databases/profile.db
pull: /data/data/com.android.providers.contacts/databases/profile.db-
journal ->C:\temp/databases/profile.db-journal
6 files pulled. 0 files skipped.
70 KB/s (644163 bytes in 8.946s)
```

이제 SQLite 브라우저(File > Open Database로 이동)를 사용해 contacts2.db 파일을 열어서 다른 테이블에 존재하는 데이터를 검색해보자. contact2.db 파일에 존재하는 call table은 통화 기록에 대한 정보를 제공한다. 다음 스크린샷은 이름, 전화번호, 통화시간, 날짜와 함께 통화 기록을 보여준다.

	id	number	date	duration	type	new	name
1	1	7777777777	1388206471836	11	2	0	Tom
2	2	8887775566	1388206593826	5	2	0	
3	3	4444444444	1388211842729	134	2	0	Robert
4	4	6666666666	1388211997835	4	2	0	Amy
5	5	9999999999	1388212023730	1	2	1	James

SMS/MMS 추출

조사 과정에서 포렌식 조사관은 특정 모바일 디바이스로부터 송수신된 문자 메시지를 추출하는 것을 요청받을 수 있다. 따라서, 자세한 정보가 저장되는 위치와 어떻게 데이터에 접근하는지를 이해하는 것이 중요하다. /data/data/com.android.providers.telephony/databases에 위치한 mmssms.db 파일이 필요한 정보를 자세히 담고 있다. 통화 기록과 마찬가지로 조사관은 메시징 기능이 있는 애플리케이션을 관련된 메시지 로그를 수집하기 위해 다음과 같이 조사해야 한다.

```
C:\android-sdk-windows\platform-tools>adb.exe pull /data/data/com.
android.providers.telephony C:\temp
pull: building file list...
.. .. ..
-> C:\temp/databases/telephony.db-journal
pull: /data/data/com.android.providers.telephony/databases/mmssms.db ->
C:\temp/databases/mmssms.db
pull: /data/data/com.android.providers.telephony/databases/telephony.db
-> C:\temp/databases/telephony.db
5 files pulled. 0 files skipped.
51 KB/s (160951 bytes in 3.045s)
```

다음 스크린샷과 같이 address 열에서 전화번호를 알 수 있고 이와 관련된 텍스트 메시지를 body 열에서 볼 수 있다.

address	person	date	date sent	pro	re	stat	typ	re	su	body
(999) 999-9999		1388223954060		0	1	-1	2			Hi.. Let's meet at 10 PM today
	123	5	1388224802844	1388224803000	0	1	-1	1	0	Payment received
	345	6	1388224888176	1388224888000	0	1	-1	1	0	Hello

▲ contact2.db 파일의 Calls 테이블

브라우저 히스토리 추출

브라우저 히스토리 정보는 포렌식 조사관이 재조합해야 하는 작업 중 하나다. 기본 안드로이드 브라우저 이외에도 파이어폭스 모바일Firefox mobile, 구글 크롬Google Chrome과 같이 안드로이드 폰에서 사용할 수 있는 다른 브라우저들이 있다. 이 모든 브라우저들은 자신의 브라우저 히스토리를 SQLite .db 포맷으로 저장한다. 우리 예제에서는 기본 안드로이드 브라우저로부터 데이터를 추출한다. 이 데이터는 /data/data/com.android.browser에 위치한다. browser2.db라는 이름의 파일은 브라우저 히스토리의 자세한 사항을 담고 있다. 다음 스크린샷은 옥시즌 포렌식 SQLite 데이터베이스 뷰어로 표시된 브라우저 데이터를 보여준다. 이 프로그램의 평가판은 특정 정보를 숨길 수도 있음에 유의하자.

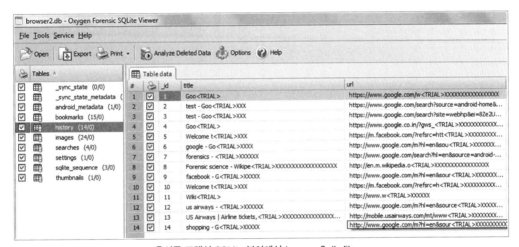

▲ 옥시즌 포렌식 SQLite 뷰어에서 browser2.db file

소셜 네트워킹과 IM 채팅 분석

페이스북Facebook, 트위터Twitter, 왓츠앱WhatsApp과 같은 소셜 네트워킹과 IM 채팅 애플리케이션은 모든 경우의 조사에서 도움이 될만한 민감한 정보를 가지고 있다. 이들에 대한 분석은 다른 안드로이드 애플리케이션의 경우와 매우 비슷하다. 포렌식 워크스테이션으로 데이터를 다운로드해서 .db 파일을 분석하여 민감한 정보를 찾을 수 있는지 확인한다. 예를 들어 페이스북 애플리케이션을 조사해서 어떤 데이터를 추출할 수 있는지 알아보자. 먼저 /data/data/com.facebook.katana 폴더를 추출해서 데이터베이스 폴더로 이동한다. fb.db 파일이 이 폴더에 존재하며 이 파일은 사용자 계정과 연관되어 있다. friend_data 테이블이 친구의 이름과 전화번호, 이메일 ID, 생일을 다음 스크린샷과 같이 담고 있다. 비슷하게 다른 파일도 민감한 정보를 수집하기 위해 분석될 수 있다.

	id	user id	first name	last name	cell	other	email	birthday month	
1	1	100004087623668	Lavanya				lavanya███████@gn	2	
2	2	100000005601801	Pranav	M .				-1	
3	3	100004630714031	Sujata	P	+919███████5			4	
4	4	100000818058433	Sudha	C			sudaha_██████i@yah	1	
5	5	100003499121241	Vasu	N	+9196██████8		vasundh██████e@▓	7	
6	6	100003191641871	Makka	A	+9181█████39		n█████utaramiredd	12	
7	7	1033892411	Sai	Bl	+9199▓█████0		saikumarb██████ni@	9	
8	8	100002190061552	Vara	K			vara█████k@yahoo.co	3	
9	9	100002328888334	Kaluri	A	+9186██████93		k█████ravind@gmail.c	6	
10	10	100000103323292	E	R .	+9197██████08		pithamb████eddy@y	-1	
11	11	562618335	Mukesh	K	+9198██████99		mukesh█████43@yah	2	

▲ SQLite 브라우저에 나타난 fb.db 파일

비슷하게 /data/data 폴더에 있는 데이터를 분석해서 위치 정보, 캘린더 이벤트, 사용자 노트 등을 수집할 수 있다.

컨텐트 프로바이더 사용

일반적인 상황에서 어떤 안드로이드 애플리케이션의 데이터에 다른 애플리케이션은 접근하지 못한다. 하지만, 안드로이드는 다른 애플리케이션에 데이터를 공유할 수 있는 메커니즘을 제공한다. 이는 컨텐트 프로바이더content provider를 사용하는 것을 통해 가능해진다. 컨텐트 프로바이더는 하나 이상이 테이블 형태로 외부 애플리케이션에 데이터를 제공한다. 이 테이블은 관계형 데이터베이스에서 볼 수 있는 테이블과 동일하다. 이들은 URI 주소지정 방식을 통해 애플리케이션이 데이터를 공유하는데 사용될 수 있다. 이를 사용해 다른 애플리케이션은 provider-client 객체를 통해 프로바이더에 접근할 수 있다. 앱의 설치 과정에서 사용자는 앱이 요청하는 데이터content provider에 접근을 허용할지 결정할 수 있다. 주소록, SMS/MMS, 캘린더 등이 컨텐트 프로바이더의 예가 된다.

따라서 이 장점을 살려 우리는 모든 사용 가능한 컨텐트 프로바이더로부터 정보를 수집할 수 있는 앱을 만들 수 있다. 이는 대부분의 상용 포렌식 도구가 동작하는 방식이다. 이 방법의 장점은 루팅 여부에 관계 없이 모두 동작한다는 점이다. 이번 예제에서 컨텐트 프로바이더 메커니즘을 사용하여 정보에 접근하는 AFLogical을 사용한다. 이 도구는 데이터를 추출하여 CSV 형태로 SD 카드에 저장한다. 다음 과정은 AFLogical Open Source Edition 1.5.2를 사용하여 안드로이드 기기에서 정보를 추출하는 과정이다.

1. https://github.com/viaforensics/ android-forensics/downloads에서 AFLogical OSE 1.5.2를 다운로드한다.

 AFLogical LE edition은 더 큰 규모의 정보를 추출할 수 있고 사법기관이나 정부 기관 이 메일을 통한 등록을 요구한다. AFLogical OSE는 사용 가능한 모든 MMS, SMS, 주소록, 통화 기록을 뽑아낸다.

2. USB 디버깅 모드가 활성화되어 있고 기기가 워크스테이션에 연결되어 있는지 확인한다.

3. 다음 명령어를 통해 기기가 인식되는지 확인한다.

```
C:\android-sdk-windows\platform-tools>adb.exe devices
List of devices attached
4df16ac3115d6p18        device
```

4. 홈 디렉토리에 AFLogical OSE 앱을 저장하고 다른 명령어를 통해 기기에 설치한다.

```
C:\android-sdk-windows\platform-tools>adb.exe
install AFLogical-OSE_1.5.2.apk
1479 KB/s (28794 bytes in 0.019s)
        pkg: /data/local/tmp/AFLogical-OSE_1.5.2.apk
Success
```

5. 애플리케이션이 설치되면, 기기에서 직접 실행시켜 다음 스크린샷과 같이 앱에 있는 Capture 버튼을 클릭한다.

▲ AFLogical OSE 앱

6. 앱은 대표적인 컨텐트 프로바이더로부터 데이터를 추출하기 시작하며 이 과정이 끝나면 다음 스크린샷과 같이 메시지를 보여준다.

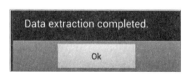

▲ 추출이 완료된 후 표시된 메시지

7. 추출된 데이터는 기기의 SD 카드 내에 forensics 폴더에 저장된다. 다음 그림과 같이 추출된 정보는 CSV 파일로 저장된다. CSV 파일은 어떤 에디터로도 읽을 수 있다.

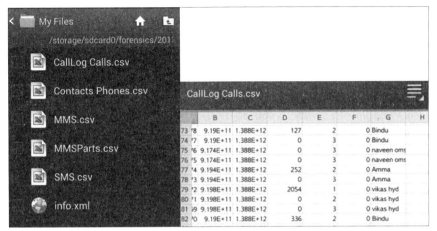

▲ AFLogical OSE로 추출된 파일들

8. 같은 디렉토리에 존재하는 info.xml 파일은 IMEI 번호, IMSI 번호, 안드로이드
   버전, 설치된 애플리케이션 정보 등을 제공한다.

논리적 데이터 추출을 도와주는 다른 도구에 대해서는 11장에서 다룬다.

물리적 데이터 추출

물리적 기법(하드웨어 기반)을 통한 안드로이드 데이터 추출은 JTAG와 칩오프chip-
off 두 가지로 이뤄진다. 이 기법들은 사용하기 힘들며 조사에서 실제 기기에 적용
하기 위해서는 정교함과 많은 경험이 필요하다. 다음 절에서는 이 기법에 대한 개
요를 설명한다.

JTAG

JTAGJoint Test Action Group는 고급 데이터 수집 방법을 동원하는데 여기에는 기기
의 특정 포트에 연결하고 기기에 저장된 데이터를 전송하기 위해 프로세서를 조작
하는 것이 포함된다. 이 방법을 사용해서 기기의 전체 물리 이미지를 수집할 수 있
다. 앞서 말한 논리적 기법들이 사용하기 쉽고 적은 노력이 들기 때문에 이 기법들
을 먼저 시도하는 것을 추천한다. 기기가 잘못 다뤄지면 손상을 입을 수 있기 때문

에 조사관은 JTAG를 시도하기 전에 적절한 훈련과 경험을 가지고 있어야 한다. JTAG 과정은 보통 다음의 포렌식 단계를 포함한다.

1. JTAG에서 TAPsdevice Test Access Ports가 기기의 CPU에 접근하기 위해 사용된다. TAP을 확인하는 것이 가장 중요한 과정이다. TAP이 확인되고 연결이 CPU에 도달하면 어떤 패드가 어떤 기능을 담당하는지 알아낸다. 기기 제조사들이 특정 기기의 JTAG 도식에 대한 자료를 문서화하지만, 일반적인 목적으로는 배포하지 않는다. http://www.forensicswiki.org/wiki/JTAG_Forensics에서 안드로이드 기기에서의 JTAG에 대한 좋은 웹사이트를 볼 수 있다.

2. 다음 그림과 같이 리드 선을 적절한 연결 핀에 납땜하고 다른 한쪽은 CPU를 제어할 수 있는 기기에 연결한다. JTAG jigs를 특정 기기에서 납땜을 제거하기 위해 사용할 수 있다. CPU의 TAP에 연결되는 jig나 JTAG 어댑터를 사용하여 납땜을 하지 않아도 된다.

▲ JTAG 설치 (출처: www.binaryintel.com)

3. 앞선 과정이 완료되면, CPU 구동하기 위해 전원을 공급해야 한다. 공급되어야 하는 전압은 하드웨어 제조사가 제공하는 사양에 따른다. 사양에 언급된 이상으로 전압을 공급하지 않아야 한다.

4. 전원을 공급한 이후, NAND 플래시의 전체 바이너리 덤프를 추출할 수 있다.

5. 이 책에서 배운 포렌식 기법과 도구를 사용해서 추출된 데이터를 분석한다. 가공하지 않은 .bin 파일은 수집 과정에서 얻어지며 대부분의 포렌식 도구로 이 형태의 이미지를 분석할 수 있다.

JTAG 기법이 기기의 기능을 상실하게 해서는 안 된다. 기기가 적절하게 재조립되어 문제없이 동작해야 한다. JTAG 기법이 데이터를 추출하는 데 효과적이지만, 숙련된 사람만이 시도해야 한다. JTAG 패드를 납땜할 때의 실수나 다른 전압을 공급하여 기기를 완전히 망가뜨릴 수 있다.

칩 오프

칩 오프Chip-off라는 이름이 말해주듯이 이 기법은 기기에서 NAND 플래시 칩을 제거하여 정보를 추출한다. 따라서 이 기법은 기기가 패스코드로 보호되어 있고 USB 디버깅debugging이 활성화되어 있지 않을 때도 동작한다. 조사 이후에도 기기가 정상적으로 동작하는 JTAG 기법과 달리 칩 오프 기법은 기기를 사용하지 못하게 만든다는데 이는 조사 이후에 NAND 플래시를 기기에 재부착하는 것이 어렵기 때문이다. NAND 플래시를 재부착하는 과정을 re-balling이라고 부르며 이를 위해 훈련과 연습이 필요하다.

칩 오프 기법은 보통 다음의 포렌식 단계를 포함한다.

1. 어떤 칩이 사용자 데이터를 담고 있는지 알기 위해 기기의 모든 칩이 조사되어야 한다. 칩이 결정되면 NAND 플래시가 기기로부터 물리적으로 제거된다. 다음 사진에 나와 있는 것처럼 열을 가해 칩을 분리한다. NAND 플래시에 손상을 가할 수도 있기 때문에 이 과정은 고도의 주의와 함께 수행되어야 한다.

▲ **칩 오프 기법** (출처: www.binaryintel.com)

2. 칩의 연결부가 제 기능을 하기 위해 칩을 깨끗하게 하고 복구한다.

3. 특수한 하드웨어 기기 어댑터를 사용해 칩을 읽을 수 있다. 이를 위해 특정 NAND 플래시 칩을 지원하는 하드웨어에 칩을 삽입한다. 이 과정에서 칩으로부터 미가공 데이터를 .bin 파일로 수집한다.

4. 수집한 데이터는 앞서 설명한 포렌식 기법과 도구로 분석한다.

칩 오프 기법은 기기가 심각하게 손상을 입었거나, 잠겨 있거나, 다른 이유로 접근이 불가능할 때 가장 유용하다. 하지만, 이 기법의 적용은 전문성뿐만 아니라 비싼 기기를 필요로 한다. NAND 플래시를 제거할 때 칩에 손상을 줄 수 있는 위험이 있기 때문에 모든 데이터를 추출하기 위해 논리적 기법을 먼저 수행하는 것을 추천한다.

메모리 카드 이미징

메모리 카드(SD)를 이미징할 수 있는 많은 도구가 있다. 다음 예제에서는 윈헥스 WinHex를 사용하여 SD카드의 미가공 디스크 이미지를 생성한다. 다음의 단계별 과정에서는 윈헥스 소프트웨어를 사용해 메모리 카드를 이미징한다.

- **메모리 카드 연결**: SD 카드를 메모리 슬롯에서 제거하여 포렌식 워크스테이션에 카드 리더기로 메모리 카드를 연결한다.

- **카드에 쓰기 보호 적용**: 윈헥스로 디스크를 연다. 다음 스크린샷에 나온 것과 같이 Options ➤ Edit Mode로 이동하여 write-protected 모드를 선택한다. 이를 통해 메모리 카드에 쓰기 보호를 적용하여 어떤 데이터도 기록되지 않게 한다.

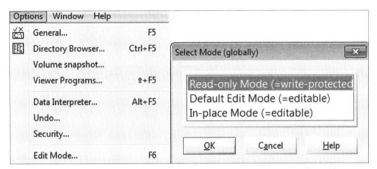

▲ 편집 모드의 윈헥스(왼쪽)와 읽기 전용 모드가 활성화된 윈헥스(오른쪽)

- **해시 값 계산**: 조사 과정에서 어떤 변경도 이뤄지지 않았다는 것을 보장하기 위해 메모리카드의 해시 값을 계산한다. Tools ➤ Compute hash로 이동해서 해싱 알고리즘 하나를 선택한다.

- **디스크의 이미지 생성**: 다음 스크린샷과 같이 File ➤ Create Disk Image로 이동한다. Raw image 옵션(.dd)을 선택해서 이미지를 생성한다. 메모리 카드 이미징이 완료했다.

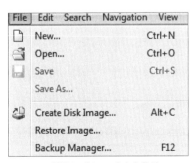

▲ 윈헥스 디스크 이미지 옵션

정리

기기를 이미징하는 것은 기기의 데이터가 수정되지 않았음을 보장하는 중요한 단계 중 하나다. 기기에 접근을 할 수 있다면 조사관은 수동, 논리, 물리적 데이터 추출 기법으로 데이터를 추출할 수 있다. 논리적 기법은 파일 시스템에 접근하여 데이터를 추출한다. 물리적 기법이 더 많은 양의 데이터에 접근하지만 이 기법들은 복잡하며 전문성이 요구된다. 수동 추출은 데이터를 검증하거나 도구가 이미지를 생성할 때만 사용되어야 한다. 데이터가 추출되면 조사와 수동 추출이 수행되는데 이에 대해서는 다음 장에서 다룬다.

10
안드로이드 데이터 복구 기법

데이터 추출과 분석 기법들이 통화 기록, 텍스트 메시지, 기타 이동통신 기능에 대한 정보를 제공하지만, 모든 기능이 삭제된 데이터에 대한 정보를 제공하는 것은 아니다. 오늘날 사용자가 의도적으로 삭제한 데이터에 대한 정보를 가지고 있지 않은 스마트폰을 찾는 것은 쉽지 않다. 삭제된 데이터가 (애초에 데이터가 삭제된 이유인) 민감한 정보를 담고 있을 확률이 높다. 따라서 데이터 복구는 모바일 포렌식에서 삭제된 아이템을 발굴할 때 도움을 줄 수 있기 때문에 매우 중요한 요소다. 이 장에서는 포렌식 분석가들이 안드로이드 기기에서 데이터를 복구하는 데 사용할 수 있는 다양한 기법에 대해 다룬다.

데이터 복구

데이터 복구는 포렌식 분석에서 가장 중요하고 강력한 측면 중 하나다. 삭제된 데이터를 복구하는 능력은 민사 및 형사 사건을 푸는 데 결정적인 역할을 할 수 있다. 일반 사용자의 관점에서 삭제된 데이터를 복구하는 것은 윈도우의 휴지통과 같은 운영체제에 내장된 솔루션을 사용하는 것을 의미한다. 휴지통과 위치에서 데이터를 복구할 수 있는 것은 사실이지만, 사용자 인식이 높아지면서 이런 옵션들이 동작하지 않을 수 있다. 예를 들어, 데스크탑 컴퓨터에서 Shift + Delete를 사용하면 파일을 데스크탑에서 완전히 삭제할 수 있다.

데이터 복구는 기기에서 삭제된 데이터에 정상적으로 접근하지 못할 때 해당 데이터를 되찾는 과정이다. 테러리스트로부터 모바일 폰을 압수한 상황을 생각해보자. 테러리스트가 어떤 아이템을 삭제했는지 아는 것이 큰 중요성을 가질 수 있지 않을까? 삭제된 SMS 메시지, 사진, 발신된 전화, 애플리케이션 데이터 등은 보통 민감한 정보를 가지기 때문에 매우 중요할 수 있다. 안드로이드에서 기기의 파일이 적절한 방법으로 수집되면 삭제된 데이터의 대부분을 복구할 수 있다. 하지만, 기기를 다룰 때 주의하지 않으면, 삭제된 데이터를 잃을 수 있다. 삭제된 데이터를 덮어쓰지 않으려면 다음 항목을 항상 명심해야 한다.

* 폰을 압수한 후 다른 용도로 사용하지 않는다. 삭제된 데이터는 해당 데이터가 차지하는 저장 공간이 다른 새로운 데이터에 의해 필요하지 않을 때 까지 유지된다. 따라서 데이터가 덮어쓰여지는 것을 방지하기 위해 폰을 다른 용도로 사용해서는 안 된다.

* 폰이 사용되지 않을 때(우리 쪽에서 어떤 개입도 없이)도 데이터는 덮어쓰여질 수 있다. 예를 들어, 새로 도착한 SMS 메시지는 자동으로 저장 공간을 차지해서 삭제된 데이터를 덮어쓸 수 있다. 이런 이벤트가 일어나는 것을 방지하기 위해, 조사관은 이전 장에서 설명한 포렌식 방법을 따라야 한다. 가장 쉬운 방법은 기기를 비행기 모드로 두고, 모든 네트워크 연결 옵션을 비활성화시키거나, 기기를 끌 수 있다. 이를 통해 새로운 메시지가 도착하는 것을 방지할 수 있다.

삭제된 파일 복구

모든 안드로이드 파일 시스템은 파일, 파일 이름 등의 계층에 대한 정보를 담고 있는 메타데이터를 가지고 있다. 파일 삭제는 실제 데이터를 삭제하진 않고 파일 시스템 메타데이터만 삭제한다. 텍스트 메시지나 다른 파일이 기기에서 삭제되면, 사용자에게는 보이지 않지만 파일은 여전히 기기에 존재한다. 근본적으로, 파일들은 삭제되었다고 표시되어 있지만 덮어쓰여지기 전에는 파일 시스템에 존재하고 있다. 삭제된 파일을 안드로이드 기기에서 복구하는 것에는 두 가지 시나리오가 포함된다. 사진, 비디오 애플리케이션 데이터와 같이 SD 카드에서 삭제된 데이터를 복구하는 것과 기기의 내장 메모리에서 삭제된 데이터를 복구하는 것이다. 다음 절에서는 안드로이드 기기의 내부 SD 카드와 내부 메모리 모두에서 삭제된 데이터를 복구하는 데 사용하는 기법에 대해 다룬다.

SD 카드에서 삭제된 데이터 복구

SD 카드에 존재하는 데이터는 포렌식 조사관들에게 많은 양의 정보를 제공할 수 있다. SD 카드에는 폰의 카메라로 찍은 사진과 비디오, 녹음된 음성, 애플리케이션 데이터, 캐시 파일 등이 저장될 수 있다. 근복적으로 저장 공간이 허락하는 한 컴퓨터의 하드드라이브에 저장되는 모든 것을 SD 카드에 저장할 수 있다. 외부 SD 카드로부터 삭제된 데이터를 복구하는 것은 간단하다. 9장에서 설명했듯이 SD 카드를 대용량 외부 저장소로 마운트하여 포렌식적으로 수집할 수 있다. 파일을 복사하기 위해 기기가 컴퓨터에 마운트되어서는 안 되는데, 이는 할당되지 않은 스페이스가 무시되기 때문이다. 이전 장에서 언급했듯이 안드로이드 기기의 SD 카드는 보통 FAT32 파일 시스템을 사용한다. 이와 관련된 주된 이유는 FAT32 파일 시스템이 윈도우, 리눅스, 맥 OS X 등 대부분의 운영 체제에서 널리 지원되기 때문이다. FAT 32로 포맷된 드라이브에서 최대 파일 크기는 약 4GB이다. 고해상도 포맷의 파일이 늘어나면서 파일의 크기가 이 제약사항에 보통 도달한다. 이외에도 FAT32는 32GB 이하의 파티션에만 사용될 수 있다. 따라서 이런 문제를 해결한 exFAT가 몇몇 기기에서 사용되고 있다.

SD 카드에서 삭제된 파일을 복구하기 위해, Remo Recover for Android와 같은 포렌식 도구를 사용하면 된다. 다음은 Remo Recovery for Android를 사용해서 삭제된 파일을 SD 카드로부터 복구하는 단계별 과정을 보여준다.

1. http://www.remosoftware.com/remo-recover-for-android에서 소프트 웨어를 다운로드한다. 그 다음, 소프트웨어를 설치하고 실행시킨다. 메인 화면 에서 적절한 파일 복구 모드를 선택한다. 이 도구는 안드로이드 기기 인식을 시도하고 기기가 성공적으로 감지되었을 경우 다음 화면을 보여준다. 참고로, 안드로이드 기기가 반드시 USB 디버깅 모드로 연결되어 있어야 하며 그렇지 않으면 기기가 탐지되지 않는다.

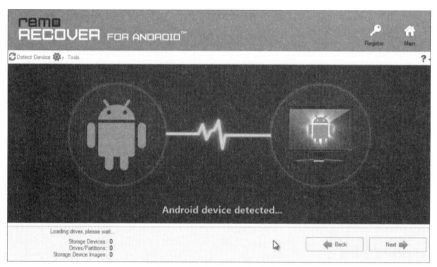

▲ 안드로이드 복구 – 기기 탐지

2. 다음 스크린샷에 나온 것처럼, 사용 가능한 저장소들의 목록을 보여줄 것이다. 목록에서 저장소를 선택하고 계속 진행한다.

▲ 사용 가능한 저장소 목록

3. 복구할 파일 타입을 선택하거나 모두 선택하고 계속 진행한다.

4. 복구 과정이 완료되면, 다음 스크린샷과 같이 추출된 파일의 목록이 보여진다.

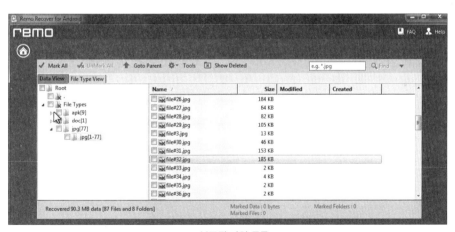

▲ 복구된 파일 목록

안드로이드 기기가 SD 카드의 공간을 사용해서 애플리케이션 데이터를 캐시할 수 있다는 것을 알고, SD 카드를 제거하기 전에 가능한 많은 데이터를 기기로부터 수집해야 한다. 모든 데이터가 수집되기 위해 SD 카드에 대한 데이터 수집을 카드를 분리해서 수행하는 것뿐만 아니라 기기를 통해서 수행하는 것을 추천한다. 만약 메모리 상에 존재하는 증거 때문에 기기의 전원을 끄지 못한다면 기기의 SD 카드를 이미징하기 위해 adb를 통해 dd 명령을 사용할 수 있다. 조사와 관련 있는 메모리 상에서 동작 중인 데이터를 수집하기 위해 안드로이드 기기에서 메모리 캡처도 가능하다. LiME와 같은 도구가 완전한 메모리 캡처에 사용될 수 있다. LiME는 https://code.google.com/p/lime-forensics/에서 구할 수 있다.

기기에 백업 애플리케이션이나 파일이 설치되어 있는지 확인하는 것 또한 추천한다. 안드로이드의 초기 출시버전에는 사용자의 개인 데이터를 백업하기 위한 메커니즘이 포함되어 있지 않다. 따라서 사용자들은 다양한 백업 애플리케이션을 사용한다. 이런 앱들을 사용해서 사용자들은 자신의 데이터를 SD 카드나 클라우드에 백업할 수 있다. 예를 들어, 다음 스크린샷과 같이 슈퍼 백업Super Backup 앱은 통화 기록, 주소록, SMS 등을 백업할 수 있는 옵션을 제공한다.

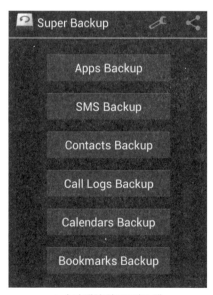

▲ 슈퍼 백업 안드로이드 앱

백업 애플리케이션을 발견하면, 데이터가 어떤 위치에 저장되어 있는지 확인해봐야 한다. 백업 파일에 저장된 데이터는 중요한 정보를 담고 있기 때문에 서드파티 백업 앱을 조사하는 것은 큰 도움이 될 수 있다.

내장 메모리에서 삭제된 데이터 복구

안드로이드 내장 메모리에서 삭제된 파일(SMS, 주소록, 앱 데이터 등)을 복구하는 하는 것은 모든 분석 도구에서 지원하지 않아 수동 분석이 필요할 수도 있다. SD 카드와 같은 일반적인 파일 시스템을 포함하는 매체와 달리, 내장 메모리의 파일 시스템은 포렌식 도구들이 인식하지 못하거나 마운트하지 못할 수 있다. 또한 폰이 루팅되어 있지 않으면 안드로이드 폰의 내장 메모리의 미가공 파티션에 접근하지 못할 수도 있다. 다음은 안드로이드 기기의 내장 메모리에서 데이터를 복구하려 할 때 발생할 수 있는 몇 가지 문제를 나타낸다.

- 내장 메모리에 접근하기 위해 폰을 루팅해볼 수 있다. 하지만, 루팅 과정에서 /data 파티션에 데이터가 기록될 수 있기 때문에 기기에 존재하는 가치 있는 데이터를 덮어쓸 수 있다.

- SD 카드와 달리, 내장 파일 시스템은 FAT32(많은 포렌식 도구들이 지원하는)가 아니다. 내장 파일 시스템은 YAFFS2(구형 기기), EXT3, EXT4, RFS 또는 안드로이드에 구현된 자체 시스템이 될 수 있다. 따라서 윈도우 파일 시스템을 대상으로 설계된 많은 복구 도구들이 동작하지 않을 것이다.

- 안드로이드 기기의 애플리케이션 데이터는 보통 SQLite 포맷으로 저장된다. 많은 포렌식 도구들이 이런 데이터베이스 파일에 대한 접근을 제공하지만, 파일들을 내보내어 네이티브 브라우저로 봐야 할 수도 있다. 미가공 데이터를 조사하여 포렌식 도구가 삭제된 데이터를 놓치지 않았는지 확인해야 한다.

위의 사항들은 내장 메모리에서 삭제된 파일을 복구하는 것을 어렵게 하지만 불가능하게 만드는 것은 아니다. 안드로이드 기기의 내장 메모리는 많은 양의 사용자 데이터와 조사에 중요할 수 있는 열쇠를 가지고 있다. 앞서 언급했듯이 미가공 파티션에 접근하기 위해서는 기기가 루팅되어 있어야 한다. 시장에 나와 있는 대부분의 안드로이드 복구 도구들은 자신이 루팅된 폰에서만 동작한다는 사실을 명확하게 밝히지 않고 있다. 지금부터 안드로이드 폰에서 삭제된 데이터를 어떻게 복구하는지 살펴보자.

SQLite 파일을 파싱하여 삭제된 파일 복구

안드로이드는 대부분의 데이터를 저장하기 위해 SQLite 파일을 사용한다. 텍스트 메시지, 이메일 특정 앱 데이터와 관련된 데이터가 SQLite 파일에 저장된다. SQLite 데이터베이스는 삭제된 데이터를 데이터베이스 자체 내에 저장할 수 있다. 사용자에 의해 삭제로 표시된 파일은 더 이상 활성화된 SQLite 데이터베이스 파일에 나타나지 않는다. 따라서 텍스트 메시지, 주소록 등의 삭제된 데이터를 복구할 수 있다. 삭제된 데이터를 포함할 수 있는 SQLite 페이지 내에는 비할당 블록unallocated block과 빈 블록free block 두 가지 영역이 있다. 삭제된 데이터를 복구하는 대부분의 상용 도구는 SQLite 페이지의 비할당 블록과 빈 블록을 검색한다. 옥시즌 포렌식 SQLite 뷰어와 같은 사용 가능한 포렌식 도구를 사용해서 삭제된 데이터를 파싱할 수 있다. SQLite 뷰어의 평가 버전을 이 용도로 사용할 수 있다. 하지만, 복구할 수 있는 양에 제약이 있다. 삭제된 콘텐츠를 위해 파싱하는 스크립트를 직접 작성할 수 있는데 이를 위해서는 SQLite 파일 포맷에 대한 이해가 필요하다. http://www.sqlite.org/fileformat.html에 이 작업을 시작할 때 좋은 자료가 있다. 새로 작성하지 않고 기존의 스크립트를 재사용하고자 한다면, 삭제된 레코드를 위해 SQLite 파일을 파싱하는 오픈소스 파이썬 스크립트(http://az4n6.blogspot.in/2013/11/python-parser-to-recover-deleted-sqlite.html)를 사용할 수 있다.

이번 예제에서는 안드로이드 기기에서 삭제된 SMS를 복구해볼 것이다. 많은 텍스트 메시지는 양의 정보를 담고 있을 수 있기 때문에 안드로이드 폰에서 삭제된 SMS를 복구하는 것은 포렌식 분석의 일부로 자주 요청된다. 안드로이드 기기에서 삭제된 텍스트 메시지를 복구하는 데는 여러 방법이 있다. 첫 번째로, 기기의 어떤 위치에 메시지가 저장되어 있는지 이해해야 한다. 9장에서 안드로이드 기기에서 사용자 데이터가 저장되어 있는 중요한 위치를 설명했다. 이에 대해 간단히 복습하면 다음과 같다.

- 모든 애플리케이션은 자신의 데이터를 /data/data 아래에 저장한다(다시 강조하면, 이 데이터를 얻기 위해서는 루트 권한이 필요하다).

- /data/data/com.android.providers.telephony/databases 아래에 위치한 파일은 SMS/MMS에 대한 자세한 사항을 담고 있다.

앞서 말한 위치 아래에 텍스트 메시지가 mmssms.db라는 이름의 SQLite 데이터베이스 파일로 저장되어 있다. mmssms.db 파일을 사용해서 삭제된 SMS들을 복구하는 과정은 다음과 같다.

1. 안드로이드 기기에서 USB 디버깅 모드를 활성화시키고, 기기를 포렌식 워크스테이션에 연결한다. adb 명령행 도구를 사용해서 `adb pull` 명령을 내려 /data/data 아래의 데이터베이스 폴더를 추출한다.

```
C:\android-sdk-windows\platform-tools>adb.exe pull
/data/data/com.android.providers.telephony/databases C:\temp
pull: building file list...
pull:
/data/data/com.android.providers.telephony/databases/mmssms.db
-journal -> C:\temp/mmssms.db-journal
pull:
/data/data/com.android.providers.telephony/databases/telephony
.db-journal -> C:\temp/telephony.db-journal
pull:
/data/data/com.android.providers.telephony/databases/mmssms.db
-> C:\temp/mmssms.db
pull:
/data/data/com.android.providers.telephony/databases/telephony
.db -> C:\temp/telephony.db
4 files pulled. 0 files skipped.
53 KB/s (160848 bytes in 2.958s)
```

파일이 로컬 컴퓨터에 추출되면, 옥시즌 포렌식 SQLite 뷰어 도구를 사용해서 mmssms.db 파일을 연다.

2. 도구에서 sms라고 명명된 테이블을 클릭하고 Tables data 탭 아래의 현재 메시지를 관찰한다.

3. 삭제된 데이터를 보는 한 가지 방법은 다음 스크린샷에 나와 있는 것처럼 Blocks containing deleted data 탭을 클릭하는 것이다:

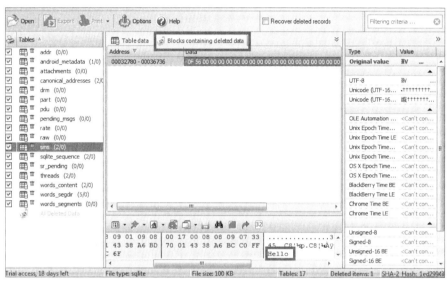

▲ 삭제된 SMS 메시지 복구

비슷하게 SQLite 파일로 저장된 안드로이드 기기 내의 다른 데이터도 파싱을 통해 삭제된 내용을 복구할 수 있다. 앞의 방법이 삭제된 데이터에 대한 접근법을 제공하지 않지만, 조사관은 삭제되었다고 표시된 데이터에 대해서 미가공 헥스 파일을 살펴봐야 하고 이런 파일들은 수동으로 카빙되어 보고될 수 있다.

파일 카빙 기법을 사용한 복구

파일 카빙은 삭제되거나 숨겨진 파일을 분석을 위해 복구하는 것을 가능하게 만들기 때문에 포렌식에서 매우 유용하다. 간단히 말해서 파일 카빙은 파일 시스템 메타데이터 없이 컴퓨터 파일을 조각으로 부터 재조립하는 과정이다. 카빙 과정에서 파티션이나 디스크 전체의 포렌식 이미지를 생성하기 위해 특정 여러 바이너리 데이터를 대상으로 특정 파일 타입이 검색되고 추출된다. 파일 카빙은 파일 시스템 메타데이터와 대조 없이 파일 구조와 내용만을 기반으로 드라이브의 할당되지 않은 공간에서 파일을 복구한다. 할당되지 않은 공간은 파일 테이블과 같은 파일 시스템 구조가 가리키는 파일 정보를 담고 있지 않은 드라이브의 일부 공간을 의미한다.

디스크의 미가공 바이트를 검색하고 재조합하여 파일이 복구되거나 재생성할 수 있다. 이는 파일의 헤더(앞 부분의 일부 바이트)와 푸터(뒷 부분의 일부 바이트)를 조사하여 수행된다.

파일 카빙 방법은 실제 사용되는 기법에 따라 분류된다. 헤더-푸터 카빙 방법은 헤더와 푸터 정보를 기반으로 복구한다. 예를 들어, JPEG 파일은 0xffd8로 시작하고 0xffd9로 끝난다. 헤더와 푸터의 위치를 확인하고 그 사이의 모든 것들이 카빙된다. 비슷하게, 파일 구조를 기반으로 한 카빙 방법은 파일을 재구성하기 위해 파일의 내부 레이아웃을 사용한다. 하지만, 앞서 설명한 것들과 같은 전통적인 파일 카빙 기법들은 데이터가 파편화되었을 경우 동작하지 않을 수 있다. 이 문제를 해결하기 위해, 스마트 카빙과 같은 새로운 기법들은 데이터를 복구하기 위해 몇 개의 유명한 파일 시스템 내에서 파편화가 일어났을 때의 특성을 사용한다.

폰이 이미징되면 스카펠Scalpel과 같은 도구를 사용해서 이미지를 분석할 수 있다. 스카펠은 파일을 카빙하기 위한 강력한 오픈소스 유틸리티다. 이 도구는 블록 데이터베이스 저장소를 분석하고 삭제된 파일을 인지하여 그 파일들을 복구한다. 스카펠 파일 시스템에 비종속적이며 FAT, NTFS, EXT2, EXT3, HFS 등과 같은 다양한 파일 시스템에서 동작한다고 알려져 있다. 다음 과정은 스카펠을 우분투Ubuntu 워크스테이션에서 어떻게 사용하는지 설명한다.

1. `sudo apt-get install scalpel` 명령을 사용해서 스카펠을 우분투 워크스테이션에 설치한다.

2. 다음 스크린샷에 나와 있는 것과 같이 /etc/scalpel 디렉토리에 있는 scalpel.conf 파일은 지원하는 파일 형식에 대한 정보를 담고 있다.

```
scalpel.conf ✖

# GRAPHICS FILES
#------------------------------------------------------------------
#
#
# AOL ART files
#       art       y       150000    \x4a\x47\x04\x0e         \xcf\xc7\xcb
#       art       y       150000    \x4a\x47\x03\x0e         \xd0\xcb\x00\x00
#
# GIF and JPG files (very common)
#|      gif       y       5000000   \x47\x49\x46\x38\x37\x61      \x00\x3b
#       gif       y       5000000   \x47\x49\x46\x38\x39\x61      \x00\x3b
#  ⌶    jpg       y       200000000 \xff\xd8\xff\xe0\x00\x10      \xff\xd9
#
#
# PNG
#       png       y       20000000  \x50\x4e\x47?   \xff\xfc\xfd\xfe
#
#
# BMP   (used by MSWindows, use only if you have reason to think there are
#        BMP files worth digging for. This often kicks back a lot of false
#        positives.
```

▲ scalpel 환경설정 파일

안드로이드와 관련된 파일을 지원하기 위해 이 파일을 수정해야 한다. 파일 형식을 선택하기 위해 https://viaforensics.com/resources/tools/#android에서 샘플 scalpel.conf 파일을 받을 수 있다. 여기서 원하는 파일 형식을 선택하기 위해 파일 형식의 주석 처리를 해제하고 conf 파일을 저장할 수 있다. 이 과정 이후에 기존의 conf 파일을 다운로드한 파일로 대체한다.

3. 스카펠은 앞의 환경설정 파일과 함께 조사할 dd 이미지를 대상으로 실행되어야 한다. 환경설정 파일과 dd 파일을 입력으로 주고 다음 스크린샷에 나온 명령어를 사용해 도구를 실행할 수 있다. 명령어가 실행되면, 도구가 파일을 카빙하고 생성하기 시작한다.

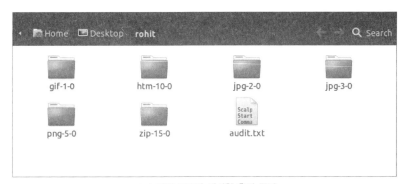

```
       File Edit View Search Terminal Help
unigeek@ubuntu:~$ scalpel -c /home/unigeek/Desktop/scalpel-android.conf /home/un
igeek/Desktop/userdata.dd -o /home/unigeek/Desktop/rohit
Scalpel version 1.60
Written by Golden G. Richard III, based on Foremost 0.69.

Opening target "/home/unigeek/Desktop/userdata.dd"

Image file pass 1/2.
/home/unigeek/Desktop/userdata.dd: 100.0% |*************|     3.9 MB     00:00 ETA
Allocating work queues...
Work queues allocation complete. Building carve lists...
Carve lists built.  Workload:
gif with header "\x47\x49\x46\x38\x37\x61" and footer "\x00\x3b" --> 0 files
gif with header "\x47\x49\x46\x38\x39\x61" and footer "\x00\x3b" --> 2 files
jpg with header "\xff\xd8\xff\xe0\x00\x10" and footer "\xff\xd9" --> 71 files
jpg with header "\xff\xd8\xff\xe1" and footer "\x7f\xff\xd9" --> 1 files
png with header "\x50\x4e\x47\x3f" and footer "\xff\xfc\xfd\xfe" --> 0 files
png with header "\x89\x50\x4e\x47" and footer "" --> 71 files
sqlitedb with header "\x53\x51\x4c\x69\x74\x65\x20\x66\x6f\x72\x6d\x61\x74" and
footer "" --> 0 files
email with header "\x46\x72\x6f\x6d\x3a" and footer "" --> 0 files
doc with header "\xd0\xcf\x11\xe0\xa1\xb1\x1a\xe1\x00\x00" and footer "\xd0\xcf\
x11\xe0\xa1\xb1\x1a\xe1\x00\x00" --> 0 files
doc with header "\xd0\xcf\x11\xe0\xa1\xb1" and footer "" --> 0 files
htm with header "\x3c\x68\x74\x6d\x6c" and footer "\x3c\x2f\x68\x74\x6d\x6c\x3e"
 --> 1 files
pdf with header "\x25\x50\x44\x46" and footer "\x25\x45\x4f\x46\x0d" --> 0 files
pdf with header "\x25\x50\x44\x46" and footer "\x25\x45\x4f\x46\x0a" --> 0 files
wav with header "\x52\x49\x46\x46\x3f\x3f\x3f\x3f\x57\x41\x56\x45" and footer ""
 --> 0 files
amr with header "\x23\x21\x41\x4d\x52" and footer "" --> 0 files
```

▲ dd 파일 상에서 스카펠 도구 실행

4. 다음 스크린샷이 나타내는 것처럼, 앞의 명령어에 명시된 출력 폴더에는 파일
타입에 따라 폴더가 생성된다. 폴더 각각에는 폴더 이름에 나타난 파일 형식을
가진 데이터가 존재한다. 예를 들어, jpg 2-0은 복구된 파일 중 .jpg 확장자를
가진 것을 포함한다.

▲ 스카펠 도구가 생성한 출력 폴더

5. 앞의 스크린샷에 나타난 것과 같이, 각 폴더는 사진, PDF 파일, ZIP 파일 등 안드로이드 기기에서 복구된 데이터를 담고 있다. 어떤 사진은 완벽히 복구되지만 다음 스크린샷과 같이 어떤 사진은 전체가 복구되지 않을 수 있다.

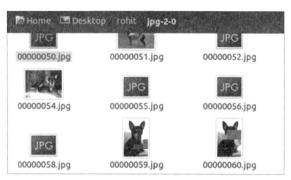

▲ 스마펠 도구를 사용하여 복구된 데이터

디스크디거DiskDigger와 같은 애플리케이션을 안드로이드 기기에 설치하여 내장 메모리와 SD 카드로부터 다양한 형태의 파일을 복구할 수 있다. 이른 애플리케이션들은 JPG 파일, MP3와 WAV 오디오, MP4와 3GP 비디오, 미가공 카메라 포맷, 마이크로소프트 오피스 파일(DOC, XLS, PPT) 등을 지원한다. 하지만, 앞서 언급했듯이 이 애플리케이션은 내장 메모리에서 콘텐츠를 복구하기 위해 안드로이드 기기의 루트 권한을 요구한다. 따라서 기기의 내장 메모리에서 삭제된 중요한 파일을 복구할 때 매우 중요한 역할을 한다.

기기에 설정된 구글 계정의 Restore Contacts 옵션을 사용해서 기기의 주소록을 복구할 수 있다. 이 방법은 사용자가 안드로이드의 Sync Settings를 사용해서 자신의 주소록을 이전에 동기화한 적이 있으면 동작한다. 이 옵션은 주소록과 기타 자세한 사항들을 동기화해서 클라우드에 저장한다. 법적 권한이나 적절한 동의를 받은 포렌식 조사관은 기기에 설정된 구글 계정에 접근할 수 있다면 삭제된 주소록을 복구할 수 있다. 계정에 접근하게 되면, 데이터를 복구하기 위해 다음 과정을 거친다.

1. 지메일 계정에 로그인한다.

2. 왼쪽 상단의 Gmail을 클릭하고 다음 스크린샷에 나와 있는 것과 같이 Contacts
   를 선택한다.

▲ 지메일의 Contacts 메뉴

3. 주소록 목록 상단에 위치한 More를 클릭한다.

4. Restore Contacts를 클릭하면 다음 화면이 나타난다.

▲ Restore Contacts 대화 상자

5. 이제 이 기법을 사용해서 이전 30일 이내의 어떤 상태로 주소록의 상태를 복
   구할 수 있다.

정리

안드로이드 기기에서 삭제된 데이터를 복구하는 것은 내장 메모리와 SD 카드에 존재하는 데이터에 대한 권한에 따른 다양한 요소에 영향을 받는다. SD 카드와 같은 외장 저장소로부터 삭제된 데이터를 복구하는 것은 쉬운 반면, 내장 메모리에서 삭제된 아이템을 복구하는 것에는 많은 노력이 필요하다. SQLite 파일 파싱과 파일 카빙 기법은 안드로이드 기기에서 추출된 삭제된 데이터를 복구하는 두 가지 방법이다. 다음 장에서는 안드로이드 기기에서 데이터를 추출하고 수집하는 데 도움이 되는 안드로이드 포렌식 도구에 대해 알아본다. 오픈소스와 상용 도구들이 다뤄질 것이다.

11
안드로이드 앱 분석과 포렌식 도구 개요

스마트폰 사용자들은 일반적으로 서드파티 애플리케이션을 사용한다. 안드로이드 사용자들은 여러 가지 앱들을 안드로이드 마켓과 구글 플레이와 같은 앱스토어에서 다운로드해 설치한다. 포렌식 조사 과정에서 가치 있는 데이터와 멀웨어를 탐지하기 위해 이런 앱들을 분석하는 것이 도움이 된다. 예를 들어, 사진 보관 앱은 기기에 있는 민감한 이미지들에 잠금을 걸 수 있다. 따라서 사진 보관 앱의 패스코드를 알기 위한 지식을 갖는 것은 매우 중요하다. 이전 장에서 다룬 데이터 추출과 데이터 복구 기법을 통해 가치 있는 데이터에 대한 권한을 얻을 수 있지만, 앱 분석은 선호도와 퍼미션 등 특정 애플리케이션에 대한 정보를 얻는 데 도움을 준다. 이 장에서는 안드로이드 애플리케이션을 리버스 엔지니어링하기 위한 기법을 다루며 포렌식 수집과 분석 과정에서 매우 유용할 몇 가지 도구에 대해 알아본다.

안드로이드 앱 분석

안드로이드에서 사용자와 소통하는 모든 것은 애플리케이션이다. 일부 앱은 기기 제조사에 의해 미리 설치되어 있지만, 다른 앱들은 사용자가 다운로드해 설치한다. 앱의 종류에 따라 대부분의 앱들은 민감한 정보를 기기의 내장 메모리나 SD 카드에 저장한다. 앞서 다룬 포렌식 기법을 사용해서 애플리케이션이 저장한 데이터에 접근할 수 있다. 하지만, 포렌식 조사관은 가용한 데이터를 유용한 데이터로 변환하는 데 필요한 기술을 익힐 필요가 있다. 이는 애플리케이션이 데이터를 어떻게 다루는지에 대한 포괄적인 지식을 가질 때 얻어지는 기술이다.

조사관은 필요한 정보에 접근하는 데 장애물로 작용하는 애플리케이션을 다룰 필요가 있을 수 있다. 예를 들어, 앱 잠금 애플리케이션에 의해 잠긴 갤러리를 고려해보자. 이 경우에 갤러리에 저장된 사진과 비디오에 접근하기 위해 앱 잠금 애플리케이션의 패스코드를 입력해야 한다. 따라서 앱 잠금 앱이 기기에 패스워드를 어떻게 잠그는지가 궁금해진다. SQLite 데이터베이스 파일을 조사해 볼 수 있지만, 데이터베이스가 암호화되어 있지만 해당 데이터베이스에 패스워드가 있는지조차 예측하기 어렵다. 애플리케이션에 대해 더 많은 이해와 데이터를 어떻게 저장하는지 알고자 하는 경우에 리버스 엔지니어링이 도움이 될 수 있다.

안드로이드 앱 리버스 엔지니어링

단순히 말해서 리버스 엔지니어링은 실행 가능한 파일에서 소스 코드를 뽑아내는 과정을 말한다. 안드로이드 앱을 리버스 엔지니어링을 하는 것은 앱의 기능, 사용 중인 보안 메커니즘등을 이해하기 위해 수행된다. 안드로이드 앱을 리버스 엔지니어링하는 방법을 배우기 전에 안드로이드 앱에 대해 간단히 복습해보자.

- 안드로이드 기기에 설치된 모든 애플리케이션은 자바 프로그래밍 언어로 작성된다.

- 자바 프로그램이 컴파일되면 바이트코드가 생성된다. 바이트코드는 dex 컴파일러로 보내져서 달빅 바이트코드로 변환된다.

- 따라서 class 파일들은 dx tool을 사용해서 dex 파일로 변환된다. 안드로이드는 달빅 가상 머신DVM, Dalvik Virtual Machine이라 불리는 것으로 애플리케이션을 실행한다.

- JVM의 바이트코드는 애플리케이션에 있는 자바 파일의 개수에 따라 하나 이상의 클래스로 이뤄진다. 이와 달리 달빅 바이트코드는 하나의 dex 파일로 이뤄져 있다.

따라서 하나의 애플리케이션을 실행하는 데 필요한 dex 파일, XML 파일, 기타 리소스들이 안드로이드 패키지 파일(APK 파일)로 패키징된다. 이 APK 파일은 단순히 ZIP 파일 내의 아이템들의 집합이다. 따라서 APK 확장자를 가진 파일을 .zip 확장자를 가지도록 파일의 이름을 바꾸면 파일의 콘텐츠를 볼 수 있다. 하지만 그 이전에 폰에 설치된 애플리케이션의 APK 파일에 대한 권한을 가지고 있어야 한다. 애플리케이션과 관련된 APK 파일에 접근하는 방법은 다음과 같다.

안드로이드 기기에서 APK 파일 추출

폰에 미리 설치된 앱들은 /system/app 디렉토리에 저장되어 있다. 사용자가 다운로드한 서드 파티 애플리케이션은 /data/app 폴더에 저장된다. 다음 방법은 기기의 APK파일에 접근하는 것을 도와주며 루팅 여부에 관계없이 동작한다.

1. 다음 명령을 실행시켜 앱의 패키지 이름을 확인한다.

```
C:\android-sdk-windows\platform-tools>adb.exe shell pm list
packages
package:android
package:android.googleSearch.googleSearchWidget
package:com.android.MtpApplication
package:com.android.Preconfig
package:com.android.apps.tag
package:com.android.backupconfirm
```

```
package:com.android.bluetooth
package:com.android.browser
package:com.android.calendar
package:com.android.certinstaller
package:com.android.chrome
...
```

위의 명령행처럼 패키지 이름의 목록이 나타난다. 원하는 애플리케이션의 패키지 이름을 찾아본다. 보통 패키지 이름은 앱의 이름과 아주 큰 연관성이 있다. 다른 방법으로 안드로이드 마켓이나 구글 플레이를 통해 패키지 이름을 확인할 수 있다. 다음 스크린샷과 같이 구글 플레이에서의 앱의 URL에 패키지 이름이 포함되어 있다.

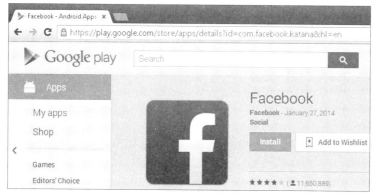

▲ 구글 플레이 스토어에서의 페이스북 앱

2. 다음 명령을 내려 원하는 패키지의 APK 파일 경로를 알아낸다.

```
C:\android-sdk-windows\platform-tools>adb.exe shell pm path com.
android.chrome
package:/data/app/com.android.chrome-2.apk
```

3. adb pull 명령을 사용해서 해당 APK 파일을 안드로이드 기기에서 포렌식 워크스테이션으로 옮긴다.

```
C:\android-sdk-windows\platform-tools>adb.exe pull /data/app/com.
android.chrome-2.apk C:\temp
3493 KB/s (30943306 bytes in 8.649s)
```

또한, ES 익스플로러Explorer와 같은 애플리케이션을 사용해서 안드로이드 애플리케이션의 APK 파일을 얻을 수 있다. APK 파일의 콘텐츠를 분석해보자. 안드로이드 패키지는 안드로이드 앱의 리소스와 실행 파일을 포함한다.

패키지는 다음 파일들을 포함하는 zip 형태의 파일이다.

- AndroidManifest.xml: 퍼미션 등의 정보를 담고 있다.

- classes.dex: dex 컴파일러가 dex 파일로 변환한 class 파일이다.

- res: 이미지 파일, 사운드 파일 등 애플리케이션의 리소스가 이 디렉토리에 존재한다.

- lib: 애플리케이션이 사용하는 네이티브 라이브러리를 담고 있다.

- META-INF: 애플리케이션의 서명과 패키지 내 모든 파일에 대한 서명된 체크섬에 대한 정보를 담고 있다.

APK 파일을 얻으면 안드로이드 애플리케이션의 리버스 엔지니어링을 진행할 수 있다.

안드로이드 앱을 리버스 엔지니어링하는 과정

원본 코드를 얻기 위해 APK 파일을 다양한 방법으로 리버스 엔지니어링할 수 있다. 여기서 설명하는 것은 애플리케이션 코드에 접근하기 위해 dex2jar와 JD-GUI 도구를 사용하는 한 가지 방법이다. 이번 예제에서는 com.twitter.android-1.apk 파일을 분석한다. 다음은 APK 파일을 성공적으로 리버스 엔지니어링하는 방법이다.

1. 파일의 콘텐츠를 확인하기 위해 apk 확장자를 zip으로 바꾼다. com.twitter.android-1.apk 파일을 twitter.android-1.zip으로 바꾸고 압축 프로그램을 사용해서 압축을 해제한다. 다음 스크린샷은 원본 파일인 twitter.android-1.zip에서 추출된 파일을 보여준다.

Name	Date modified	Type	Size
assets	01-02-2014 15:32	File folder	
com	01-02-2014 15:32	File folder	
lib	01-02-2014 15:32	File folder	
META-INF	01-02-2014 15:32	File folder	
res	01-02-2014 15:32	File folder	
AndroidManifest.xml	07-01-2014 11:10	XML Document	43 KB
classes.dex	07-01-2014 11:10	DEX File	3,843 KB
com.twitter.android-1.zip	01-02-2014 15:31	WinRAR ZIP archive	11,877 KB
resources.arsc	07-01-2014 11:10	ARSC File	2,282 KB

▲ APK 파일에서 추출된 파일

2. APK 파일의 콘텐츠를 추출한 직후 앞에서 설명한 classes.dex 파일에 접근할 수 있다. 이 dex 파일은 자바의 class 파일로 변환되어야 한다. 이를 위해 dex2jar 도구를 사용한다.

3. dex2jar 도구를 https://code.google.com/p/dex2jar/에서 다운로드하고, classes.dex 파일을 dex2jar 도구 디렉터리에 넣고 다음 명령을 내린다.

```
C:\Users\Rohit\Desktop\Training\Android\dex2jar-0.0.9.15>d2j-
dex2jar.bat classes.dex

dex2jar classes.dex -> classes-dex2jar.jar
```

4. 앞의 명령이 성공적으로 실행되면, 다음 스크린샷에 나온 것과 같이 classes-dex2jar.jar라는 새로운 파일이 같은 디렉터리에 생성된다.

Name	Date modified	Type	Size
lib	05-06-2013 10:24	File folder	
classes.dex	07-01-2014 11:10	DEX File	3,843 KB
classes-dex2jar.jar	01-02-2014 15:43	Executable Jar File	3,699 KB
d2j-apk-sign.bat	05-06-2013 10:21	Windows Batch File	1 KB
d2j-apk-sign.sh	05-06-2013 10:21	SH File	2 KB
d2j-asm-verify.bat	05-06-2013 10:21	Windows Batch File	1 KB
d2j-asm-verify.sh	05-06-2013 10:21	SH File	2 KB
d2j-decrpyt-string.bat	05-06-2013 10:21	Windows Batch File	1 KB
d2j-decrpyt-string.sh	05-06-2013 10:21	SH File	2 KB
d2j-dex2jar.bat	05-06-2013 10:21	Windows Batch File	1 KB

▲ dex2jar 도구가 생성한 classes-dex2jar.jar 파일

5. 이 jar 파일의 내용을 보기 위해 JD-GUI와 같은 도구를 사용할 수 있다. 다음 스크린샷에 나와 있는 것처럼, 안드로이드 애플리케이션에 존재하는 파일들과 그와 관련된 코드를 볼 수 있다.

코드에 접근하고 나면, 애플리케이션이 특정 값, 퍼미션, 기타 정보를 어떻게 저장하는지 쉽게 분석할 수 있고 이런 정보는 특정 제약조건을 우회하는 데 도움을 줄 수 있다. 기기에서 멀웨어가 발견되면 해당 애플리케이션을 디컴파일하고 분석하는 것이 유용할 수 있는데, 멀웨어가 어떤 정보에 접근하고 해당 데이터가 어디로 보내지는지를 보여주기 때문이다. 앞의 스크린샷의 방법은 멀웨어가 안드로이드 자비에 어떤 영향을 주는지 알 수 있는 최상의 방법이다.

포렌식 도구 개요

조사관이 포렌식 도구가 데이터를 어떻게 수집하고 분석하는지 이해하는 것은 데이터가 정확히 디코딩되고 빠지는 데이터가 없음을 보장하는 데 중요하다. 수동 추출과 분석이 유용하지만, 포렌식 조사관은 모바일 기기 포렌식에 관련된 작업을 수행하는 데 도구의 도움일 필요할 수 있다. 포렌식 도구는 시간을 줄여줄 뿐만 아니라 많은 과정을 쉽게 만들어 준다. 다음 절에서는 안드로이드 기기를 대상으로 포렌식 수집과 분석을 하는 데 널리 사용되는 네 가지 중요한 도구를 설명한다.

AFLogical 도구

AFLogical은 비아포렌식스viaForensics가 개발한 안드로이드 포렌식 도구다. 이 도구는 안드로이드 1.5 이상을 구동하는 모든 안드로이드 기기에 대한 논리적 수집을 수행한다. 이 도구에서 추출된 데이터를 CSV 포맷으로 조사관의 SD 카드에 저장할 수 있다. 이 도구에는 AFLogical OSEOpen Source Edition과 AFLogical LELaw Enforcement 두 가지 에디션이 있다.

AFLogical 오픈소스 에디션

AFLogical 오픈소스 에디션Open Source Edition은 무료 오픈소스 소프트웨어다. 안드로이드 기기의 모든 MMS, SMS, 주소록, 통화 기록을 뽑아낸다. AFLogical OSE는 모바일 포렌식, 모바일 멀웨어, 모바일 보안에 초점을 둔 산토쿠 리눅스Santoku-Linux라는 오픈소스 커뮤니티 기반 OS에 내장되어 있다. AFLogical OSE의 내부 개념은 9장에서 언급했다. 이 에디션은 산토쿠 리눅스에서 다음 과정을 통해 사용할 수 있다.

1. 다음 스크린샷과 같이 Santoku > Device Forensics > AFLogical OSE로 이동한다.

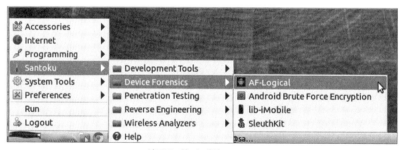

▲ 산토쿠 리눅스에서 AFLogical

2. 기기에 AFLogical OSE를 설치하기 위해 안드로이드 기기를 USB로 연결한다. VM에서 산토쿠 리눅스를 사용 중이라면 안드로이드 기기가 게스트 VM에 연결되어 있어야 한다.

3. 다음과 같이 애플리케이션을 기기에 설치한다.

```
aflogical-ose
634 KB/s (28794 bytes in 0.044s)
pkg: /data/local/tmp/AFLogical-OSE_1.5.2.apk
Success
Starting: Intent { cmp=com.viaforensics.android.aflogical_ose/com.
viaforensics.android.ForensicsActivity }
Press enter to pull /sdcard/forensics into ~/aflogical-data/
```

4. 안드로이드 기기에서, 추출하기 원하는 아이템을 선택하고 Capture를 클릭한다.

5. 다음으로 리눅스 워크스테이션에서 Enter를 누른다. 이를 통해 안드로이드 기기에서 추출한 데이터를 마운트된 SD 카드의 ~/aflogical-data에 저장한다.

6. 다음 스크린샷과 같이 추출된 날짜와 시간으로 이름 붙여진 폴더에 데이터가 저장된다.

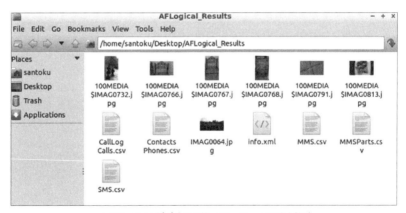

▲ AFLogical 결과 (https://santoku-linux.com에서 참조)

7. 이 폴더를 검색하여 통화 기록, SMS, 주소록 등의 추출한 데이터에 접근할 수 있다.

AFLogical LE

비아포렌식스에 따르면 AFLogical LELaw Enforcement를 다운로드하기 위해서는 사용 중인 사법 기관 혹은 정부 기관의 이메일 주소로 비아포렌식스에 등록해야 한다. 이 에디션을 사용해서 다음과 같은 모든 논리적 데이터를 안드로이드 기기에서 뽑아낼 수 있다.

- 브라우저 북마크
- 브라우저 검색 기록
- 캘린더 참석자
- 캘린더 이벤트
- 캘린더 확장 속성Calendar extended properties
- 캘린더 알림Calendar reminders
- 캘린더
- 통화 기록
- 주소록 방법Contact methods
- 주소록 확장Contact extensions
- 주소록 그룹Contact groups
- 주소록 조직Contact organizations
- 주소록 전화번호Contact phones
- 주소록 설정Contact settings
- 외부 이미지 미디어External image media
- 외부 이미지 썸 미디어External image thumb media
- 외부 미디어 외부 비디오External media external videos
- IM 계정
- IM 채팅
- IM 주소록 제공자(IM 주소록)

- IM 초대장

- IM 메시지

- IM 제공자

- IM 제공자 설정

- 내장 이미지 미디어

- 내장 이미지 썸 미디어

- 내장 비디오와 맵스-친구Videos and Maps-Friends

- 맵스-친구 주소록Maps-Friends contacts

- 맵스-친구 기타Maps-Friends extra

- MMS

- MmsPartsProvider(MMSParts)

- 노트

- 사람들

- 사람에 의해 삭제된 폰 저장소HTC Incredible

- 검색 기록

- SMS

- 소셜 주소록 액티비티Social contracts activities

셀레브라이트: UFED

현재 셀레브라이트Cellebrite UFED는 안드로이드 기기의 데이터 수집과 분석을 지원하는 다양한 제품을 제공한다. 셀레브라이트는 유명한 상용 도구로 논리적, 물리적 수집을 지원하며 데이터를 분석하기 위한 분석 플랫폼도 제공한다. 분석 플랫폼인 셀레브라이트 피지컬 애널라이저Physical Analyzer는 조사에 도움이 되는 키워드 검색, 북마크, 데이터 카빙, 자체 보고서 생성 등의 기능을 제공한다.

물리적 추출

UFED 터치Touch를 사용해서 삼성 안드로이드 기기에서 정보를 추출하기 위해 다음의 과정을 따른다. 추출 과정이 시작되기 전에 폰이 완전히 충전되었는지 확인한다.

1. UFED 터치 메뉴에서 Physical Extraction을 다음 스크린샷과 같이 선택한다.

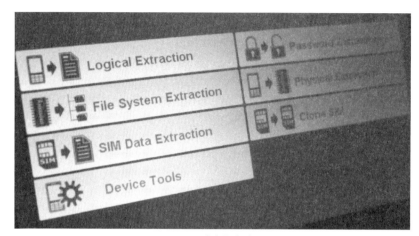

▲ UFED 너치 초기 메뉴

2. 다음 스크린샷과 같이 제조사 목록에서 기기 제조사를 선택한다(예를 들어, Samsung).

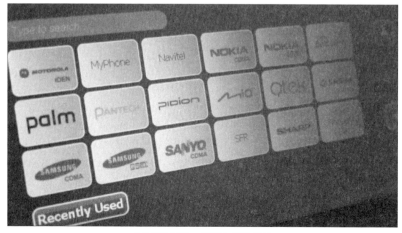

▲ UFED 터치 − 제조사 목록 화면

3. 모델 메뉴에서 기기의 모델을 선택하고 Physical Extraction을 선택한다.

4. 추출할 파일을 저장할 위치를 선택한다. 제거 가능한 드라이브나 포렌식 워크 스테이션을 선택한다.

5. UFED 터치에 나오는 순서 그대로 따라한다. 정확한 케이블을 사용하고 안내 화면에 따라 배터리를 제거해야 한다.

6. 폰이 다운로드 모드로 들어가고 로고가 표시된다. 그 다음, 폰을 UFED 터치에 연결하고 continue를 누른다.

7. (추출한 데이터를 저장하기 위해) 외장 드라이브를 UFED 터치의 목적지 포트에 연결한다.

8. UFED 터치가 자동으로 추출 화면으로 이동할 것이다. 이 과정에서 폰을 연결하기 위해 안내 화면이 뜰 수 있다. 그대로 따라한다.

9. 이 과정이 완료되면, UFED 피지컬 애널라이저 애플리케이션을 사용해서 추출된 데이터를 보고 분석할 수 있다.

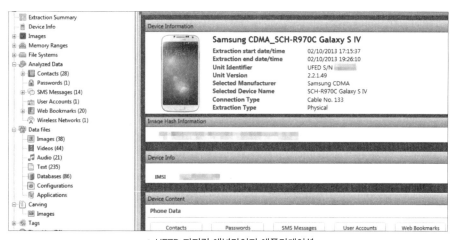

▲ UFED 피지컬 애널라이저 애플리케이션

MOBILedit

제조사에 따라 MOBILedit 포렌식 도구는 통과 기록, 전화번호부, 텍스트 메시지, 멀티미디어 메시지, 파일, 캘린더, 노트, 미리알림과 스카이프Skype, 드롭박스Dropbox, 에버노트Evernote 등의 애플리케이션 데이터를 포함한 폰의 데이터를 검색하고 보는 데 사용될 수 있다. 또한 MOBILedit는 IMEI, 운영체제, 펌웨어, SIM 정보(IMSI), ICCID, 위치 정보 등을 검색한다. 상화에 따라, MOBILedit는 폰에서 삭제된 데이터를 가져오고 패스코드, PIN, 폰 백업 암호화를 우회할 수 있다. 설치 파일은 www.mobiledit.com에서 받을 수 있고 쉽게 설치할 수 있다. 설치가 완료되면, MOBILedit 소프트웨어를 사용해 안드로이드 폰에서 정보를 추출하는 다음 과정을 수행한다.

1. 기기의 USB 디버깅이 활성화되어 있는지 확인하고 USB 케이블을 사용해서 기기를 포렌식 워크스테이션에 연결한다. 다음 스크린샷과 같이 MOBILedit가 기기를 탐지하고 기기에 Connector 앱을 설치한다.

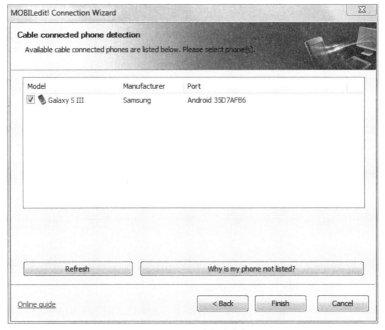

▲ MOBILedit 연결 마법사

2. MOBILedit는 특정 데이터를 백업하는 옵션을 보여준다. 이 과정이 완료되면 다음 스크린샷과 같이 분석할 수 있는 애플리케이션 데이터와 통계를 보여준다.

▲ MOBILedit tool 결과

3. Navigation 탭에서 결과를 보고 싶은 아이템을 클릭한다. 예를 들어, Phonebook 링크를 클릭하여 전화 번호, 이메일 주소 등 주소록에 저장된 모든 연락처를 볼 수 있다. 이와 비슷하게, Call Logs 옵션을 클릭하여 통화 기록에 대한 정보를 다음 스크린샷과 같이 볼 수 있다.

▲ MOBILedit tool - Call logs 옵션

MMS, 캘린더, SD 카드의 파일 등을 다른 가용한 옵션을 탐색하여 볼 수 있다.

Autopsy

수동 조사나 파일 카빙이 필요할 때는 안드로이드 기기의 미가공 파일에 접근을 가능하게 하는 포렌식 도구를 사용하는 것이 가장 좋다. Sleuth Kit 기반의 GUI 도구인 Autopsy는 윈도우 포렌식 워크스테이션에서 실행되며 http://www.sleuthkit.org/autopsy/에서 다운로드할 수 있다. Autopsy는 안드로이드 기기에 대해 분석 기능을 제공한다. Autopsy에는 오픈소스와 법조 기관 모듈이 있다. 이 모듈들은 안드로이드 기기와 SD 카드에서 발견된 애플리케이션과 파일에 대한 추가적인 파일 카빙과 파싱을 지원한다. 예를 들어, 오픈 모바일 포렌식 모듈은 통화, SMS, 사진 등의 개체를 추출하는 기능을 제공한다.

Autopsy에서 안드로이드 분석

이 예제에서는 삼성 갤럭시 S3의 물리 이미지를 사용할 것이다. 이 기기는 셀레브라이트 UFED 터치를 사용해서 물리적으로 추출되었다. 안드로이드 이미지를 올바르게 마운트하고 조사를 시작하기 위해 다음 과정을 따른다.

1. 최신 버전의 Autopsy를 www.thesleuthkit.org에서 다운로드해 설치한다.

2. Autopsy를 실행하고 다음 스크린샷과 같이 새로운 케이스를 생성한다.

▲ Autopsy tool 화면

3. 케이스 정보를 입력하고 Finish를 클릭한다.

4. 다음 스크린샷과 같이 이미지 파일을 선택하여 안드로이드 기기의 물리 이미지를 탐색한다. 하나 이상의 이미지 파일이 제공될 경우, 첫 번째 파일이 선택된다.

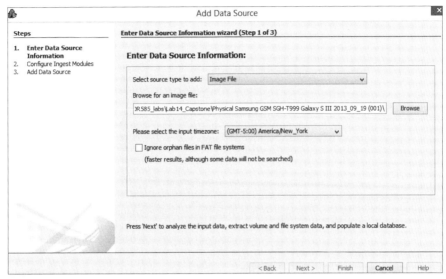

▲ Autopsy 이미지 로딩

5. 안드로이드 기기에 대해 실행하고자 하는 ingest 모듈을 선택한다. 다음 스크린샷과 같이 모듈 선택화면이 나타난다. 사법 기관 관련 모듈은 나타나지 않고 이 모듈들은 사법 기관과 연방 정부에만 제공된다. 다음 스크린샷은 ingest 모듈을 보여준다.

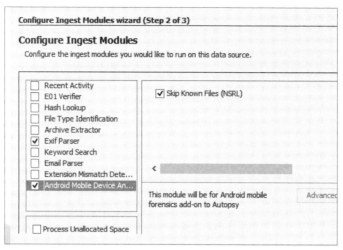

▲ Autopsy ingest 모듈

6. Next와 Finish를 선택하면 Autopsy가 안드로이드 이미지 파일을 파싱하고 읽기 시작할 것이다. 다른 포렌식 도구와 달리, Autopsy는 복구되는 즉시 결과를 보여줘서 선처리 시간을 단축하고 조사관이 조사와 관련된 데이터를 직접 접근할 수 있게 한다. 다음 스크린샷에 그 결과가 나타나 있다.

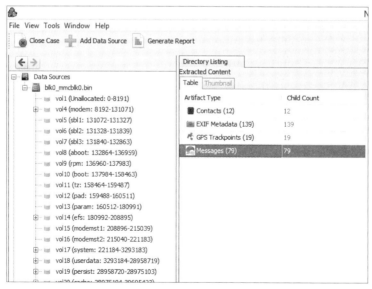

▲ Autopsy 결과

정리

안드로이드 앱을 리버스 엔지니어링하는 것은 APK 파일에서 소스 코드를 뽑아내는 과정이다. 앱의 기능과 데이터 저장소, 멀웨어 여부 등을 이해하기 위해 dex2jar와 같은 특정 도구를 사용해서 안드로이드 앱을 리버스 엔지니어링할 수 있다. AFLogical, 셀레브라이트, MOBILedit, Autopsy와 같은 포렌식 도구는 조사관에게 도움을 주는 도구의 일부다. 이 도구들은 시간과 노력을 절약해준다. 이 장에서는 이 도구들을 사용하는 단계별 설명을 다뤘다. 안드로이드 기기와 달리, 윈도우 모바일 기기에 저장된 데이터는 추출과 분석이 어렵다. 다음 장에서는 윈도우 모바일 기기에서의 포렌식에 대해 간략히 살펴볼 것이다.

12

윈도우 폰 포렌식

윈도우 모바일Windows mobile 기기가 더 널리 사용됨에 따라 포렌식 조사 과정에서 만나게 될 수 있다. 윈도우 모바일 기기에 있는 디지털 증거의 위치를 확인하고 해석하기 위해서는 윈도우 폰 운영체제에 대한 특별한 지식이 필요하며 항상 가능하지 않을 수 있다. 상용 포렌식 도구와 오픈소스 도구는 윈도우 기기에서 사용자 데이터를 수집하기 위한 제한적인 기능을 제공한다. 윈도우 모바일 기기가 상대적으로 최근에 나왔기 때문에 대부분의 포렌식 조사관들인 데이터 포맷, 내장된 데이터베이스 등에 익숙하지 않다. 이 장에서는 윈도우 폰 포렌식에 대한 개요를 다루면서 윈도우 모바일 기기에 있는 데이터를 수집하고 조사하는 다양한 방법에 대해 설명한다.

윈도우 폰 OS

윈도우 폰은 마이크로소프트 사가 개발한 모바일 운영체제다. 윈도우 모바일의 후속 버전으로 만들어졌지만, 이전 플랫폼과의 하위호환성은 제공하지 않는다. 윈도우 폰은 2010년 10월에 윈도우 폰 7과 함께 출시되었다. 그 이후 윈도우 폰 7.5, 윈도우 폰 7.8, 윈도우 폰 8이 출시되면서 윈도우 폰 운영체제 역사가 계속되었다. 이 운영체제의 시장 점유율이 제한적이긴 하지만, 다음 두 가지 이유에 의해 낙관적이기도 하다.

- 컴퓨터 운영체제 시장에서는 여전히 윈도우가 지배하고 있다. 이 때문에 윈도우 폰 OS가 사용자들에게 익숙한 컴퓨팅 환경을 제공하여 더 큰 유연성을 준다.
- 마이크로소프트가 노키아를 인수하기로 한 것은 모바일 운영체제의 시장 점유율을 높이는 데 중요한 역할을 할 수 있다.

다음 절에서는 윈도우 폰 7과 기능들, 내부 보안 모델에 대해 더 자세히 알아볼 것이다. 윈도우 폰 8에도 비슷하게 저장될 것이라 생각되기 때문에 다음 절에서 다루는 방법들이 두 가지 버전에서 동작할 것이다.

안드로이드와 iOS와 달리 다음 그림과 같이 윈도우 폰에서는 아이콘 대신 앱 타일이라 불리는 새로운 인터페이스를 제공한다. 사용자가 타일을 디자인하고 업데이트할 수 있다. 다른 모바일 플랫폼과 비슷하게 윈도우 폰에도 서드파티 앱을 설치할 수 있다. 앱들은 마이크로소프트가 관리하는 윈도우 폰 마켓플레이스에서 다운로드할 수 있다.

▲ 윈도우 폰의 홈 화면

보안 모델

윈도우 폰의 보안 모델은 기기의 사용자 데이터가 안전하게 유지될 수 있도록 설계되었다. 다음 절에서는 윈도우 폰 보안의 바탕이 된 개념에 대해 간단히 설명할 것이다.

윈도우 챔버

윈도우 폰 OS 7.0은 최소 특권과 분리 법칙에 크게 의존하고 있다. 이를 위해서 윈도우 폰은 챔버chamber라는 개념을 도입했다. 각 챔버는 프로세스가 실행될 수 있는 격리 경계를 가지고 있다. 특정 챔버의 보안 정책에 따라 해당 챔버에서 실행되는 프로세스는 OS 자원과 기능에 대한 특권을 가진다(https://www.msec.be/mobcom/ws2013/presentations/david_hernie.pdf). 네 가지 형태의 보안 챔버가 있다. 다음은 각 챔버에 대한 간략한 설명이다.

- **신뢰 컴퓨팅 기반**TCB, Trusted Computing Base: 여기에 속하는 프로세스는 대부분의 윈도우 폰 7 자원에 대해 제약 없는 접근 권한을 가진다. 이 챔버는 정책을 수정하고 보안 모델을 적용하는 권한을 가진다. 커널이 이 챔버 상에서 동작한다.
- **상승 권한 챔버**ERC, Elevated Rights Chamber: 이 챔버는 TCB 챔버에 비해 적은 권한을 가진다. 이것은 보안 정책을 제외한 모든 자원에 접근할 수 있다. 이 챔버는 폰 상의 다른 애플리케이션이 사용하는 기능을 제공하는 서비스와 사용자 모드 드라이버에 의해 사용된다.
- **표준 권한 챔버**SRC, Standard Rights Chamber: 이것은 마이크로소프트 아웃룩 모바일 2010과 같이 미리 설치된 애플리케이션을 위한 기본 챔버다.
- **최소 권한 챔버**LPC, Least Privileged Chamber: 이것은 마켓플레이스 허브(윈도우 폰 마켓플레이스라고도 알려진)를 통해 다운로드해 설치된 모든 애플리케이션을 위한 기본 챔버다.

기능 기반 모델

기능Capabilities은 보안, 프라이버시, 비용과 연관된 폰의 자원(카메라, 위치 정보, 마이크 등)으로 정의된다. LPC는 기본적으로 최소한의 접근 권한을 가진다. 하지만, 설치 과정에서 더 많은 기능을 요청함으로써 확장될 수 있다. 능력은 앱 설치 과정에서 부여되며 런타임에는 수정되거나 상승될 수 없다.

윈도우 폰에 앱을 설치하기 위해서는 윈도우 라이브 ID로 마켓플레이스에 로그인해야 한다. 다음 스크린샷에 나온 것과 같이 설치 과정에서 앱은 특정 기능을 사용하기 전에 사용자의 허락을 구한다.

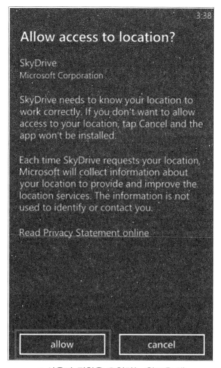

▲ 사용자 권한을 요청하는 윈도우 앱

이는 안드로이드의 퍼미션 모델과 비슷하다. 이를 통해 사용자는 애플리케이션을 설치하기 전에 애플리케이션이 가지는 기능에 대해 알 수 있다. 애플리케이션에 포함된 모든 기능의 목록은 WMAppManifest.xml이라는 메니페스트 파일에 나와 있고 이 파일은 비주얼 스튜디오Visual Studio나 http://developer.nokia.com/community/wiki/How_to_access_Application_Manifest_%28WMAppManifest.xml%29_file_at_runtime에 나와 있는 다른 방법을 통해 접근 가능하다.

앱 샌드박싱

윈도우 폰의 앱은 샌드박스된 환경에서 동작한다. 이는 윈도우 폰 7의 모든 애플리케이션이 자신의 챔버 상에서 동작한다는 것을 의미한다. 애플리케이션은 각각 분리되어 있고 다른 애플리케이션의 데이터에 접근하지 못한다. 앱이 장비에 정보를 저장해야 할 때, 다른 애플리케이션은 접근하지 못하는 분리된 저장소에 저장한다. 또한 윈도우 폰에 설치된 서드파티 애플리케이션은 백그라운드에서 실행되지 못하기 때문에 사용자가 다른 애플리케이션으로 전환하며 이전의 애플리케이션은 종료된다(애플리케이션 상태는 유지된다). 이를 통해 사용자가 특정 애플리케이션을 사용하지 않을 때는 해당 애플리케이션이 인터넷을 통한 통신 등의 행위를 수행하지 못하게 한다. 이런 제약은 윈도우 폰이 멀웨어에 덜 취약하게 만들어 준다.

윈도우 폰 파일 시스템

윈도우 폰 7 파일 시스템은 윈도우 XP, 윈도우 비스타, 윈도우 7의 파일 시스템과 거의 비슷하다. 루트 디렉토리로부터 기기 내에 사용 가능한 파일과 폴더에 접근할 수 있다. 포렌식 관점에서 다음 폴더들이 가치 있는 데이터를 담고 있을 수 있다. 언급된 모든 디렉토리는 루트 디렉토리에 위치한다.

- Application Data: 이 디렉토리는 아웃룩, 지도, 인터넷 익스플로러와 같은 미리 설치된 앱의 데이터를 담고 있다.
- Applications: 이 디렉토리는 사용자가 설치한 앱을 담고 있다. 각 앱이 할당하거나 사용하는 분리된 저장소도 이 폴더에 위치한다.
- My Documents: 이 디렉토리는 워드, 엑셀, 파워포인트와 같은 오피스 문서를 담고 있다. 또한 이 디렉토리에는 음악과 동영상과 같은 멀티미디어 파일과 환경설정 파일을 담고 있다.
- Windows: 이 디렉토리는 윈도우 폰 7 운영체제와 관련된 파일을 담고 있다.

윈도우 폰은 운영체제의 환경 변수를 저장하는 윈도우 레지스트리를 유지한다. 윈도우 레지스트리는 마이크로소프트 운영체제의 설정과 옵션을 저장하는 디렉토리다.

데이터 수집

이전 장에서 다룬 물리적, 논리적 방법이 윈도우 폰에서는 동작하지 않기 때문에 윈도우 폰에서 데이터를 수집하는 것은 어렵다. 데이터 수집을 하는 일반적인 기법 중 하나는 기기에 애플리케이션이나 에이전트를 설치해서 기기에서 가능한 많은 데이터를 추출하는 것이다. 이는 기기에 특정한 변화를 주지만, 조사관이 표준 프로토콜을 따른다면 여전히 포렌식적으로 타당하다. 이들 프로토콜에는 사용자 데이터의 변경이 없음을 보장하는 적절한 테스트, 테스트 기기에서의 방법 검증, 수집 과정에서의 모든 과정 문서화 등이 포함된다. 이 수집 방법이 동작하기 위해서는 표준 권한 챔버의 특권으로 앱이 설치되어야 한다. 이를 위해 사용자 앱에 더 높은 특권을 주는 제조사의 DLL 파일을 복사해야 할 수도 있다. 이 방법은 보통 네이티브 앱에는 제한적인 기능과 자원에 접근을 가능하게 해준다.

많은 조사관들은 모바일 기기 수집을 위해 포렌식 도구와 기법에 의존한다. 앞에서 언급했듯이 이러한 방법들은 윈도우 모바일 폰에서 쉽게 사용하지 못한다. 윈도우 폰에 앱을 설치하고 실행시키려면 폰과 개발자 모두 마이크로소프트에 등록되고 잠금 해제되어 있어야 한다는 점을 명심하자. 이 제약은 ChevronWP7과 같은 도구를 사용해서 기기를 잠금 해제하여 우회할 수 있다. 이 도구는 기본적으로 마켓플레이스의 절차를 우회하는 것을 가능하게 하며 공식적으로 배포되지 않은 애플리케이션을 사이드로드sideload(제약사항 없이 서명되지 않은 애플리케이션을 실행하는 것)할 수 있게 해준다.

ChevronWP7을 사용하여 사이드로드

앞서 설명했듯이 폰의 파일 시스템에 접근 가능한 앱을 설치하기 위해서는 기기를 잠금 해제해야 한다(iOS 기기의 탈옥과 비슷하다). 이 방법은 패스코드로 잠겨 있지 않은 윈도우 폰에서만 동작한다. 이는 다음 과정을 거쳐 ChevronWP7을 사용해 가능하다.

1. ChevronWP7.exe과 ChevronWP7.cer 파일을 다운로드한다. 이 파일들은 보통 삭제되어 같은 사이트에서 항상 다운로드되지 않을 수 있음에 유의하자. 현재 다운로드가 가능한 사이트 중 하나는 다음과 같다.

   http://www.4shared.com/file/HQGmwIRx/ChevronWP7.htm?locale=en

2. ChevronWP7.cer을 윈도우 폰에 설치한다. ChevronWP7을 설치하는 방법은 일반적인 포렌식 관례가 아닌 기법을 필요로 할 수도 있음을 주의하자. 따라서 모든 방법은 샘플 윈도우 폰에서 테스트되어 데이터를 추출하는 과정에서 사용자 데이터가 손실되지 않도록 한다. ChevronWP7을 설치하는 방법에는 파일을 이메일로 보내서 접근하는 것이다. 이 방법은 모든 다른 방법이 실패했을 경우 마지막 방법으로 사용되어야 한다.

3. 폰을 컴퓨터에 연결하고 기기가 패스코드로 잠금되지 않았는지 확인한다. 만약 기기가 잠겨 있고 패스워드를 알고 있으면 컴퓨터가 물을 때 패스워드를 입력한다. 패스워드를 알아내기 위한 잘못된 시도에 의해 사용자 데이터가 삭제될 수 있기 때문에 윈도우 폰에서 여러 번에 걸쳐 패스워드를 알아내려고 시도하지 않는다.

4. ChevronWP7.exe 파일을 실행시키고 다음 스크린샷에 나온 두 가지 박스에 체크를 하고 Unlock을 클릭한다. 이를 통해 기기를 잠금 해제하여 마켓플레이스 개발자 계정 없이 서드파티 앱을 설치할 수 있게 된다.

▲ ChevronWP7 도구

사용자 앱에서 네티이브 코드를 실행시키기 위해 Windows.Phone.interopService DLL이 사용된다. 이 DLL은 제조사의 네이티브 DLL을 가져올 수 있게 하는 RegisterComDLL 메소드를 제공한다. 따라서 이 DLL을 사용자 앱에 포함시켜서 앱 내에서 네이티브 코드를 실행시킬 수 있고 분리된 저장소를 포함한 폰의 파일 시스템 전체에 접근할 수 있다.

데이터 추출

언락된 기기(탈옥된 iOS 기기와 비슷한)에서 폰에 있는 사용자 데이터를 추출할 수 있는 앱을 설치할 수 있다. WPDM_{Windows Mobile Device Manager}에 포함된 TouchXperience 앱을 이 목적으로 사용할 수 있다. WPDM은 윈도우 폰 7을 위한 관리 소프트웨어다. 클라이언트 앱인 TouchXperience는 모바일 기기의 파일 시스템과 같은 데이터를 추출하여 WPDM이 이 데이터를 사람이 읽을 수 있는 시각적인 형태로 변환한다. 다음은 포렌식 조사관이 언락된 윈도우 폰 기기에 존재하는 사용자 데이터를 추출하는 과정이다.

1. 윈도우 폰 SDK 7.1과 Zune 소프트웨어를 포렌식 워크스테이션에 다운로드하여 설치한다(http://www.microsoft.com/en-us/download/ details.aspx?id=27570).

2. 워크스테이션에 윈도우 폰 디바이스 매니저_{Windows Phone Device Manager}를 다운로드하고 WPDeviceManager.exe를 실행한다(http://touchxperience.com/ windows-phone-device-manager/).

3. 기기를 워크스테이션에 연결하면 자동으로 감지될 것이다. 만약 기기가 감지되지 않는다면 기기에 패스코드가 해제되어 있는지 확인한다. 패스코드가 설정되어 있고 패스코드를 알지 못한다면 이 과정이 실패할 수 있다.

4. 폰이 처음 연결될 때 윈도우 폰 디바이스 매니저는 TouchXperience 앱을 자동으로 설치할 것이다. 소프트웨어가 기기에서 어떤 일을 할 수 있게 허용되어 있는지 확인한다(즉, 사용자 데이터를 변경하지 않고, 날짜/시간 설정을 업데이트하지 않거나 사용자 데이터를 수정할 수 있는 모든 것을 하지 못하게 되어 있는지를 확인한다). 표준 포렌식 방법이 윈도우 폰 기기에 대한 지원을 거의 하지 않기 때문에 TouchXperience가 윈도우 폰에서 데이터를 추출하기 위해 설치되었음을 문서에 기록한다.

5. 그 후에, 기기의 많은 파일에 접근할 수 있게 하는 다음과 같은 화면이 보일 것이다.

▲ 윈도우 폰 디바이스 매니저

홈 화면에는 폰의 모델, OS 버전 등과 같은 정보가 나타난다. Manage applications를 클릭해서 다음 스크린샷에 나온 것처럼 기기에 설치 된 앱에 대한 정보를 볼 수 있다. WPDM은 미디어 관리, 파일과 폴더 동기화 등의 기능도 제공한다. 포렌식 관점에서 파일 익스플로러File Explorer가 이 소프트웨어의 가장 관심이 가는 부분이다. 파일 익스플로러는 윈도우 폰 7 기기에 존재하는 대부분의 파일을 읽고, 쓰고, 실행할 수 있다.

다음 스크린샷을 살펴보자.

Name	Publisher	Installed On	Size	Version
Installed Applications				
TouchXplorer	Julien Schapman	28/02/2011	664,91 KB	1.0.0.0
TouchXperience	Julien Schapman	28/02/2011	2,42 MB	1.0.2.0
Bluetooth	Julien Schapman	28/02/2011	587,02 KB	1.0.0.0
Config. avancée	Julien Schapman	28/02/2011	1,31 MB	1.1.0.1
Éditeur de registre	Julien Schapman	28/02/2011	1,29 MB	1.1.0.0
Purchased Applications				
Config Connexion	HTC Corporation		913,10 KB	1.0.0.0
Convertisseur	HTC Corporation		1,82 MB	1.0.0.0
HTC Hub	HTC Corporation		18,04 MB	1.0.0.0

▲ 윈도우 폰 디바이스 매니저 – Manage Applications 화면

이 수집 기법을 사용하여 시스템 데이터와 애플리케이션 데이터 두 가지 형태의 데이터를 얻을 수 있다. 시스템 데이터는 주로 폰이 동작하는 데 필요한 데이터이며 애플리케이션 데이터는 기기에 설치된 애플리케이션이 생성하고 사용하는 데이터다. 조사와 관련된 데이터가 시스템 데이터에 포함되어 있을 수 있지만, 애플리케이션 데이터가 더 가치 있다. 이와 별개로, 조사가 반드시 완벽하고 가능할 때 기기의 모든 데이터를 캡처해야 하기 때문에 무든 데이터가 스마트폰에서 수집되어야 한다. 다음 절에서 윈도우 폰 기기에서 애플리케이션 데이터를 얻기 위한 과정을 다룰 것이다. 애플리케이션 데이터는 사용자가 생성한 데이터 대부분을 포함하며 조사에 큰 가치를 줄 것이다.

SMS 추출

윈도우 폰 7에서 송수신되는 모든 단문 메시지(SMS)는 다음 스크린샷에 나와 있는 것처럼 \Application Data\Microsoft\Outlook\Stores\DeviceStore에 위치한 store.vol 파일에 저장된다. 하지만, 이 파일은 항상 사용 중이기 때문에 이 파일을 직접 복사할 수는 없다. 파일의 이름이 바뀔 때(store.vol.txt 또는 store.bkp과 같이), 자동으로 파일의 복사본을 생성한다. 복사본이 생성되면, 일반 텍스트 편집기를 사용해서 이 파일을 조사할 수 있다. 이 파일이 \APPDATA\Local\Unistore 디렉토리에도 존재할 수 있음을 주목하자. 다음 스크린샷을 살펴보자.

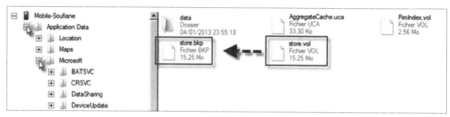

▲ 윈도우 폰에서 store.vol 파일

이메일 추출

윈도우 폰 7 기기는 아웃룩을 표준 이메일 클라이언트로 사용한다. 이 프로그램은 구글, 야후메일YahooMail 등의 여러 이메일 서비스를 동기화하는 데 사용된다. 아웃룩과 관련된 모든 데이터는 다음 스크린샷과 같이 \Application Data\Microsoft\Outlook\Stores\DeviceStore\data 디렉토리 내에 저장된다.

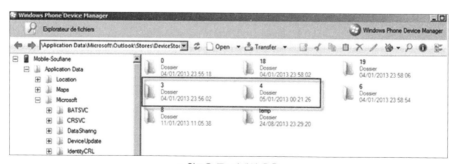

▲ 윈도우 폰: 이메일 추출

다음 스크린샷에 나와 있듯이, 각기 다른 데이터를 담고 있는 여러 폴더가 존재한다. 예를 들어, 폴더 3은 사용자 주소록(이메일 수신자)의 사진을 담고 있다. 이 폴더는 예제로 제시된 것이다. 이 폴더는 다른 윈도우 기기에서는 폴더 3이라는 이름을 가지고 있지 않을 수 있다. 다음 스크린샷을 살펴보자.

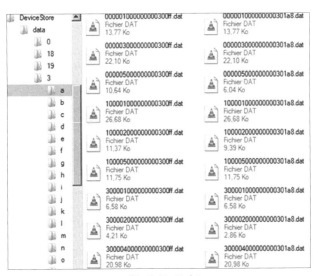

▲ 윈도우 폰: 폴더 3

나타난 파일이 .dat 확장자를 가지고 있지만, .jpg로 이름을 바꾸면 다음 스크린샷과 같이 사진을 볼 수 있다.

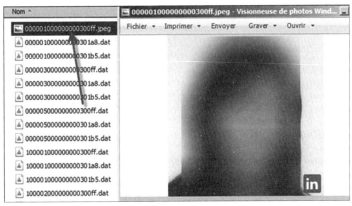

▲ 윈도우 폰: 데이터 파일을 JPG 파일로 이름 바꾸기

비슷하게 폴더 4는 이메일 메시지에 대한 정보를 담고 있다. 파일의 이름을 HTML로 바꿔서 이메일 메시지의 내용을 볼 수 있다. 다시 강조하면, 각 폴더가 이메일 메시지, 첨부 파일, 주소록 등을 담을 수 있기 때문에 연관성이 따라 조사되어야 한다.

애플리케이션 데이터 추출

Applications 폴더는 기기에 설치된 모든 애플리케이션을 담고 있다. 각 애플리케이션은 자신 만의 디렉토리를 가지며 고유한 애플리케이션 ID로 명명된다. 애플리케이션 ID 폴더 내부에는 Cookies, History, IsolatedStore와 같은 중요한 폴더가 있다. 대부분의 중요한 정보는 IsolatedStore 폴더에 있다. 예를 들어, 다음 스크린샷에 나와 있는 것처럼, 페이스북의 IsolatedStore 폴더에는 다음과 같은 데이터가 들어 있다.

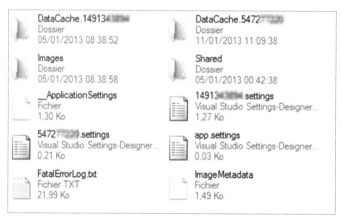

▲ IsolatedStore 폴더의 내용

이들 폴더를 분석하여, 포렌식 분석가는 조사를 도울 많은 정보를 수집할 수 있다. 다음은 페이스북 앱을 분석하여 얻는 정보의 예이다.

● 다음 스크린샷에 보이는 userid.settings 파일은 사용자의 프로필 이름과 사용자의 프로필과 프로필 사진에 대한 링크를 포함한다.

- 페이스북 앱이 사용하는 모든 사진은 IsolatedStore 디렉토리 내의 Imgaes 폴더에 저장된다. 이미지를 보기 위해서 파일의 확장자를 JPG로 바꾼다.

- DataCache.userID 폴더는 페이스북 계정에 대한 대부분의 정보를 담고 있다. 폴더를 파싱하여 친구, 친구 요청, 메시지 등의 정보를 얻을 수 있다. 추출 된 모든 파일은 조사와의 연관성에 따라 수동으로 조사될 수 있기 때문에 손쉬운 방법이다.

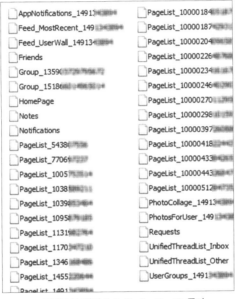

▲ 페이스북 앱의 DataCache.UserID 폴더

비슷하게 인터넷 익스플러 앱을 조사하여 포렌식 조사관은 사용자가 방문한 사이트에 대한 정보를 모을 수 있다. 이 모든 데이터는 Application Data\Microsoft\Internet Explorer 폴더에서 찾을 수 있다. 맵스Maps 애플리케이션을 분석하여 사용자 정보와 다른 자세한 사항을 수집할 수 있다. 통화 기록은 대부분의 기기에서 \APPDATA\Local\UserData\Phone으로부터 복구할 수 있다. 이 위치는 OS와 윈도우 기기에 따라 달라질 수 있음을 명심하자. 하지만, 데이터를 포함하고 있는 디렉토리(phone, store.vol 등)는 위치가 동일하다. 윈도우 폰에 대해 포렌식을 수행하는 데 필요한 훌륭한 자료는 http://cheeky4n6monkey.
blogspot.com/2014/06/monkeying-around-with-windows-phone-80.
html에서 찾을 수 있다.

정리

윈도우 폰 기기는 보안이 잘 갖추고 있고, 상용 포렌식 도구와 오픈소스 방법들이
포렌식 조사관에서 쉬운 방법을 제공하지 않기 때문에 윈도우 폰 기기를 대상으로
한 수집은 쉽지 않은 일이다. 칩-오프, JTAG를 비롯해 이 책에서 다룬 몇몇 방법
들은 윈도우 폰 기기의 사용자 데이터에 접근을 제공해준다. 기기에 대한 접근을
얻는 것, 데이터를 수집하는 것, 분석을 위해 미가공 데이터를 추출하는 것이 가장
어려운 일이다. 데이터가 사용 가능하게 되면, SMS, 이메일, 애플리케이션 데이터
등에 대한 모든 정보를 분석할 수 있다. 다시 강조하면, 기기는 패스코드로 잠겨
있으면 안 되며, 언락(탈옥/루팅)되어 있어야 하고, 이 장에서 설명한 방법을 사용해
데이터를 추출하기 위해서는 기기가 수정되어야 한다. 방법 중 일부분은 어렵고
포렌식 관례에서 일반적이지 않은 것이지만, 윈도우 폰 기기에서 사용자 데이터를
얻을 수 있는 유일한 방법임을 알게 될 것이다. 다음 장에서는 어려운 작업이지만,
상용과 오픈소스 방법들이 더 많이 지원하는 블랙베리BlackBerry 포렌식을 다룰 것
이다.

13

블랙베리 포렌식

블랙베리BlackBerry 기기는 RIMResearch in Mobile의 자체 무선 프로토콜을 포함한다. 물리적 파싱 지원의 부족과 기기의 암호화 때문에 블랙베리 기기에 대한 포렌식 조사는 매우 어렵다. 이 장에서는 블랙베리 기기에 포함된 다양한 보안 기능, 기기 에서 데이터를 추출하는 기법들, 그리고 추출된 데이터를 분석하는 가장 좋은 방 법에 대해 다룬다.

블랙베리 OS

블랙베리 OS는 캐나다 회사인 RIM이 개발한 자체 모바일 운영체제로 QNX가 소 개된 블랙베리 10 이전까지 모든 블랙베리 기기에 사용되었다. 블랙베리 RIM은 현재 블랙베리 리미티드BlackBerry Limited로 일컫는다. 초기 블랙베리 운영체제는 트랙 볼, 트랙 휠, 트랙 패드 등의 특수한 기능을 지원하는 것으로 알려졌다. 블랙 베리 OS는 페이저 블랙베리Pager BlackBerry 580이라는 기기를 위해 1999년에 처음 출시되었다. 블랙베리 QNX(OS 10)는 블랙베리 플레이북BlackBerry Playbook과 함께 처음 소개된 리눅스 기반의 운영체제를 사용하며 이 운영체제는 현재 블랙베리 기기들에 사용되고 있다. QNX와 함께 블랙베리 월드BlackBerry World와 밸런스Balance가 안드로이드 및 아이폰과 더 비슷한 다른 기능과 함께 소개되었다(http://searchitchannel.techtarget.com/feature/Introduction-to-the-BlackBerry).

다음 표는 블랙베리 OS의 역사에 대한 정보를 보여준다.

버전	출시연도
1	1999
3.6	2002
5	2008
6	2010
7	2011
7.1	2012
10	2013
10.1	2013
10.2	2013

▲ 블랙베리 OS 버전

블랙베리 OS는 마이크로소프트 익스체인지Exchange, 로터스 도미노Lotus Domino와 이메일, 주소록, 캘린더, 노트 등과 무선으로 동기화해주는 MIDP를 통한 기업 메일을 기본으로 지원하며, 이 기능들은 블랙베리 엔터프라이즈 서버BlackBerry Enterprise Server와 함께 사용된다. 이 OS는 추가적으로 WAP 1.2를 지원한다. 안드로이드와 iOS의 출시와 함께 블랙베리 OS의 시장 점유율은 해가 지날수록 점차 줄어들었다. 그럼에도 세계적으로 7천만 명 이상의 블랙베리 사용자가 있으며 특히 회사 내부의 조사의 경우 포렌식 조사 과정에서 이 기기들을 빈번히 마주하게 된다. 블랙베리 엔터프라이즈 서버BES, BlackBerry Enterprise Server는 기업 이메일을 사용자 기기와 동기화시키는 기업 메시징을 가능하게 하는 소프트웨어로 구성되어 있다. IT 부서의 BES 관리자는 보통 BES 서비스를 관리한다. 블랙베리 인터넷 서비스BIS, BlackBerry Internet Service는 사용자가 블랙베리 기기와 최대 10개의 이메일 계정을 동기화할 수 있게 환경설정을 가능하게 하는 서비스다.

블랙베리는 앱 배포 서비스인 블랙베리 월드에서 서드파티 애플리케이션을 설치하는 것을 허용한다. 블랙베리 앱은 자바 개발 환경(JDE) 또는 RIM의 MDSMobile Data System를 사용해서 개발된다. 애플리케이션이 BIS나 BES와 같이 블랙베리 솔루션과 독립적으로 실행될 수 있다면 자바 애플리케이션이 이 목적에 부합한다. 애플리케이션이 기능을 수행하기 위해 이메일이 필요하거나 블랙베리 기기의 지원이 필요하다면, 보통 MDS가 애플리케이션을 개발하는 데 선호된다.

보안 기능

기기를 구입하여 사용하는 고객과 회사로부터 블랙베리를 제공받아 사용하는 기업 사용자와 같은 두 가지 형태의 블랙베리 사용자가 있다. 기기를 직접 구입한 소비자의 기기는 보통 BIS를 사용하도록 설정되어 있는 반면, 기업 사용자의 기기는 BES를 사용하도록 설정되어 있다. BES환경에서 기업은 적절한 설정과 애플리케이션 제어를 통해 보안을 적용한다.

블랙베리가 자체 운영체제를 사용하지만, 서드파티 애플리케이션 프레임워크는 대부분 자바를 바탕에 둔다. 서명되지 않은 서드파티 앱들은 한정된 기능에 매우 제약적인 권한을 가진다. 서명된 애플리케이션의 경우에도 전화 걸기나 주소록에 접근 등의 중요한 행위를 하기 위해서 사용자 허락이 필요하다. 블랙베리 앱들은 자바로 작성되어 COD 파일로 컴파일된다. 앱을 컴파일하기 이전에 특정 보안 검사를 위해 미리 검증되어 검사가 수행되었음이 표시된다. 블랙베리에 있는 자바 가상 머신JVM, Java Virtual Machine이 이 클래스를 로드할 때, 재차 확인하고 자체 검증을 더 빠르게 수행할 수 있다. 앞선 검증 이후에 발생한 코드에 대한 모든 변경사항이 런타임에 쉽게 발견될 수 있고 JVM이 실행을 방지하게 된다. 이는 블랙베리를 안전한 플랫폼으로 만들어주며 다른 스마트기기와 비교했을 때 멀웨어에 덜 취약하게 만들어 준다.

애플리케이션이 API에 대한 전체 권한을 갖기 위해서 애플리케이션은 RIM에 의해 서명되어야 한다. 개발자가 처음 RIM에 등록할 때, 개발자 키를 받게 된다. RIM이 제공하는 서명 도구를 사용해서 애플리케이션의 SHA1 해시 값이 RIM에 보내진다. 이를 받은 RIM은 서명을 생성하여 개발자에게 돌려주며 애플리케이션에 포함시킨다. 서명된 애플리케이션이 블랙베리 기기에 로드될 때, JVM은 COD 파일을 API 라이브러리와 연결시키고 애플리케이션이 필요한 서명을 가지고 있는지 확인한다. 만약 필요한 서명이 없으면, JVM은 애플리케이션과 각 API의 연결을 거부하여 애플리케이션의 실행이 실패한다. 이런 코드 서명 과정을 통해 블랙베리는 기기의 보안성을 보장한다.

블랙베리의 보안적 강점은 BES에 있는 IT 정책을 통한 단계적 제어 덕분이다. BES 기기에 활성화된 많은 보안 제어들은 BIS를 사용하는 소비자 기기들에는 존재하지 않음을 알아야 한다. BES 기기는 다음과 같은 다양한 보안 기능을 지니고 있다.

- **데이터 보호**: BES와 블랙베리 기기 사이에 전송되는 모든 데이터는 블랙베리 전송 계층 암호화를 사용해 암호화된다. 블랙베리 기기가 메시지를 보내기 전에 메시지를 압축하고 기기 전송 키device transport key를 사용해서 암호화한다. BES가 메시지를 블랙베리 기기로부터 받았을 때 블랙베리 디스패처BlackBerry Dispatcher는 기기 전송키를 사용해서 메시지를 복호화하고 메시지의 압축을 해제한다. 블랙베리는 AES나 트리플Triple DES를 데이터 암호화를 위한 대칭키 암호화 알고리즘으로 사용한다. 기본적으로 블랙베리 전송 계층 암호화를 위해 BES와 블랙베리 기기가 동시에 지원하는 가장 강력한 알고리즘을 BES가 사용한다. 데이터 보호에 대한 더 많은 정보는 http://btsc.webapps. blackberry.com/btsc/viewdocument.do;jsessionid=E8 567E865DBC96 68D3F8740BEB9D65E6?externalId=KB13160&sliceId=1&cm d=display KC&docType=kc&noCount=true&ViewedDocsListHelper=com.kanisa. apps.common.BaseViewedDocsListHelperImpl에서 찾을 수 있다.

- **기기의 데이터와 암호화 키에 대한 보호**: 만약 콘텐츠 보호 옵션이 켜져 있으면, 블랙베리 기기는 기기에 저장된 데이터를 암호화하도록 설정될 수 있다. 기본적으로 잠긴 블랙베리 기기는 AES-256 암호화를 사용해서 저장된 데이터를 암호화하고 잠긴 블랙베리 기기에 보내지는 데이터를 암호화하기 위해서 ECC 공개키를 사용한다(http://docs.blackberry.com/en/admin/deliverables/25763/Encrypting_user_data_on_a_locked_BB_device_834471_11.jsp). 또한 블랙베리는 기기에 저장된 암호화 키를 보호하도록 설계되었다. 기기가 잠겼을 때 기기는 암호화키를 암호화한다.

- **기기에 대한 더 나은 제어**: IT 정치를 사용하여 블랙베리 기기를 제어할 수 있다. IT 정책은 보통 보안과 BES의 행동을 관리하는 복수의 정책 규칙으로 구성되어 있다. 예를 들어, IT 정책 규칙을 사용하여 블랙베리 기기의 다음 보안 기능을 제어할 수 있다.
  - 블랙베리 서버와 기기 간에 전송되는 데이터의 암호화
  - 블루투스 무선 기술을 사용하는 연결
  - 블랙베리 기기에 저장된 사용자 데이터의 보호
  - 카메라나 GPS와 같이 서드파티 애플리케이션이 사용할 수 있는 보호된 기기 자원에 대한 제어

이에 더해서 BES 관리자는 블랙베리 기기의 사용자 패스워드를 초기화하고 원격 삭제를 초기화할 수 있으며, 이 사항들은 포렌식 조사 과정에서 반드시 고려되어야 한다.

블랙베리 보안은 포렌식 조사관들에게 큰 장애물이다. BES 관리자가 조사관이 기기에 접근할 수 있도록 기기 패스워드를 초기화해줄 수 있지만, 이들은 원격으로 기기를 삭제할 수도 있다. 따라서 안드로이드와 iOS의 경우와 비슷하게 조사관은 기기를 비행기 모드로 두고 모든 원격 연결을 비활성화시켜야 한다. BES를 통해 초기화되는 블랙베리 삭제는 장기간 존재하고 있을 수 있다. 이는 기기에서 배터리가 제거되고 블랙베리가 부팅되었어도, 연결된 블랙베리 기기로 삭제 명령이 바로 전

송될 수 있음을 의미한다. 안드로이드와 iOS가 잠겼을 때는 쉽게 접근할 수 있지만, 잠긴 블랙베리 기기는 더 어렵다. 이 기기들에 존재하는 여러 단계의 보호는 JTAG 이나 칩오프 추출 이후 추출된 데이터의 암호화도 포함할 수 있다. 블랙베리 기기에 대해서 수집과 분석을 포함한 물리적 지원도 제한적이다. 다음 절에서 설명하겠지만, 단순히 기기의 백업을 얻음으로써 대부분의 데이터를 수집할 수 있다.

데이터 수집

블랙베리 기기의 판매는 감소했지만, 포렌식 조사에서는 여전히 나타난다. 상용 포렌식 도구들은 다른 스마트폰과 비교했을 때 블랙베리 기기에 대해 제한적인 지원을 제공한다. 더 나쁜 상황은 블랙베리 기기에서 데이터 수집을 위해 사용할 수 있는 오픈소스 도구가 없다는 점이다. 따라서 이들 기기에서 사용할 수 있는 모든 가능한 데이터 추출 방법을 모두 이해하는 것이 중요하다. 다음 절에서는 블랙베리 기기에서 데이터를 수집할 때의 다양한 단계를 다룬다.

표준 수집 방법

표준 포렌식 수집 방법들을 블랙베리 기기에 적용할 수 있다. 하지만, 암호화되어 있고 잠긴 기기들에 대해서는 수집을 할 수 없고, 패스워드와 암호키가 존재하는 지 분석하는 것은 (불가능하지 않다면) 더 어려울 것이다. 가능한 수집 수준은 포렌식 도구, 기기 모델, 블랙베리 기기에서 현재 사용되는 보안 수준에 따라 달라진다. 이전 장에서 설명했듯이, 논리와 물리적 (파일 시스템을 포함한) 수집 방법들을 블랙베리 기기에서 사용할 수 있다. 셀레브라이트 UFED 터치는 블랙베리 기기에서 (이 글을 작성하는 시점에서) 가장 높은 수준의 물리적 수집을 지원한다. 다음 두 그림은 셀레브라이트 UFED 터치가 두 가지 다른 블랙베리 모델에 대해 지원하는 것을 보여준다.

한 모델에 대해서는 전체 수집 기능이 지원되지만 다른 모델에 대해서는 논리적 수집만 지원되는 것을 알 수 있다.

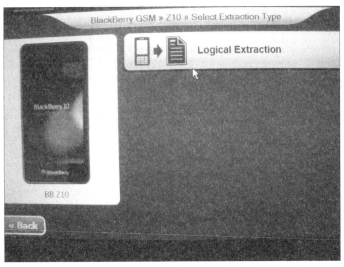

▲ 블랙베리 Z10에 대해 셀레브라이트 UFED 터치가 지원하는 기능

다음 그림은 UFED 터치를 사용하여 블랙베리 Z10 기기에서는 논리적 수집만 가능한 것을 보여준다. UFED 터치를 사용하여 블랙베리 8300에서 수집을 시도할 때는 다음 그림과 같이 논리적, 물리적, 파일 시스템 수집이 가능하다.

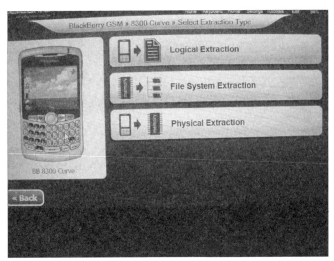

▲ 블랙베리 커브(Curve)에 대해 셀레브라이트 UFED 터치가 지원하는 기능

물리적 수집을 위해 기기의 패스코드를 반드시 알아야 한다. 이것이 블랙베리의 물리적 수집과 안드로이드, iOS의 큰 차이점 중 하나다. 블랙베리 기기가 물리적으로 수집되었을지라도 현재 사용 가능한 어떤 포렌식 도구도 해당 데이터에 대한 분석을 지원하지 않는다는 점을 기억하자. 분석 절에서 이런 어려운 점들을 다룰 것이다. 블랙베리 기기에 대한 논리적 지원은 더 보편적이며 옥시즌 포렌식, Microsystemation XRY, 셀레브라이트 UFED 터치 등을 포함한 대부분의 상용 포렌식 도구들이 지원한다. 상용 포렌식 도구들이 제공하는 대부분의 블랙베리 지원은 블랙베리 OS(자바 기반)를 사용하는 기기에 적용되며 QNX(블랙베리 10 OS)에는 적용되지 않는다.

블랙베리 기기에 대한 물리적 수집은 블랙베리 기기의 완전한 바이너리 이미지를 캡처한다. 이 수집 방법은 블랙베리 기기의 전원을 끄는 것을 필요로 하며 기기가 부팅되기 전에 데이터를 가로챈다. 파일 시스템 수집은 기기의 패스코드를 알고 있을 때 사용 도구를 사용해서 가능하다. 이 수집 방법은 보통 기기와 SD 카드에서 데이터를 캡처한다. 앞서 언급했듯이, 물리적 혹은 파일 시스템 수집이 지원되며 성공했더라도, 포렌식 분석 도구가 물리 데이터 파싱을 지원하지 않는 상황을 피하기 위해 조사관은 항상 논리적 수집을 수행해야 한다. 블랙베리 포렌식에서의 가장 큰 오류는 조사관이 물리 이미지만 수집한 채 사용자/용의자에게 기기를 돌려주고 나서 데이터가 암호화되었거나 자신의 분석 도구로 파싱이 불가능하다는 것을 알아차릴 때 발생한다. 시간을 들여 모든 가능한 방법으로 기기를 수집하여 이런 상황을 마주하지 않도록 해야 한다. 다음 스크린샷은 블랙베리 기기를 수집 또는 분석하는 과정에서 만날 수 있는 보안 메시지를 보여준다.

▲ 암호화된 백업 파일에 대한 패스워드 메시지

앞의 스크린샷은 셀레브라이트 피지컬 애널라이저Cellebrite Physical Analyzer에서 암호화된 백업 파일을 열 때 파일에 대한 패스워드를 요구하는 메시지를 보여준다. 분석을 위해 이미지나 백업 파일을 파싱하는 시도를 하는 모든 포렌식 도구는 패스워드가 필요할 것이다.

다음 스크린샷은 옥시즌 포렌식 슈트Oxygen Forensics Suite에서 이미지를 열 때 발생하는 메시지를 보여준다.

▲ 옥시즌 포렌식 슈트에서 암호화된 백업 파일에 대한 패스워드 메시지

블랙베리 백업 생성

무료로 다운로드할 수 있는 BCMBlackBerry Desktop Manager이나 블랙베리 링크(블랙베리 10 디바이스)는 블랙베리 기기에서 상당량의 데이터를 추출할 수 있다. 블랙베리 기기에서 데이터를 수집하는 이 방법은 때때로 분석을 위해 데이터를 얻고 제공해준다. 다시 강조하면, 블랙베리 기기에서 백업을 생성하기 위해 조사관은 패스코드를 반드시 알아야 한다. 이 논리적 백업은 포렌식 도구를 통해 수집한 데이터를 검증할 수 있기 때문에 수집하는 것을 추천한다. 백업 파일은 BBB나 IPD 파

일로 존재하며 통화 기록, 캘린더 아이템, 주소록, 사진, 이메일 등 블랙베리 기기에 저장된 다른 형태의 데이터를 포함한다.

BBB_{BlackBerry Backup} 파일은 BDM v7.0 이후 버전이나 맥 컴퓨터가 백업 파일을 생성할 때 만들어진다. BBB 파일은 백업 파일을 만드는 방법에 따라 IPD 파일로 구성된 ZIP 컨테이너 또는 DAT 파일이 된다. IPD 파일을 포함하는 BBB 파일은 ZIP 파일과 같은 헤더 파일을 가진다. 이 파일의 헤더는 16진수로 0x504B이다. IPD_{Inter@ctive Pager Backup}는 BDM v6.0과 이전 버전을 사용해서 백업 파일을 만들 때 생성된다. 상용 포렌식 도구들도 IPD 포맷을 가진 블랙베리 백업 파일을 생성할 수도 있다. 사 푼자_{Sha. k Punja}는 블랙베리에 대한 자신의 작업에 초점을 둔 블로그를 운영하는데, 여기에 블랙베리 백업 파일에 대해 깊은 설명을 제공한다(http://qubytelogic.blogspot.com/).

기본적으로 BDM은 기기와 컴퓨터 사이에 어떤 데이터를 동기화하도록 설정되어 있음에 유의하자. 따라서 기기의 데이터에 어떤 수정이 가해지는 것을 방지하기 위해 이 기능을 비활성화시키는 것이 중요하다. 포렌식 과정에서 기기의 시간대가 변경되는 것과 같은 사소한 변화가 특정 이벤트가 정확히 일어난 시점을 분석하는 것을 어렵게 만들 수 있고 법정에서 방어하기 더 힘들어지게 된다. 따라서 다음 스크린샷에 나온 것과 같이 해당 옵션을 해제해서 BDM의 동기화 과정을 비활성화시켜야 한다. Update device data and time 옵션은 기본적으로 선택되어 있는데, 이 옵션도 명시적으로 선택 취소해야 한다. 전체 포렌식 과정에서 전체 제어가 유지되게 하는 것은 조사관의 역할이다. 이는 포렌식 워크스테이션이 무결하며 오래된 데이터를 가지고 있지 않고 포렌식 도구가 블랙베리 기기에서 자동으로 데이터를 읽고 쓰도록 설정되어 있지 않음을 의미한다. 이런 옵션을 선택하기 위해 BDM이 기기의 연결을 요구한다면, 증거와 동일한 모델의 테스트 블랙베리 기기로 설정을 시도해보는 것이 현명하다.

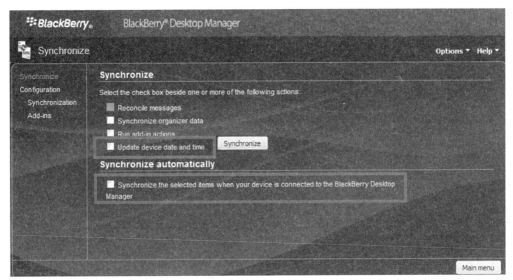

▲ 블랙베리 데스크탑 매니저

다음은 블랙베리 데스크탑 매니저BlackBerry Desktop Manager를 사용해서 블랙베리 기기의 백업을 생성하는 단계별 과정이다.

1. 포렌식 워크스테이션에서, 블랙베리 데스크탑 소프트웨어를 설치한다. 오래된 블랙베리 기기와 연결하기 위해서는 특정 버전의 BDM이 필요할 수 있다.

다운로드 링크: http://in.BlackBerry.com/software/desktop.html

2. 블랙베리 기기를 워크스테이션이 연결하고 기기가 탐지되는지 확인한다.

3. 다음 스크린샷과 같이 Device 아래의 Back up을 클릭한다.

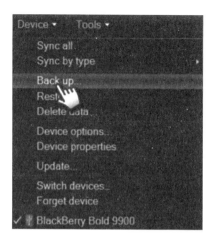

4. 다음 스크린샷에 나온 것과 같이 Backup type을 Full(모든 기기 데이터와 설정)로 선택
   하여 전체 백업을 수행한다.

▲ 블랙베리의 Full backup 옵션

5. 앞의 스크린샷이 나타내듯이 백업 파일을 저장하기 위한 파일 이름과 위치가
   선택되어야 한다. 여러분이 속한 조직이 사용하는 이름 규칙을 나타내거나 기
   기 이름과 시리얼 번호를 사용하여 파일에 이름을 붙이는 것을 추천한다. 이는
   백업 파일이 원본 기기와 쉽게 연관되는 것을 도와준다. 이 과정이 완료되면
   Back up을 클릭한다.

블랙베리 분석

블랙베리의 뛰어난 보안 기능 때문에 블랙베리 기기는 여전히 주요 회사의 직원들
이 사용한다. 전자증거개시eDiscovery를 위해서는 조사관이 컴퓨터, 서버 그리고 블
랙베리와 같은 스마트폰에서 데이터를 추출하고 분석하는 데 능통해야 한다. 블랙
베리 기기를 분석하기 위한 상용 도구들이 존재한다. 수집의 방법이 조사관이 할
수 있는 분석의 양을 결정할 것이다. 예를 들어, 물리적 수집이 이뤄지더라도 포렌
식 도구가 이미지 파일에 있는 데이터를 자동으로 파싱하지 못한다. 이 경우에는
조사관이 직접 데이터를 카빙하여 재구성해야 한다. 블랙베리 기기는 수동 조사를
통해 이해하고 일관되게 재구성하기가 가장 어려운 스마트폰이다. 이전 절에서 블
랙베리 기기에서 데이터를 성공적으로 추출하기 위한 몇 가지 단계를 다뤘다. 이
수집 과정을 따라서 놓치는 데이터가 없도록 한다. 블랙베리 기기에서 사용자 데
이터를 추출하기 복구하기 위해 여러 번의 수집이 필요할 수도 있다. 블랙베리 백
업 파일과 포렌식 이미지에서 데이터를 분석하는 데 필요한 방법론과 포렌식 툴은
다르며, 다음 절에서 이에 대해 정의한다.

블랙베리 백업 분석

블랙베리 백업 파일은 포렌식 조사 과정에서 하드 드라이브나 기타 외부 미디어에
서 발견되거나 포렌식 조사를 완전하게 하기 위해 생성한 포렌식 이미지 형태로
존재할 수도 있다. 때때로, 백업 파일은 물리적 이미지에 비해 더 사용 가능한 데
이터를 포함한다. 다시 강조하면, 이 모든 것은 기기 모델, 분석에서 사용되는 수

집 방법과 포렌식 도구에 달려 있다. 앞서 언급했듯이 블랙베리 백업 파일은 IPD와 BBB 파일로 존재하며 BDM 또는 블랙베리 링크 소프트웨어에 의해 생성된다. 사용자가 블랙베리 백업 파일을 생성할 때 해당 파일은 윈도우 플랫폼에서 내 문서(My Documents) 폴더에 저장된다. 백업 파일은 블랙베리 기기에 존재하는 다양한 데이터베이스(테이블)을 포함한다. 이 파일들은 기본적으로 Backup (yyyy-mm-dd).ipd로 명명된다.

모범 사례에서는 블랙베리 백업 파일을 포함하고 있을 것으로 의심되는 디지털 매체에서 IPD와 BBB 파일을 검색해보는 것을 추천하는데, 이는 사용자가 백업의 파일 이름을 수정할 수 있기 때문이다. 만약 블랙베리 백업 파일이 하드 드라이브나 다른 디지털 매체에서 복구되었으면 다음 두 가지 포맷이 존재할 수 있다.

- Loaderbackup (yyyy-mm-dd).ipd
- AutoBackup ((yyyy-mm-dd).ipd

Loaderbackup 파일은 기기의 OS가 업데이트되었을 때 자동으로 생성된다. 이는 업데이트 도중 기기에 충돌이 발생했을 때 필요한 데이터를 쉽게 사용할 수 있도록 해준다. Autobackup 파일은 사용자가 기기의 백업이 주기적, 정해진 일정에 따라 혹은 PC와 동기화될 때 일어나도록 선택했을 때 생성된다.

블랙베리 기기의 전체 백업은 주소록, 이메일, SMS, 통화 기록 등의 자세한 사항을 포함한다. 하지만, 백업 파일은 전체 애플리케이션 데이터를 포함하지 않을 수도 있는데, 서드파티 애플리케이션이 항상 자신의 데이터에 접근을 제공하는 것이 아니기 때문이다. 백업 파일은 다음의 정보를 담고 있다.

- **파일 헤더**: 다음 테이블에 나와 있는 것처럼 헤더는 RIM 서명, 데이터베이스 버전, 현재 파일 내의 데이터베이스 개수 등의 정보를 담고 있다.

이름	길이(바이트)	오프셋
RIM 서명	37	0x0
행 바꿈	1	0x25

(이어짐)

이름	길이(바이트)	오프셋
데이터베이스 버전	1	0x26
데이터베이스 개수	2	0x27~0x28
데이터베이스 분리자	1	0x29

- **데이터베이스 이름 블록**: 이 정보는 헤더 정보 다음에 표시된다. 각 블록에는 이름 의 길이와 이름이 저장된다.
- **데이터베이스 레코드**: 이 정보는 데이터베이스 이름 다음에 표시되며 실제 데이터 를 담고 있다. 여기에는 데이터베이스 ID, 레코드 길이, 데이터베이스 버전, 데 이터베이스 레코드 핸들, 데이터베이스 고유 ID에 대한 정보 등이 담겨 있다.
- **데이터베이스 레코드 필드**: 이곳에는 레코드 데이터 길이, 레코드 데이터가 포함된다.

블랙베리 백업 파일에 접근하게 되면, 블랙베리 분석을 위한 포렌식 도구 절에서 다뤘던 도구를 사용해서 파일에 존재하는 정보를 읽는다.

블랙베리 포렌식 이미지 분석

논리적, 물리적 혹은 파일 시스템 수집 등 블랙베리 기기의 포렌식 이미지를 얻 는 방법은 데이터를 분석하는 데 사용 가능한 도구를 제약할 수 있다. 예를 들어, JTAG이나 칩오프를 사용하여 생성된 미가공 이미지는 기기가 언락되어 있거나 패스코드가 알려져 있을 때 블랙베리 기기 모델에 대한 물리적 분석을 제공하는 모든 포렌식 툴에 의해 처리되고 다뤄질 수 있어야 한다. 포렌식 이미지의 결과를 검증하기 위해 포렌식 분석 과정에서 하나 이상의 툴을 사용하는 것이 가장 좋다.

블랙베리 파일 시스템은 RIM이 개발한 내부 포맷 때문에 재생성하기가 어렵다. 다 른 스마트폰 기기들과 달리, 블랙베리 파일 시스템은 모델에 따라 매우 다르다. 상 용 도구들은 이러한 파일 시스템의 재생성을 시도하지만 지원이 저조하며 정확하 지 않을 수도 있다. 여러분이 발견한 것을 논리적 수집, 파일 시스템 수집, 또는 백 업 파일 수집을 통해 입증하고 발견이 정확한지 분석하는 것이 최선이다.

블랙베리 기기 분석에 대한 경험이 쌓이면, 이미지 포맷과 관계없이 관심 있게 봐야 할 파일이 더 명확해진다. 물리적 덤프와 백업 파일은 사실 같은 양의 가용한 데이터를 포함할 수도 있다. 데이터를 조사하기 위해 선택한 도구는 해당 파일에 접근해야 할 횟수를 결정할 것이다. 이전 장에서 안드로이드와 iOS의 경우 삭제된 파일이 데이터베이스에 남아 있음을 설명했듯이, 블랙베리 데이터베이스/테이블도 삭제된 데이터를 포함할 수 있다. 포렌식 도구가 파일 내보내기 혹은 헥스 형태로 조사를 위한 네이티브 파일에 대해 접근을 제공하지 않는다면 삭제된 데이터를 놓치게 될 것이다.

다음 스크린샷은 셀레브라이트 피지컬 애널라이저Cellebrite Physical Analyzer의 블랙베리 백업 파일에 대한 파일 시스템 표현을 보여준다. 주소록은 미가공 헥스 형태로 조사됨을 주목하자. 이 분석 방법은 논리적 결과나 도구 보고서에 제공된 데이터를 검증하기 위해 선호된다.

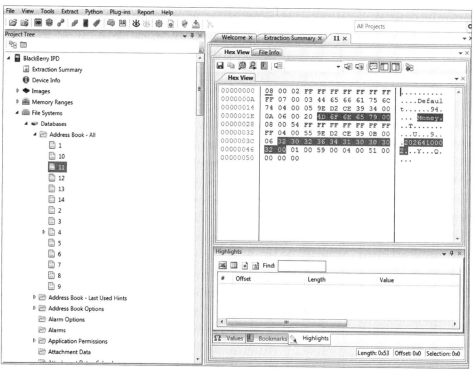

▲ 셀레브라이트 피지컬 애널라이저 – 주소록 조사

데이터베이스와 테이블에 저장된 블랙베리 데이터는 보통 자체 포맷을 가지기 때문에 도구를 사용하거나 수동으로 데이터를 해석할 때 어려움을 겪는다. 다른 스마트폰 기기와 비교했을 때 블랙베리 데이터에 대한 명확한 표준이 없다. 예를 들어, 이메일 앱과 관련된 상태 플래그는 기기들마다 다르게 발견되었다. 일반적으로, 상태 플래그는 특정 모델의 테이블 내에서 일관된다. 하지만 블랙베리의 경우는 그렇지 않았다. 이는 여러분의 도구를 검증하는 것을 어렵게 만든다. 블랙베리 타임스탬프는 간단한 날짜 형태로 자바와 호환되며 대부분의 포렌식 도구로 파싱할 수 있다.

블랙베리 타임스탬프에는 다양한 형태가 있고 http://www.swiftforensics. com/2012/03/blackberry-date-formats.html에 정의되어 있다. SMS 메시지를 조사할 때, 조사관은 하나 이상의 도구를 사용해서 데이터가 올바르게 파싱되었는지 확인해야 한다. 현재, 블랙베리 기기에서 SMS 메시지가 어떻게 저장되는지에 대한 표준이 정해져 있지 않다. SMS 메시지는 암호화, 압축되어 있거나 자체 7비트 포맷으로 존재할 수도 있다. SMS 메시지 콘텐츠를 저장하기 위한 포맷에 기기 보안 설정, 기기 모델, 관리자 설정 등 다양한 요소가 관여할 수 있다.

다른 스마트폰과 달리 서드파티 애플리케이션이 대부분의 애플리케이션처럼 SQLite 데이터베이스 저장소를 사용할 때는 데이터를 블랙베리 기기 메모리에 내부적으로 저장하지 못한다. 모든 서드파티 애플리케이션 데이터는 블랙베리 기기에 장착된 SD 카드(또는 eMMC)의 애플리케이션 폴더에 저장된다. 블랙베리 기기에서의 SQLite 사용에 대한 더 많은 정보는 http://blog.softartisans. com/2011/03/29/using-sqlite-in-blackberry–applications/에서 찾을 수 있다. 이전 장에서 언급했듯이, 애플리케이션 폴더와 데이터베이스 파일들은 조사와 관련이 있기에 반드시 검증되어야 한다. RIM의 비공개적 특성과 사용자 데이터를 자체 방법으로 저장하는 방식 때문에 조사와 관련 있을 것 같은 블랙베리 기기에서 복구한 모든 데이터베이스/테이블을 조사하는 것을 추천한다. 수동 조사는 시간이 많은 걸리는 작업이지만 데이터가 빠지지 않게 해준다.

암호화된 블랙베리 백업 파일

포렌식 조사 과정에서 암호화된 블랙베리 백업 파일을 조사해야 할 수도 있다. 엘콤소프트는 폰 패스워드 브레이커Phone Password Breaker를 개발했는데, 이 도구는 암호화된 백업 파일을 깨기 위해 다양한 전수조사와 딕셔너리 공격을 가능하게 한다.

다음은 폰 패스워드 브레이커를 사용해서 암호화된 블랙베리 백업 파일을 깨는 단계별 과정이다.

1. 포렌식 워크스테이션에 폰 패스워드 브레이커를 설치한다. 전체 버전과 데모 버전을 http://www.elcomsoft.com/eppb.html에서 찾을 수 있다.

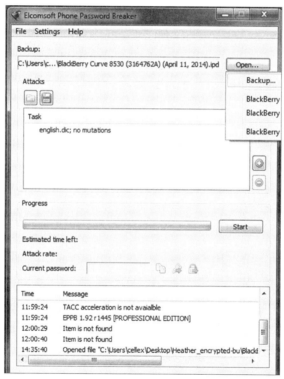

▲ 엘콤소프트 폰 패스워드 브레이커

2. 백업 파일로 이동한다.

3. 공격 방법을 선택한다. 다음 스크린샷과 같이 다양한 옵션을 사용할 수 있고 공격 성공율을 높이기 위해 사전을 추가할 수 있다.

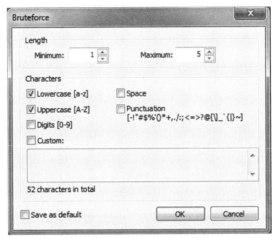

▲ 엘콤소프트 폰 패스워드 브레이커 공격 옵션

4. 암호가 깨지면, 다음 스크린샷과 같이 암호가 화면에 나타나며 이 암호와 포렌 식 툴을 사용해서 암호화된 백업 파일에 접근할 수 있다. 여러분에게 암호를 묻는 포렌식 툴을 사용하는 것이 중요하다. 어떤 툴은 단순히 실패하거나 에러 메시지와 함께 종료되며 암호화된 데이터에 대한 어떠한 접근을 제공하지 않 는다.

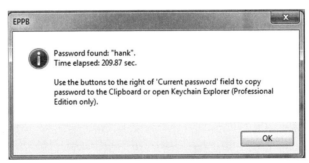

▲ 엘콤소프트 폰 패스워드 브레이커

블랙베리 분석을 위한 포렌식 도구

블랙베리 백업 파일과 블랙베리 기기의 포렌식 이미지로부터 추출한 데이터를 파싱하기 위한 다양한 도구들이 있다. 가장 좋은 도구는 미가공 데이터베이스 파일에 대한 접근을 제공하여 포렌식 도구가 지원하지 않는 데이터를 조사관이 수동으로 파싱하여 삭제된 데이터가 복구되지 않는 것을 막을 수 있기 하는 것이다. 데이터를 기기의 어떤 위치에서 찾아야 하는지 알기 위해서는 연습이 필요하며 블랙베리 기기에서 추출한 데이터를 조사하는 훈련을 거쳐야 한다.

셀레브라이트 피지컬 애널라이저, 옥시즌 포렌식 슈트, Microsystemation XRY, 액세스데이터AccessData MPE+ 등 다양한 포렌식 도구를 사용할 수 있다. 어떤 도구는 블랙베리 백업 파일을 분석하기 위해 특별히 설계되었다. 백업 파일에 대한 지원을 제공하는 일반적인 도구에는 옥시즌 포렌식 IPD 뷰어, 엘콤소프트 블랙베리 백업 익스플로러, 블랙베리 백업 장치가 있다. 심슨 가핀클Simson Garfinkle 박사가 개발한 벌크 추출기Bulk Extractor는 무료 도구로 암호를 모르는 경우에도 블랙베리 이미지 파일(물리적 덤프)에서 데이터를 파싱할 수 있다.

벌크 추출기는 파일 시스템 파싱 없이 이미지 파일을 스캔해서 유용한 정보(통화, URL 이메일 주소 등)를 추출하여 결과를 제공한다. 벌크 추출기는 http://digitalcorpora.org/downloads/bulk_extractor/에서 다운로드할 수 있다. 전화번호에 대한 벌크 추출기 결과 값의 예제가 다음 스크린샷에 나와 있다.

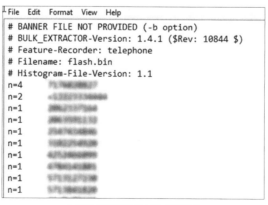

▲ 벌크 추출기가 파싱한 전화번호

다음은 블랙베리 백업 추출기BlackBerry Backup Extractor를 사용해서 IPD 파일에 존재하는 정보를 보는 단계별 과정이다. 이 도구는 추가적인 조사를 위해 네이티브 파일에 대한 접근을 제공한다. 블랙베리 백업 추출기와 같은 도구는 사용 포렌식 도구가 블랙베리 백업 파일에서 복구한 실제 파일에 대한 접근을 제공하지 않을 때 도움이 된다.

1. 블랙베리 백업 추출기를 다운로드하여 포렌식 워크스테이션에 설치한다 (http://www.blackberryconverter.com/).

2. 다음 스크린샷과 같이 Open backup… 버튼을 클릭하여 IPD 백업 파일을 소프트웨어에 로드한다.

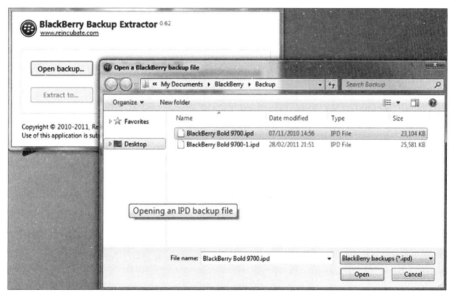

▲ 블랙베리 백업 추출기

3. 데이터가 저장되고 추출된 폴더를 선택한다. 이 과정이 시작되면 이 도구는 현재까지 추출된 데이터베이스의 개수를 보여준다.

4. 추출이 완료되면, 보낸 이메일, 받은 이메일, 주소록, SMS, 캘린더 일정 등을 다음 스크린샷과 같이 찾을 수 있다.

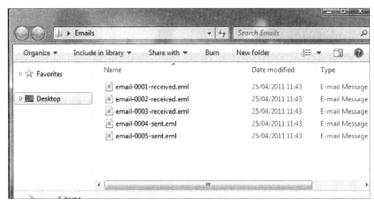

▲ 백업에서 추출된 이메일

다음 스크린샷에 보이는 것과 같이 이 도구로 추출된 주소록, 통화 기록과 기타 데이터를 탐색하거나 조사할 수 있다. 다시 강조하면, 블랙베리 백업 추출기는 추출된 데이터를 표준화된 방법으로 보여주는 분석 플랫폼을 제공하지 않는다. 따라서 결과에 대한 자체 검토가 필요하다.

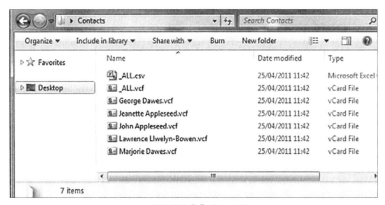

▲ 백업에서 추출된 주소록

브라우저 URL, 브라우저 데이터 캐시 등 조사 과정에서 중요할 수 있는 다른 정보들도 다음 스크린샷과 같이 추출된다.

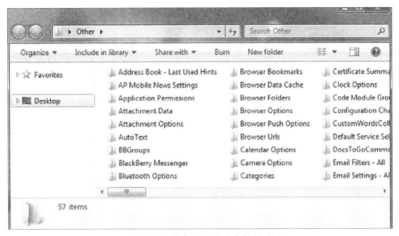

▲ 백업에서 추출된 기타 유용한 데이터

블랙베리 백업 파일은 2바이트의 16진수 값을 지니는데, 이 값을 10진수로 변환하면 백업 파일에 포함된 데이터베이스 파일의 개수가 된다. 이 2바이트는 IPD 백업 파일의 헤더 다음에 오는 세 번째와 네 번째 바이트이다. 다음 스크린샷에 나타나 있듯이, 헥스 뷰어로 IPD 파일을 조사해서 IPD 파일에 포함된 데이터베이스의 개수를 알아낼 수 있다. 세 번째와 네 번째 바이트(00 6D)가 데이터베이스 검증 과정을 위해 변환될 것이다. 다음 스크린샷에서 16진수 6D가 10진수 109로 변환되었다. 따라서 이 IPD 파일 내에는 109개의 데이터베이스가 포함되어 있다. 포렌식 도구가 109개의 데이터베이스/테이블을 분석을 위해서 보여주는 것이 중요하다.

몇몇 포렌식 도구는 이 숫자를 변환해 주기도 하는데, 다음 스크린샷에 나와 있는 옥시즌 포렌식 IPD 뷰어가 한 예이다. 옥시즌 포렌식 슈트는 블랙베리 백업 파일에서 추출한 데이터를 파싱하는 가장 강력한 상용 포렌식 도구 중 하나이다. 이 도구 모음은 백업 파일 파서와 IPD 뷰어를 제공한다. 몇몇 포렌식 도구는 빈 데이터베이스를 빠뜨리거나 백업 파일에 대해 일부만 지원하거나, 테이블 개수 개수를 수동으로 변환해서 검증하는 것을 요구하기도 한다. 블랙베리 백업 파일에서 데이터베이스/테이블의 개수를 검증하기 위해서 엘콤소프트 IPD 뷰어를 다음 단계를 거쳐 사용할 수 있다.

1. 옥시즌 포렌식 슈트를 포렌식 워크스테이션에 설치한다(라이선스 필요).

2. 블랙베리 IPD 뷰어를 선택하고 백업 파일로 이동한다. 다음 스크린샷을 보자.

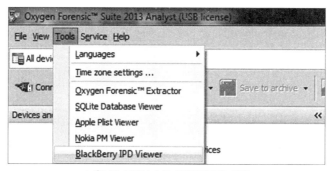

▲ 옥시즌 포렌식 슈트 블랙베리 IPD 뷰어

3. 암호화가 되어 있다면 패스워드를 입력한다. 패스워드를 모른다면 조사를 위해 데이터를 복호화할 수 없다. 다음 스크린샷과 같이 조사를 위해 이미지 파일을 열 때마다 패스워드가 필요하다는 것을 기억하자.

▲ 옥시즌 포렌식 슈트 블랙베리 IPD 뷰어 – 암호화된 파일

4. 조사를 위해 복호화된 데이터가 제공된다. 다음 스크린샷과 같이 이 백업 파일 내에 포함된 데이터베이스의 개수는 107개였다.

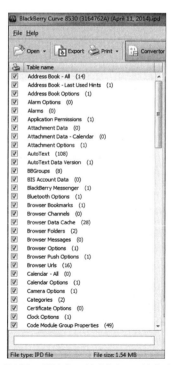

▲ 옥시즌 포렌식 슈트 블랙베리 IPD 뷰어 결과

정리

다른 스마트폰 기기와 비교했을 때 블랙베리 기기에 대한 포렌식 지원은 제한적이다. 블랙베리 기기의 물리적 수집을 위해 사용할 수 있는 오픈소스 도구는 없으며 기기의 잠금을 우회하는 것은 복잡하고, 보통 데이터가 암호화되어 있거나 사용할 수 없을 수도 있다. iOS와 안드로이드 기기와 달리, 블랙베리 기기에서 가장 성공적인 데이터 추출은 파일 시스템 이미지 또는 백업 파일로부터 시작된다. 이메일, SMS, 주소록 등의 정보를 블랙베리 백업 파일에서 추출할 수 있다. 때때로, 가장 유용한 정보는 백업 파일에서 추출한 데이터인데 이는 분석을 위한 대부분의 데이터에 대한 접근을 제공한다.

찾아보기

에이콘출판의 기틀을 마련하신 故 정완재 선생님 (1935-2004)

모바일 포렌식

iOS, 안드로이드, 윈도우폰, 블랙베리 플랫폼 포렌식을 위한

인 쇄 | 2015년 9월 11일
발 행 | 2015년 9월 18일

지은이 | 사티시 봄미세티 • 로히트 타마 • 헤더 마하릭
옮긴이 | 김 대 혁

펴낸이 | 권 성 준
엮은이 | 김 희 정
         안 윤 경
         전 진 태
표지 디자인 | 한국어판_이승미
본문 디자인 | 남 은 순

인쇄소 | 한일미디어
지업사 | 다올페이퍼

에이콘출판주식회사
경기도 의왕시 계원대학로 38 (내손동 757-3) (16039)
전화 02-2653-7600, 팩스 02-2653-0433
www.acornpub.co.kr / editor@acornpub.co.kr

한국어판 ⓒ 에이콘출판주식회사, 2015, Printed in Korea.
ISBN 978-89-6077-758-3
ISBN 978-89-6077-210-6 (세트)
http://www.acornpub.co.kr/book/mobile-forensics

이 도서의 국립중앙도서관 출판시도서목록(CIP)은 서지정보유통지원시스템 홈페이지(http://seoji.nl.go.kr)와
국가자료공동목록시스템(http://www.nl.go.kr/kolisnet)에서 이용하실 수 있습니다.(CIP제어번호: CIP2015024444)

책값은 뒤표지에 있습니다.